U0016815

聯經經典

康德歷史哲學論文集
（增訂版）

康　德◎原著
李明輝◎譯注

國科會經典譯注計畫

聯經經典

康德歷史哲學論文集（增訂版）

2013年6月二版
2022年5月二版四刷
有著作權・翻印必究
Printed in Taiwan.

定價：新臺幣420元

原　　　著	康德(Immanuel Kant)	
譯　　　注	李　明　輝	
責任編輯	梅　心　怡	
校　　　對	吳　淑　芳	
封面設計	陳　文　德	

出　版　者	聯經出版事業股份有限公司	
地　　　址	新北市汐止區大同路一段369號1樓	
叢書主編電話	(0 2) 8 6 9 2 5 5 8 8 轉 5 3 0 5	
台北聯經書房	台 北 市 新 生 南 路 三 段 9 4 號	
電　　　話	(0 2) 2 3 6 2 0 3 0 8	
台中分公司	台 中 市 北 區 崇 德 路 一 段 1 9 8 號	
暨門市電話	(0 4) 2 2 3 1 2 0 2 3	
郵 政 劃 撥 帳 戶 第 0 1 0 0 5 5 9 - 3 號		
郵 撥 電 話 (0 2) 2 3 6 2 0 3 0 8		
印　刷　者	世 和 印 製 企 業 有 限 公 司	
總　經　銷	聯 合 發 行 股 份 有 限 公 司	
發　行　所	新北市新店區寶橋路235巷6弄6號2F	
電　話 (0 2) 2 9 1 7 8 0 2 2		

副總編輯	陳　逸　華	
總　編　輯	涂　豐　恩	
總　經　理	陳　芝　宇	
社　　　長	羅　國　俊	
發　行　人	林　載　爵	

行政院新聞局出版事業登記證局版臺業字第0130號

本書如有缺頁，破損，倒裝請寄回台北聯經書房更換。
聯經網址 http://www.linkingbooks.com.tw
電子信箱 e-mail:linking@udngroup.com

ISBN　978-957-08-4193-0 (平裝)

國家圖書館出版品預行編目資料

康德歷史哲學論文集（增訂版）/ 康德(Immanuel Kant)原著 .
李明輝譯注 . 二版 . 新北市 . 聯經 . 2013年6月 .
360面；14.8×21公分 . (聯經經典)
ISBN　978-957-08-4193-0（平裝）
[2022年5月二版四刷]

1.康德哲學　2.歷史哲學　3.文集

147.45　　　　　　　　　　　　102009947

譯者序

　　近年來，西方學術界出現一股重新評估康德歷史哲學的熱潮。其直接原因是1995年康德《論永久和平》一書出版兩百周年之際，西方(尤其是德國)哲學界舉辦了不少研討會，並且出現了大量研究成果。舉例而言，在1995年於美國孟斐斯(Memphis)舉辦的第八屆「國際康德研討會」中，大約有半數論文直接或間接涉及康德底歷史哲學。而自1990年代起，「歐洲共同體」逐漸轉型為「歐洲聯盟」，使康德「永久和平」之理念似乎顯示出某種程度的現實性，而不再僅是哲學家底夢想，故這種討論也延伸到西方政治學與法學之領域。但這些討論與研究成果迄今尚未在中文學術界引起多少注意，因而也未能為中文學術界所吸收與借鑑，殊為可惜。

　　譯者於1994-1995年在國家科學委員會之資助下赴德國波昂大學訪問時，便開始留意康德底歷史哲學，並廣泛蒐集相關的討論與研究成果。其後，譯者還多次利用萊比錫德意志圖書館(Deutsche Bücherei)、萊比錫大學圖書館、史丹福大學圖書館、柏克萊加州大學圖書館，繼續蒐集相關的資料。迄今為止，譯者在這方面所蒐得的研究資料在數量上相當可觀，其詳目見

本書所附之〈參考文獻〉。1998年國家科學委員會人文處黃榮村處長開始推動西方經典之譯注計畫，邀請譯者參加，譯者便決定乘此機會譯注康德有關歷史哲學的論文。譯者負責的計畫於1998年6月至1999年5月及1999年8月至2000年7月分兩年執行（計畫編號：NSC 87-2418-H-001-023-D8；NSC 89-2420-H-001-004-D8），本書即是其執行成果。

本書譯注了康德關於歷史哲學的八篇論文。其中，〈答「何謂啟蒙？」之問題〉是舊譯，曾發表於《聯經思想集刊》第1期(1988年5月)，頁1-12，在本書僅作體例上的修訂。其餘各篇之譯注均從未發表過。其實，北京清華大學思想文化研究所何兆武教授已做過同樣的工作，即其所譯之《歷史理性批判文集》（北京：商務印書館，1990）一書。何先生是翻譯界之前輩，有幾部水準不錯的譯作。他為人謙和，於1991年在德國慕尼黑與譯者初次見面時，即以此書相贈。但譯者仍決定重譯這八篇論文，其理由有三：第一，何先生之專長並非康德哲學，故其譯文未達到可供精讀的嚴格學術要求；第二，他的德文水準雖已達到相當的程度，但是康德所使用的十八世紀德文決非一般的德文水準所能應付，故其譯文不時仍有失誤；第三，不同的翻譯者表現不同的風格，我們的譯文在風格上與大陸學者之譯文必有不同，故經典之重譯仍有其意義。

譯者如此說，並無意唐突前輩，亦非意謂自己的翻譯已臻理想。因為經典翻譯所要求的條件甚高，翻譯者不但對經典文字要有充分的掌握能力，對於經典內容的理解亦須有專業水準，缺一不可。理想的翻譯者應同時是研究者，翻譯與研究最

好同時進行。再者，經典之翻譯往往一譯再譯，而後出轉精。以《純粹理性批判》之英譯本為例，過去最通行的Norman Kemp Smith譯本（1929年初版）近年來已逐漸為Werner S. Pluhar、H. W. Cassirer與Paul Guyer/Allen W. Wood之新譯本所取代。Pluhar在其譯本底〈譯者序〉中便指出：Smith譯本之問題不但在於誤譯、漏譯、不夠精確等顯而易見的缺點，還在於他以自己的風格取代了康德本人底風格；故在英語世界累積了數十年的研究成果之後，Smith底譯本已不能滿足學術界之要求[1]。同樣地，本書所譯的八篇論文早已有不同的英譯（見〈參考文獻〉），其中較完整的譯本有以下三種：

Lewis White Beck (ed.): *On History*. Idianapolis: Bobbs-Merrill 1963.

Hans Reiss (ed.): *Kant's Political Writings*. Cambridge: Cambridge University Press 1970.

Ted Humphrey (trans.): *Perpetual Peace and Other Essays*. In-dianapolis: Hackett 1983.

譯者在翻譯過程中不時核對這三種英譯本及何兆武先生底中譯本，同樣證實了這些譯本已不能滿足目前學術界之要求。近年來，英國劍橋大學出版社在Allen W. Wood與 Paul Guyer 之主持

---

1 Immanuel Kant: *Critique of Pure Reason*, trans. by Werner S. Pluhar (Indianapolis: Hackett 1996), p. xvii.

下，正進行全面重譯康德著作之工作[2]。這是英語學術界在累積了數十年康德研究之成果後，必然會出現的要求。

　　本書除包括以上八篇論文之中譯以外，譯者在每篇譯文之前均加上〈譯者識〉，說明：(1)康德撰寫該文的背景、動機與經過；(2)該文所引起的回響；(3)該文之出版過程與版本。而在譯文中，譯者又加上〈譯注〉及〈譯者按〉，其中包括：(1)人名、地名、典故之出處；(2)重要概念之簡要說明；(3)文字校勘；(4)其他必要的補充說明。譯者之註釋廣泛採納了〈參考文獻〉第一、二項所列康德著作底各種選集及譯本之附注，尤其是普魯士王室學術院本《康德全集》編者之附注。由於這些註釋多半涉及事實及基本資料(如姓名、生卒年代、著作、出處等)，無所謂原創性，且各種版本之編輯者或翻譯者往往相互轉引，故若非必要，譯者往往逕自引用，而不一一註明二手資料之出處。茲特加聲明，以示無意掠人之美。此外，譯者過去曾撰寫〈康德的「歷史」概念〉一文，刊於《中國文哲研究集刊》第7期(1995年9月)，頁157-182。茲將此文加以修訂、補充，易題為〈康德的「歷史」概念及其歷史哲學〉，作為此譯本之〈導論〉。

　　在翻譯過程中，譯者承蒙德國友人Christian Meyer(麥立昂)及Fabian Heubel(何乏筆)之協助，藉此譯本出版之機會特申謝

2　請參閱Paul Guyer: "Report on the Cambridge Edition of the Works of Immanuel Kant", in: Hoke Robinson (ed.), *Proceedings of the Eighth International Kant Congress* (Milwaukee: Marquette University Press 1995), Vol. I.3, pp. 1325-1328。

忱。譯者希望此一譯本能達到學術翻譯所要求的嚴謹程度，以供不懂德文的讀者研究參考之用。然譯事甚難，得失往往在寸心之間。讀者若發現此譯本有不當之處，尚祈不吝指正，以期日後有機會修訂。

李 明 輝
於美國柏克萊加州大學

導論：
康德的「歷史」概念
及其歷史哲學

I

　　康德底「歷史」(Geschichte)概念與歷史哲學對於中國的知
識界而言，甚為陌生。中國的知識分子談起西方人底「歷史」
概念與歷史哲學，首先一定想到黑格爾和馬克思，也許還會想
到狄爾泰(Wilhelm Dilthey)、史本格勒(Oswald Spengler)，乃至
於蘭克(Leopold von Ranke)。儘管康德在中國的知識界中名氣
不小，但是很少人了解他的歷史哲學，更不用說去討論了。在
西方，情況也好不了多少。德國學者朗格雷貝(Ludwig Land-
grebe)在其五十年代所發表的一篇論文中便指出：在有關康德
研究的眾多文獻當中，討論康德歷史哲學的極少；甚至連新康
德學派試圖根據康德哲學底基本方向發展出一套文化哲學及關

於歷史知識的理論時，也不重視康德底歷史哲學著作[1]。

康德歷史哲學之所以未受到重視，其部分原因在於康德本人並未撰寫一部討論歷史哲學的專著，譬如《純粹理性批判》之於知識論，《實踐理性批判》之於道德哲學，《判斷力批判》之於美學，《單在理性界限內的宗教》之於宗教哲學。康德只有幾篇短文，專門討論歷史哲學底問題，其篇目如下：

1)〈在世界公民底觀點下的普遍歷史之理念〉（1784年發表）
2)〈評赫德爾《人類史底哲學之理念》第一、二卷〉（1785年發表）
3)〈人類史之臆測的開端〉（1786年發表）
4)〈萬物之終結〉（1786年發表）
5)〈重提的問題：人類是否不斷地趨向於更佳的境地？〉（1797年所撰，收入次年出版的《學科之爭論》一書）

此外，其《論永久和平》一書（1795年出版）及〈答「何謂啟蒙？」之問題〉（1784年發表）、〈論俗語所謂：這在理論上可能是正確的，但不適於實踐〉（1793年發表）二文，亦部分或間接地涉及歷史哲學底問題。又由於其歷史哲學預設一套目的論，故欲了解其歷史哲學，亦不能不參考其〈論目的論原則在哲學中的

1　Ludwig Landgrebe: "Die Geschichte im Denken Kants", *Studium Generale*, 7. Jg. (1954), S. 533；亦見其*Phänomenologie und Geschichte* (Gütersloh: Gerd Mohn 1968), S. 46。

運用〉(1788年發表)一文及其《判斷力批判》(1790年出版)第2
卷〈目的論判斷力之批判〉。最後，康德還有一些未發表過的
札記，亦涉及歷史哲學底問題[2]。

　　康德有關歷史哲學的論著之所以如此分散，實有其進一步
的原因。這是由於歷史哲學在其整個哲學系統中居於幾個主要
領域交界之處：大略而言，其歷史哲學涉及形上學、知識論、
道德哲學、宗教哲學及法哲學。因此，除非對康德底哲學系統
有完整的理解，否則幾乎不可能正確地把握其歷史哲學，遑論
對它提出恰當的評價。舉例而言，英國史學家柯林伍德(R.G.
Collingwood)在其《歷史之理念》一書中對康德歷史哲學所提
出的批評便無多大的價值，因為他竟然將康德哲學中「現象」
(Erscheinung)與「物自身」(Ding an sich)之區分誤解為「自然」
與「心靈」之區分[3]。

　　康德歷史哲學之所以遭到忽視，除了上述的原因之外，朗
格雷貝還歸因於一種流傳已久的看法，即是認為：康德哲學是
「非歷史的」，而其歷史哲學係停留在啟蒙運動及其理性樂觀
主義之基礎上[4]。由於這種成見，康德歷史哲學之光彩遂為赫德

2　這批札記經過德國學者黎德爾（Manfred Riedel）之選錄，收入其所編的
　　Immanuel Kant: Schriften zur Geschichtsphilosophie (Stuttgart: Reclam 1985)
　　一書中。

3　R.G. Collingwood: *The Idea of History* (Oxford: Clarendon 1948), p. 96. 關於
　　「現象」與「物自身」之區分在康德哲學中的意義，請參閱拙作：〈牟宗
　　三哲學中的「物自身」概念〉，收入拙著：《當代儒學之自我轉化》(臺北：
　　中央研究院中國文哲研究所，1994年)。

4　Ludwig Langrebe: "Die Geschichte im Denken Kants", *Studium Generale*, 7.

爾(Johann Gottfried Herder)和黑格爾底歷史哲學所掩蓋。再者，
由於康德底歷史哲學包含一套目的論的歷史觀，不少學者往往
未加深究，便將它與黑格爾和馬克思底歷史哲學歸於同一類
型。這使得康德底歷史哲學始終未受到應有的重視。因此之故，
本文擬透過對康德底「歷史」概念之勾勒，凸顯出其歷史哲學
之特點。

II

　　在進一步討論康德底「歷史」概念之前，我們有必要先澄
清「歷史」一詞所包含的歧義。在德文中，Historie和Geschichte
這兩個字都可譯為「歷史」。從十九世紀末以來，德國的人文
學界逐漸將這兩個字底意義加以區別，以前者指關於人類過去
活動的記錄，以及這些記錄之編纂，以後者指存在於人類底精
神或意識中的「歷史本身」[5]。其實，這種用法上的區別可溯源
於康德。他在其〈論目的論原則在哲學中的運用〉(以下簡稱〈目
的論原則〉)一文中，為了界定「自然史」(Naturgeschichte)——
有別於「對自然的描述」(Naturbeschreibung)——底意義，寫道：

(續)————

　　Jg. (1954), S. 533; 亦見其 *Phänomenologie und Geschicht*, S. 46。此外，參
　　閱 Klaus Weyand: *Kants Geschichtsphilosophie. Ihre Entwicklung und ihr
　　Verhältnis zur Aufklärung* (Köln: Kölner Universitäts-Verlag 1963), S. 31-33。
5　參閱 Hans-Werner Bartsch: Artikel "Geschichte/Historie", in: *Historisches
　　Wörterbuch der Philosophie*, hrsg. von J. Ritter & K. Gründer, Bd. 3 (Darm-
　　stadt: Wissenschaftliche Buchgesellschaft 1974), Sp. 398f.。

「人們將Geschichte一詞當做希臘文中的Historia（陳述、描述）之同義詞來使用已太多、太久了，因而不會樂意賦予它另一種意義，這種意義能表示對於起源的自然探究〔……〕」[6]康德所理解的「自然史」是從人類理性底有限觀點對於自然世界底起源所作的追溯；它不是「神祇底學問」，而是「人類底學問」[7]。為了追溯自然世界底起源，它必須引進目的論原則。對康德而言，我們之所以必須將目的論原則引進自然研究中，正是由於我們人類底理性是有限的；反之，在上帝底全知觀點之下，目的論原則根本是不必要的。

　　同樣的，康德亦將目的論原則引進其歷史哲學中，而言歷史底目的。這種意義的「歷史」是依人類底有限觀點來理解的歷史，因為依其看法，「人類是地球上唯一擁有知性——亦即為自己任意設定目的的一種能力——的存有者。」[8]康德與黑格爾底「歷史」概念正好在這一點上顯示出其根本歧異。因為依黑格爾底理解，世界史是「絕對精神」（或稱為「絕對理性」）在時間中的展現，換言之，是全知觀點下的歷史。這點分判至為重要，因為它不但有助於把握康德底「歷史」概念，亦有助於區別康德與黑格爾底歷史目的論。儘管康德在實際的語言使用上未必嚴格遵守Geschichte與Historie之區別，但其歷史哲學係以Geschichte為主要對象，殆無疑問。

6　"Über den Gebrauch teleologischer Principien in der Philosophie", in: *Kants Gesammelte Schriften* (Akademieausgabe, 以下簡稱 *KGS*), Bd. 8, S. 162f.

7　參閱同上書，S. 161。

8　*Kritik der Urteilskraft*（以下簡稱 *KU*), *KGS*, Bd. 5, §83, S. 431.

若說康德所理解的「歷史」是依人類底觀點來理解的歷史，這項觀點是什麼呢？他在〈在世界公民底觀點下的普遍歷史之理念〉（以下簡稱為〈普遍歷史之理念〉）一文開宗明義便寫道：

> 無論我們在形上學方面為**意志底自由**形成怎樣的一個概念，意志底**現象**（即人類底行為）正如其他一切自然事件一樣，仍然按照普遍的自然法則而被決定。歷史以記述這些現象為務，而無論這些現象底原因隱藏得多麼深，歷史仍可使人期望：當它**在大體上**考察人類意志底自由之活動時，它能發現這種自由底一個有規則的進程；而且在這種方式下，就個別主體看來是雜亂無章的事物，就人類全體而言，將可被認為其原始稟賦之一種雖然緩慢、但卻不斷前進的發展。[9]

根據這段說明，歷史係以「人類意志底自由之活動」為主要探討對象，而它依據的觀點即是「人類意志底自由」之觀點。如果人類像其他的自然物一樣，不具有自由意志，便無歷史可言。但是在另一方面，自由意志並非歷史底直接對象，而是形上學（更精確地說，道德底形上學）之對象。歷史所要探討的主要對象是「意志底現象」，亦即人類的自由意志在現象界中的表現。這種「歷史」概念預設了現象與物自身之區分，以及人之雙重

---

9 "Idee zu einer allgemeinen Geschichte in weltbürgerlicher Absicht" （以下簡稱 "G. i. weltbürg. Abs."），*KGS*, Bd. 8, S. 17.

身分說。因此，我們可以說：康德底歷史觀是從人作為物自身的身分（自由的主體）底觀點來看他在現象界中所表現的行為。

在〈重提的問題：人類是否不斷地趨向於更佳的境地？〉（以下簡稱〈重提的問題〉）一文中，康德以另一種方式來說明其歷史觀。他開宗明義表示：「我們期望有一部人類史，而這並非關於過去、卻是關於未來的人類史，亦即一部**預測的**（vorher-sagende）人類史。」[10]但是所謂「預測的人類史」可以有不同的意義。如果這種預測並非以已知的自然法則（如日蝕和月蝕）為依據，便構成「預言的（wahrsagende）、而卻自然的」人類史；如果它是以超自然的感通或啟示為依據，便構成「先知的（weissagende）人類史」[11]。康德自己舉古希臘德爾菲神廟底女祭司與吉卜賽女卜者為前者之例[12]，或許我們還可以將中國歷史上的讖緯、推背圖、燒餅歌也歸於此類。後者之例則如《新約・啟示錄》中的「千年至福說」（Chiliasmus）。這兩種人類史都預設一種決定論（determinism），乃至於命定論（fatalism）。康德在此文中所要討論的雖然也是「預測的人類史」，但完全屬於另一種形態。他寫道：

　　〔……〕如果問題是：人**類**（大體上）是否不斷地趨向於更佳的境地？這裡所涉及的也不是人底自然史（例如，

---

10 *Der Streit der Fakultäten*, *KGS*, Bd. 7, S. 79.

11 同上注。

12 同上書，S. 79 Anm.。

> 未來是否會形成新的人種？），而是**道德史**，並且不是
> 依據**種屬概念**(singulorum)，而是依據在地球上結合成
> 社會、分散為部族的人底**整體**(universorum)。[13]

因此，康德所理解的「歷史」並不是以作為一個生物種屬的人
類為對象，而是將全人類當做整體，來探討其自由底進展。這
便是他所謂的「普遍歷史」。這種「歷史」可以預示：人類就
整體而言，在道德上不斷地趨向於更佳的境地。

　　然而，這種預測如何可能呢？或者用康德底話來說，「一
部先天的 (a priori) 歷史如何可能呢？」[14]康德自己回答道：「如
果預言者自己**造成**並且安排了他事先宣告的事件。」[15]換言之，
這是因為人是行為底主體，可以藉其行為產生一定的結果；既
然這種結果是他自己的行為所造成的，他自然可以預測。康德
在此舉了三個例子：一是猶太先知預言以色列之滅亡，二是當
時的政治家預言人類之冥頑不靈與反叛成性，三是當時的教士
預言宗教之沒落與反基督者之出現[16]。在這三個例子當中，預
言者本身必須為它所預言的結果負責，因為正是他的行為造成
了這些結果。這便是我們通常所說的「歷史底殷鑑」或「歷史
底教訓」。為取得歷史底殷鑑或教訓而撰寫的歷史，康德稱為

---

13 同上書，S. 79。
14 同上書，S. 79f.。
15 同上書，S. 80。
16 同上注。

「實用的歷史」(pragmatische Geschichte)[17]。康德在此強調人在歷史中作為主體的地位，即是承認人在歷史中的自主性，這其中便隱含著一個非決定論的觀點。

然而，縱使我們承認人在歷史中的自主性，我們是否能對「人類就整體而言，在道德上是否有進步」這個問題有所論斷呢？這就要看我們從什麼角度來看這個問題。對於這個問題，我們有三種可能的答案：一是認為人類日益墮落；二是認為人類日趨於善；三是認為人類永遠停頓在目前的狀況，或者是始終繞著同一點兜圈子。康德稱第一項看法為「道德的恐怖主義」(moralischer Terrorismus)，稱第二項看法為「幸福主義」(Eudämonismus)或「千年至福說」，稱第三項看法為「阿布德拉主義」(Abderitismus)[18]。依康德之見，這三種看法都無法直接從經驗得到證明。「因為我們所涉及的是自由的行動者；他們**應當**做什麼事，固然能事先**規定**，但是他們**將會**做什麼，卻無法**預言**。」[19]康德底意思是說：我們無法根據經驗法則去預測人底行為，因為這無異於否定人類意志底自由，而陷於決定論。

但是，承認我們無法根據經驗去預測人底行為，是否即意謂人類史是一齣荒謬劇，其中毫無道理可言？康德當然不會接受這種看法。他建議我們換個角度來看這個問題。正如他在知識論中一樣，他在歷史哲學中也提出一種「哥白尼式的轉向」。

---

17 *Grundlegung zur Metaphysik der Sitten, KGS*, Bd. 4, S. 417 Anm.

18 *Der Streit der Fakultäten, KGS*, Bd. 7, S. 81.

19 同上書，S. 83。

他寫道：

> 或許這也是由於我們在看待人類事務底進程的觀點上
> 作了錯誤的選擇，而使這個進程在我們看來是如此荒
> 謬。從地球上看來，諸行星時而後退，時而停止，時
> 而前進。但若從太陽底觀點來看（唯有理性才能做到這
> 點），根據哥白尼底假說，它們始終有規律地在前進。
> 但是有些在其他方面並非無知的人卻喜歡固執於他們
> 說明現象的方式，以及他們曾採取過的觀點——縱使
> 他們在這方面會糾纏於第谷之圓與周轉圓，而至於荒
> 謬的地步。但不幸的正是：當問題牽涉到對於自由行
> 為的預測時，我們無法採取這項觀點。因為這是**神意**
> （Vorsehung）底觀點，而它超出人底一切智慧。神意也
> 延伸到人底**自由**行為上面。人固然能**見到**這些行為，
> 但卻無法確切地**預見**它們（在上帝眼中，這其間並無任
> 何區別）；因為他要預見這些行為，就需要有合乎自然
> 法則的關聯，但對於未來的**自由**行為，他必然欠缺這
> 種引導或指示。[20]

換言之，人類史中的預測不但不能根據自然法則，亦不能根據
超自然的啟示或感通。因為前者意謂對人類底自由的否定，後
者意謂一種僭越，即以神明自居。這兩種預測雖有不同的依據，

---

20 同上書，S. 83f.。

最後必然流於決定論，乃至於命定論。因此，康德視為可能的
「預測的人類史」顯然不屬於波柏(Karl R. Popper)所批評的「歷
史預定論」(historicism)[21]。然則，我們還能依據什麼觀點來建
立這種「預測的人類史」呢？康德底答案是：依據目的論底觀
點。因此，我們必須進一步討論康德對於目的論的看法。

III

如上文所述，除了〈目的論原則〉一文之外，康德在《判
斷力批判》一書底後半部對目的論原則也作了完整的說明。其
實，他在《純粹理性批判》一書中對目的論原則已有清楚的定
位[22]。筆者在此不可能(亦無必要)完整地介紹康德對於目的論
的看法。為了說明康德歷史哲學之特色，筆者僅就相關的論點
作一提要。

首先要指出：康德將目的論原則視為一個形上學原則，也
就是說，它不能藉經驗去證明，亦不虞為經驗所否定。借用邏
輯經驗論者底術語來說，它不具有「可檢證性」(verifiability)。

---

21 波柏所謂的「歷史預定論」是指對於社會科學的一種特殊看法，即是認
　為：社會科學底主要目標在於歷史預測，而社會科學家可以藉著發現歷
　史發展底節奏、類型、法則或趨勢來達到這項目標。他將馬克思、史本
　格勒底歷史哲學都看成一種「歷史預定論」。請參閱其 *The Poverty of
　Historicism*, London: Routledge & Kegan Paul 1960。

22 參閱Landgrebe: "Die Geschichte im Denken Kants", *Studium Generale*, 7. Jg.
　(1954), S. 537f.; 亦見其 *Phänomenologie und Geschicht*, S. 52ff.。

邏輯經驗論者將「可檢證性」視為科學命題底意義判準，康德
不會反對。但是邏輯經驗論者將不具有「可檢證性」的形上學
命題視為無意義（至少是無認知意義），康德卻在若干形上學原
則中看出它們對於科學研究的意義。在《純粹理性批判》底〈先
驗辯證論〉之「附錄」中，康德列舉了若干這類的形上學原則，
例如「同質性原則」、「分殊性原則」、「連續性原則」[23]，
還有「目的論法則」[24]。

　　一般而論，自然科學底解釋是從機械論底觀點出發，根據
機械的因果法則來進行。但是康德指出：在自然世界中有一類
事物，其存在與形式無法從機械論底觀點得到充分的說明，這
便是有機物。為了理解有機物，我們必須引進目的論底觀點，
根據目的因底法則，將它們視為「自然目的」（Naturzweck）。
依康德底看法，「自然目的」包含兩項特性：(1)就其存在和形
式而言，其部分僅通過它對全體的關係始成為可能；(2)在形式
方面，其各個部分互為因果，因而形成一個統一的整體[25]。但
如果機械論與目的論底觀點在自然探究中均不可或缺，目的論
原則之介入豈非意謂對機械論觀點的限制、甚至否定，因而形
成一種理論上的「背反」（Antinomie）？康德認為：這種背反並
非不可化解，因為只要我們藉批判工作釐清兩者之分際，就可

23 參閱 *Kritik der reinen Vernunft*（以下簡稱 *KrV*）, hrsg. von Raymund Schmidt
　　(Hamburg: Meiner 1976), A656ff./B684ff. (A＝1781年第一版；B＝1787年
　　第二版)
24 同上書，A686f./B714f.; 參閱A698ff./B726ff.。
25 *KU*, *KGS*, Bd. 5, §65, S. 373.

以使它們在理論上不構成矛盾。用康德自己的術語來說，在自然探究中，我們不可將目的論原則當做「決定判斷力底構造原則」(konstitutive Prinzipien für die bestimmende Urteilskraft)，而只能當做「反省判斷力底規制原則」(regulative Prinzipien für die reflektierende Urteilskraft)來使用[26]。用通俗的語言來說，目的論原則並不是一項客觀原則，能使我們的知識擴展到經驗對象之外，而只是一項主觀原則，能引導我們適當地運用我們的認知能力，對某類自然對象加以反省。根據目的論原則，我們可以將整個自然界視為一個依目的因底法則而形成的系統。可是這個系統底概念只是一個理念，其客觀實在性無法在知識上得到證明。

然而，將機械論底觀點與目的論底觀點加以區隔，並非意謂兩者各不相干，因為人類底理性基於其「建築學的興趣」，必然要求兩者之統一[27]。康德進而指出：這兩種觀點並非在對列關係中，而是在隸屬關係中統一起來；更明確地說，目的論底觀點將機械論底觀點統攝於其下[28]。但是，這樣難道不會模糊自然科學與形上學之分際，而造成兩者之混淆嗎？康德認為不會，因為我們在此係將目的論原則當做自然科學底「外來原則」(auswärtiges Prinzip; principium peregrinum)，而非「內屬原則」(einheimisches Prinzip; principium domesticum)引入其中。

---

26 參閱 *KU, KGS*, §§ 70f.。

27 關於人類理性之「建築學的興趣」(architektonisches Interesse)，請參閱 *KrV*, A474/B502。

28 參閱 *KU, KGS*, §§ 78-81。

顧名思義，一門學問底「內屬原則」是在這門學問底系統內部
的原則，而其「外來原則」則是自其系統之外引進的原則。康
德解釋道：「包含外來原則的學問以輔助定理作為其學說底根
據，也就是說，它們從另一門學問借取某個概念，並且連帶地
借取安排其學說的根據。」[29]換言之，自然科學家(例如，生物
學家)在解釋有機體底存在與活動時，有必要從形上學中借取目
的論原則作為其說明根據，並且為機械論的解釋在整個解釋系
統中加以定位。在這種情況下，目的論原則固然主導了自然科
學底研究，但並不取代機械論底觀點，故不會造成形上學與自
然科學這兩個領域及其原則之混淆。

當我們根據目的論底觀點將有機體理解為自然目的時，我
們係根據「內在合目的性」(innere Zweckmäßigkeit)底原則來理
解它們。這個原則可以表達為：「在自然底有機產物內部，所
有的東西均是互為目的和工具。」[30]舉例來說，人體中的每個
器官既可說是為了其他器官而存在，其他器官亦可說是為了它
而存在，其間存在著互為目的和工具的關係，最後共同達成維
持和延續整個人體的目的。如果我們進一步將目的論底觀點擴
展到整個自然界(包括有機物和無機物)時，我們便可採取「外
在合目的性」(äußere Zweckmäßigkeit)底原則來理解自然物底外
在關係[31]。譬如，現代生物學中「食物鏈」底概念便是這項原

---

29 同上書，§68, S. 381。
30 同上書，§66, S. 376。
31 同上書，§82。

則之應用。在整個自然界中，只有人「能夠形成一個『目的』概念，並且憑其理性為一群以合乎目的的方式產生的事物形成一個目的系統」，故我們可視之為自然底「最後目的」(der letzte Zweck)[32]。康德在另外一處也將文化視為自然底「最後目的」，其義並無不同，因為對他而言，「促使一個有理性者適合於達到任何目的(因而在其自由中)，便是**文化**。」[33]總而言之，康德係就人創造文化的能力，將人視為自然底「最後目的」。

至此，我們對於目的論原則的運用並未超出自然界，因此仍然停留在「自然目的論」(physische Teleologie)底範圍內。然而，自然目的論底解釋具有一種假設性格，或者說，具有相對性。即使就作為「最後目的」的人而言，我們也能在某方面將他視為自然底工具，譬如，就他殺戮動物的行為，將他視為自然為其本身的生產力量和毀滅力量謀取某種平衡的工具[34]。這顯示出，自然目的論本身不能自我證成，而需要有進一步的依據。因為當我們採取自然目的論底原則，將人視為自然底最後目的時，這個「最後目的」底概念已預設一個「終極目的」(Endzweck)底概念。根據康德底解釋，「**終極目的**是這樣的目的：它不需要以其他目的作為其可能性底條件。」[35]換言之，「終極目的」是無條件的目的。既然現象界中的一切事物都在因果系列中，因而都是有條件的，故「終極目的」不能存在於

---

32 參閱 *KU, KGS,* §82, S. 426f.。
33 同上書，§83, S. 431。
34 同上書，§82, S. 427。
35 同上書，§84, S. 434。

自然界（作為現象底總合）之中[36]。故康德指出：只有「被視為理體(Noumenon)的人」才是這個「終極目的」[37]。「理體」在此可當做「物自身」底同義詞。作為「物自身」的人即是作為「道德底主體」的人，並且是一個稟有自由的有理性者[38]。由此我們便進至「道德目的論」(moralische Teleologie)。因此，「自然目的論」必須以「道德目的論」為依據。

IV

在對康德底目的論思想作了以上的概述之後，現在我們可以回到其「歷史」概念上。其〈普遍歷史之理念〉一文包含九條定理，可說是其歷史哲學底提綱。其第一條定理便是：「**一個受造物底所有自然稟賦均註定有朝一日會有完全且合乎目的的開展。**」[39]這條定理基本上只是自然史底原則。當康德進一步將這項原則應用到自然界中的一種特殊的受造物——人類——上面時，他才確立了人類史底原則；這便是第二條定理：「**在人（作為地球上唯一有理性的受造物）身上，為其理性之運用而設的自**

---

36 同上書，§ 84, S. 435。

37 同上注。

38 同上注。

39 "G. i. Weltbürg. Abs.", *KGS*, Bd. 8, S. 18. 在《道德底形上學之基礎》一書中，康德已提出了類似的定理：「在一個有機的（亦即依生命底目的而被設計的）存有者底自然稟賦中我們假定一項原理：在這個存有者中的任何一個目的，除了最適合此目的且與之最相宜的器官外，不會有任何器官。」(*KGS*, Bd. 4, S. 395)

然稟賦只會在種屬之中、而非在個體之中得到完全的發展。」[40]
根據這項原則，我們可將人類史理解為人類理性底發展過程，
而人類理性之充分發展即是人類史底目標。康德在第八條定律
中明確地指出這個目標：

> 我們可將人類底歷史在大體上視為自然底一項隱藏的
> 計畫之履行，此計畫即是在國家之內實施一部完美的
> 憲法，而且**為此目的**，在國家之外也實施一部完美的
> 憲法——唯有在這種狀態中，自然始能完全發展人底
> 一切自然稟賦。[41]

　　根據康德後來在《論永久和平》一書中的解釋，所謂「在
國家之內實施一部完美的憲法」，即是在每個國家之內實施一
部共和制的憲法[42]。但縱使每個國家都實施了共和制的憲法，
如果國際關係仍處於無法律規範的自然狀態——在康德看來，
這並無異於戰爭狀態[43]——中，人類理性依然未得到充分發
展。故理性之進一步發展必然要求「在國家之外也實施一部完
美的憲法」，亦即在聯邦主義底基礎上建立一個國際聯盟[44]。
這就是所謂的「永久和平」。在「永久和平」底狀態中，國家

---

40 "G. i. weltbürg. Abs.", *KGS*, Bd. 8, S. 18.

41 同上書，S. 27。

42 參閱 *Zum ewigen Frieden*, *KGS*, Bd. 8, S. 349ff.。

43 同上書，S. 348f.。

44 同上書，S. 354ff.。

並未消失，而是在一個合理的國際秩序中共存。因為在他看來，
國家就像個人一樣具有人格，因此才能作為權利底主體[45]。反
之，在馬克思所期待的共產主義烏托邦裡，國家已不復存在。
相形之下，康德底「永久和平」理念顯然較為實際。

要正確地把握、乃至評價康德底歷史哲學，我們必須理解
「永久和平」這個理念底雙重性格，這就是說：它一方面提供
我們一個理解人類史的觀點，因而具有解釋的功能；另一方面，
它又為人類指出一個奮鬥底目標，或者說，必須履行的義務，
因而具有規範的功能。康德在〈普遍歷史之理念〉一文中的第
九條定理明確地指出了它的解釋功能：「**按照自然底一項計
畫──它是以人類當中完美的公民聯盟為目標──去探討普遍
的世界史之一項哲學性嘗試必須被視為可能的〔……〕**」[46]在
《論永久和平》一書中，他又賦予「永久和平」底理念一項規
範意義：

> 如果使公法底狀態實現(儘管是在無窮的進步中接近
> 之)是一項義務，而且我們也有理由期望其實現，那麼
> 隨著至今被誤稱的和約締結(其實是停火)而來的**永久
> 和平**並非空洞的理念，而是一項任務──這項任務逐
> 漸得到解決時，便不斷接近其目標，因為產生同等進

---

45 同上書，S. 344。
46 *KGS*, Bd. 8, S. 29.

步的時間可望會越來越短。[47]

但是「永久和平」底這兩項功能很容易被誤解，需要進一步的
說明。

就「永久和平」底規範功能而言，康德固然將追求永久和
平視為人類底一項「義務」，但是我們必須知道：這項義務並
非嚴格意義的道德義務。它與道德義務不同之處有以下幾點：
第一，它只要求行為之合法性（Legalität），而不要求其道德性
（Moralität）。第二，它的實現並非直接依靠道德動機底力量，
反倒是從人底自然本能得到更大的助力。第三，它並非像道德
理念（如「最高善」）那樣，在現實世界中永遠無法實現，而是
具有歷史的可能性。這三點特徵構成它的「歷史性」，因而有
別於道德義務；因為在康德底哲學系統中，「道德」是非歷史
的，或者說，超歷史的。

就第一點特徵而言，「永久和平」底理念固然出於實踐理
性之要求，但它僅涉及法權關係之合理性[48]，亦即人類行為底
外在關係之合法性。依照康德底看法，永久和平之達成和保障
一方面依靠「在最熱烈的競爭中所有力量底平衡」，另一方面

---

47 *KGS*, Bd. 8, S. 386.

48 德文中的Recht一字包含權利、法律、正當、公道諸義，在中文裡很難找
到相當或相近的詞彙來翻譯此字。但由於這些涵義之間的關聯構成康德
法哲學底基本特性，我們不得不特別為它創造一個中文詞彙。因此，筆
者依大陸學界之習慣以「法權」一詞來翻譯此字。

依靠人類互利的動機,即「商業精神」[49]。因此,在永久和平底狀態中的國際關係類似於在一個共和制憲法保障下的人際關係。康德指出:為了實施共和制的憲法,並不需要每個人成為一個道德上的好人,而只需要成為一個好公民[50]。同樣的,為了保證永久和平,並不需要每個國家放棄對利益的追求。在〈重提的問題〉一文中,康德針對自設的問題「趨向於更佳的境地會為人類帶來什麼收穫?」回答道:

> 並非存心中的**道德性**在分量上的不斷增長,而是這種存心在合乎義務的行為中之**合法性**底產物之增加(不論這些行為是由什麼動機所引發)。這就是說,人類向更佳的境地而趨之努力底收穫(成果)只能置於人類底善良**行動**(這種行動終究會越來越多,而且越來越好)之中,因而置於人類底道德特質之事相(Phänomenen)之中。[51]

這使得「永久和平」底理念較少烏托邦底色彩。

就第二點特徵而言,康德並不否認永久和平之實現有賴於人底「道德稟賦」[52],但由於這種道德稟賦即是實踐理性本身,故在人底理性力量得到充分發展之前,他必須有其他的輔助力量。在〈普遍歷史之理念〉一文中,他把這種輔助力量稱為「非

---

49 參閱 *Zum ewigen Frieden, KGS*, Bd. 8, S. 367f.。
50 同上書,S. 366。
51 *KGS*, Bd. 7, S. 91.
52 參閱 *Zum ewigen Frieden, KGS*, Bd. 8, S. 355。

社會的社會性」(ungesellige Geselligkeit)，亦即人底自然稟賦在
社會中的對抗[53]；換言之，這是指人底自然欲望在社會生活中
所造成的衝突。康德在這種衝突中看出積極的意義，即是：它
們可以激發人類理性底潛能，使之得到進一步的發展。黑格爾
歷史哲學中所謂的「理性底詭詐」(List der Vernunft)正是脫胎
於此。表面看來，這種說法似乎與康德在倫理學中所強調的「實
踐理性底自律」相矛盾；實則不然。因為「實踐理性底自律」
意謂：實踐理性除了它自己所制定的法則之外，不受任何其他
法則之制約；換個較通俗的說法，便是實踐理性之自作主宰。
但這並不涵蘊：實踐理性作為一種能力，就不需要發展。進而
言之，「實踐理性需要發展」這個命題亦不排除這種發展從其
他來源取得助緣的可能性。李澤厚認為：康德底歷史觀點與其
形式主義的道德理論之間有很大的距離[54]，正是由於不了解上
述的道理。

　　再就第三點特徵而言，康德並不否認追求永久和平之實現
是一項艱難的任務。他甚至將達到永久和平底預備階段——在
國內建立一套完美的公民憲法——都視為「最困難、且最後為
人類所解決的問題」[55]。在其理性樂觀主義之外表下隱含著他
對人類底劣根性的深刻洞識，這便是他的「根本惡」(das radikale

---

53 *KGS*, Bd. 8, S. 20.

54 李澤厚：《批判哲學的批判——康德述評》(臺北：三民書局，1996年)，
　　頁367。

55 "G. i. weltbürg. Abs.", *KGS*, Bd. 8, S. 23.

Böse)之說[56]。但對他而言，永久和平並非一個虛懸於人類底歷史視野之外的烏托邦。我們若以「最高善」底理念和「永久和平」底理念作個對照，此義便甚為顯豁。對他而言，「最高善」——幸福與道德之一致——是任何人在其有生之年都無法企及的「彼岸」，人類只能在無限的歷程中努力接近它；而為了保證這項目標不致落空，人類理性必須接受「靈魂不滅」之設準(Postulat)[57]。反之，「永久和平」並非人類永無法企及的「彼岸」，而有可能透過世世代代的努力，在其歷史遠景中逐漸浮現。康德在〈普遍歷史之理念〉中談到人類理性之發展時寫道：

〔……〕令人驚訝的是：先前的世代似乎只是為了以後的世代而從事辛苦的工作，以便為他們準備好一個階段，使他們能從這裡將自然視為目標的建築物建得更高；然而，唯有最後的世代才會有福分住在這座建築物中，而他們的眾多祖先雖曾為這座建築物工作過（當然是無意地），本身卻無法分享自己所準備的福分。然而，不論這點是多麼難以理解，它同時卻是必然的——只要我們假定：有一個動物底種屬具有理性，而且就他們屬於一概會死亡，而其種屬卻不會死亡的

---

56 請參閱拙作：〈康德的「根本惡」說——兼與孟子的性善說相比較〉，收入拙著：《康德倫理學與孟子道德思考之重建》（臺北：中央研究院中國文哲研究所，1994年）。

57 參閱 *Kritik der praktischen Vernunft, KGS*, Bd. 5, S. 122-124。

有理性者而言，仍可達到他們的稟賦之圓滿發展。[58]

人類理性發展到圓滿之際，即是永久和平降臨人間之時！

　　進而言「永久和平」之解釋功能。如上文所述，康德所期望的人類史是關於未來的「預測的人類史」。但這種人類史並不是要提供客觀的法則、規律或趨向，藉以預測人類底未來。康德斷然否定人類史底這種預測功能。他在《論永久和平》一書中談到商業精神對人類史的積極作用時，清楚地表示：

> 依此方式，自然透過在人類底愛好本身中的機械作用來保證永久和平——當然，帶有一種擔保，這種擔保並不足以（在理論上）**預言**永久和平之未來，但是在實踐方面卻是足夠的，並且使我們有義務努力去達成這項（不止是空想的）目的。[59]

在另一方面，這種人類史也有別於西方自中世紀以來所盛行的「歷史神學」（Geschichtstheologie）；後者將人類史視為一部救贖史（Heilsgeschichte），其最有名的例子是奧古斯丁底《上帝之城》（*Civitas Dei*）。康德在〈普遍歷史之理念〉一文中寫道：

> 想要按照「如果世事應當合於某些理性的目的，它必

---

58 *KGS*, Bd. 8, S. 20.
59 同上書，S. 368。

然如何進行」這個理念去撰寫一部**歷史**，這的確是一個奇怪的而且從表面看來荒謬的計畫；由這樣一種意圖似乎只能產生一部**小說**。[60]

其實就某個意義而言，這段話也可批評黑格爾底歷史哲學。

然則，康德賦予歷史的解釋功能何在呢？我們最好還是看看他自己的說明。他在〈普遍歷史之理念〉一文中寫道：

> 如果我們可以假定：甚至在人類自由底活動中，自然底運行亦非沒有計畫和終極目標，那麼這個理念就會變得有用。再者，儘管我們所見太淺短，而無法看透自然底策畫之秘密的必然過程，這個理念卻可以供我們作為線索，將人類行為底一個**集合**（它在其他情況下是無計畫的）至少在大體上呈現為一個**系統**。[61]

因此，歷史底解釋功能在於提供我們理解人類底自由行為的先天線索。因為只要人類是有理性的行動者，也就是說，能依其目的而行動，我們就有理由假定：在人類史中可以發現某種條理，人類底行為不盡是盲動。借助於這條線索之引導，我們可以理解人類過去的各種活動之意義，並且將它聯繫到我們的未來，作為我們未來的行為之指引。

---

60 同上書，S. 29。
61 同上注。

康德賦予歷史的這種解釋功能包含一項極其重要的涵義：歷史僅存在於歷史意識之中，故唯有已啟蒙的民族才有歷史可言。在〈普遍歷史之理念〉一文中，他清楚地表示了這種看法：

> 如果我們從**希臘**史——經由這部歷史，其他一切更古老的或同時代的歷史已被保存給我們，至少必須經由它得到確證——開始；又如果我們探索希臘史對於併吞希臘國家的**羅馬**民族底政治體之形態與變形所產生的影響，以及羅馬民族對於轉而消滅他們自己的**蠻族**所產生的影響，直到我們的時代為止；再者，如果其他民族底國家史(當關於它們的知識正是經由這些已啟蒙的國族逐漸傳給我們時)**像插曲一樣**添加進來，那麼，我們將在我們的大陸(它日後或許會為其他所有的大陸立法)上發現憲法改良底一個有規律的進程。[62]

由此又可以引申出進一步的涵義：單憑史料並不足以構成歷史，只有通過歷史意識之反省，史料才有意義。故康德說：

> 唯有從開頭就不間斷地延續到我們今天的一群**有知識的公眾**才能確證古史。在此之外，一切均是未知的領域(terra incognita)；而生活在這群公眾以外的民族底歷史只能從他們加入其中的時候開始。就**猶太**民族來

---

62 *KGS*, S.29.

說，歷史在托勒密王朝底時代、經由希臘文聖經底翻譯而開始；若無這種翻譯，我們將很難相信他們的**孤立訊息**。從此時(在這個開端已先恰當地被考查出來之時)起，我們才能回頭探究他們的敘述。對其餘所有的民族來說，也是如此。[63]

康德在〈答何謂啟蒙〉一文中將「理性之公開運用」視為「啟蒙」之必要條件，所謂「理性之公開運用」則是指「某人**以學者底身分**面對**讀者世界**底全體公眾就其理性所作的運用」[64]。在他看來，如果一個民族已擁有「一群有知識的公眾」，亦即一個開放的知識階層，這就表示這個民族已經啟蒙了。因此，有些民族即使已有歷史記載，但只要其文化尚未成熟到足以形成明確的歷史意識(這又以道德意識之成熟為先決條件)，嚴格而論，他們尚未進入歷史世界。他們唯有透過其他已啟蒙的民族，才能進入歷史世界。

如上一節所述，康德就人創造文化的能力，將人視為自然底「最後目的」。對他而言，歷史意識是文化發展底結果。在「自然」與「文化」這一組對比性概念中，歷史無疑屬於「文化」底概念。加拿大學者法肯海穆(Emil L. Fackenheim)認為：康德似乎不得不將歷史歸諸自然底一部分，顯然是誤解[65]。在

---

63 同上書，S. 29 Anm.。

64 參閱 "Beantwortung der Frage: Was ist Aufklärung?", *KGS*, Bd. 8, S. 36f.。

65 Emil L. Fackenheim: "Kant's Concept of History", *Kant-Studien*, Bd. 48 (1956/57), S. 384；亦見其 *The God Within: Kant, Schelling, and Historicity*

康德底歷史哲學中，作為歷史底主體的人正是作為自然底「最後目的」的人。因此，他的歷史哲學不屬於純粹的道德哲學（即「道德底形上學」），亦不屬於自然哲學，而是如黎德爾所言，屬於「道德哲學底經驗部分」或「應用的實踐哲學之一章」[66]。

V

最後，筆者想說明康德底歷史哲學與史學（Geschichts-wissenschaft）之關係，藉以顯示前者對於史學研究的意義。康德在〈普遍歷史之理念〉一文底結尾語重心長地寫道：

> 若說我想以世界史底這個理念（它在某個程度內有一條**先天的**線索）來排斥就本義而言的、純**以經驗方式**撰寫的歷史之編纂，乃是誤解了我的意圖。這只是對於一個哲學頭腦（他必定也十分通曉歷史）還能從另一項

（續）

(Toronto: University of Toronto Press 1996), p. 36。

66 Manfred Riedel: "Geschichtstheologie, Geschichtsideologie, Geschichts-philosophie. Untersuchungen zum Ursprung und zur Systematik einer kriti-schen Theorie der Geschichte bei Kant", *Philosophische Perspektiven*, Bd. 5 (1973), S. 214 & 222. 作者此文係由另外兩篇論文改寫而成，故同樣的看法亦見於其中，此處不俱引。這兩篇論文分別為：

　1) "Geschichte als Aufklärung. Kants Geschichtsphilosophie und die Grund-lagenkrise der Historiographie". *Neue Rundschau*, 84. Jg.(1973), S. 289-308.

　2) "Einletung" zu *Immanuel Kant: Schriften zur Geschichtsphilosophie* (Stuttgart: Reclam 1985), S. 3-20.

觀點去嘗試的工作之一個想法而已。此外，人們在撰
寫其當代史時的煩瑣通常是值得稱道的，但必定會使
每個人不由地懷疑：我們的後代子孫將如何著手去把
握我們在若干世紀後可能遺留給他們的歷史重擔？毫
無疑問，他們將僅從使他們感興趣的事情——亦即，
各民族和政府在世界公民底觀點下已達到的成就或已
造成的損害——底觀點來評斷可能早已無文獻可徵的
遠古歷史。[67]

所謂「就本義而言的、純以經驗方式撰寫的歷史」是指實證史
學，包括史料蒐集、辨偽、考證、統計等工作。我們要注意，
康德在這裡使用的字眼是Historie，非Geschichte，正好符合他在
〈目的論原則〉一文中所作的區分。他無意以歷史哲學來取代
一般史學家底基本工作，正如他無意以形上學來取代自然科學
家底研究一樣。但在另一方面，他再度強調歷史與史料之分別，
強調歷史觀點對於史學研究的重要性。如果史學家僅留給後世
一堆史料，而不能根據人類理性底興趣（其中最基本的是道德的
興趣）賦予它們以意義，它們也不過是一堆「斷爛朝報」而已。

　　余英時先生曾在〈中國史學的現階段：反省與發展〉一文
中分別評論中國現代史學發展中影響最大的兩派——「史料學
派」和「史觀學派」[68]。所謂「史料學派」，他雖未明言何所

---

67 *KGS*, Bd. 8, S. 30f.

68 此文收入其《史學與傳統》（臺北：時報文化出版公司，1982）一書中。

指，但顯然是以胡適、傅斯年為主要代表，因為前者主張「以
科學方法整理國故」，後者主張「史學即是史料學」。自1949
年中國大陸易幟後，這個學派憑藉其在臺灣大學和中央研究院
的領導地位，幾乎全面主導了臺灣的史學研究。所謂「史觀學
派」，他主要是指以馬克思底歷史唯物論為指導原則的史學家。
眾所周知，在1949年之後，這個學派也全面主導了中國大陸的
史學研究，而發展成中國大陸獨有的「影射史學」。這兩派各
趨極端，相互攻訐，如水火之不相容。

　　從「史料學派」底觀點看來，馬克思底歷史唯物論脫胎於
黑格爾，而溯源於康德。因此，康德底歷史哲學很自然地被歸
於對立的一方，而加以抹殺。對西方學者而言，康德底歷史哲
學與黑格爾、馬克思底歷史哲學間也有太多表面的類似點（例
如，以目的論為基礎，預言歷史底進步，承認歷史有規律），他
們因厭惡黑格爾、馬克思底歷史哲學，而連同康德底歷史哲學
亦一併加以抹殺。但是從「史觀學派」底觀點看來，康德底歷
史哲學並不成熟，它只是過渡到黑格爾、乃至馬克思底歷史哲
學的橋樑，終究要被後者所揚棄[69]。在西方學者當中，持此論
者亦不乏其人[70]。因此，康德歷史哲學之不受重視，實非偶然。

　　在筆者看來這種情形不但對康德極不公平，也是我們的重

---

[69] 李澤厚顯然持這種看法。請參閱其《批判哲學的批判——康德述評》，頁
　　430-443。

[70] 以色列學者優威爾（Yirmiahu Yovel）是其中一例。請參閱其 *Kant and the
　　Philosophy of History*（Princeton: Princeton University Press 1980），pp. 300-
　　306。

大損失。康德底歷史哲學經常遭受到的批評是：它無法克服理性與自然之背反，或者不如說，道德與歷史、實然與應然之背反[71]。這項背反之克服被視為黑格爾、乃至馬克思底歷史哲學重要貢獻。但是從黑格爾經過改頭換面的歷史神學發展成馬克思底歷史決定論，而引起波柏、柏林(Isaiah Berlin)等人底強烈批評[72]看來，這種發展恐怕反而是歷史哲學之不幸。當代英、美學者主張以「批判的(critical)歷史哲學」來取代「思辨的(speculative)歷史哲學」，主要也是肇因於此一不幸的發展。

如果我們換個角度來看康德底歷史哲學，則存在於道德與歷史、實然與應然之間的背反正好是其整個歷史哲學之支撐點，而非有待克服的缺點。我們切莫忘記：康德是從人類底有限觀點、而非從上帝底無限觀點來理解「歷史」。在這種意義的「歷史」中，實然與應然之間必然存在著一種張力。這種張力反映出作為歷史底主體的人之現實情境與應有分位，而其消失意謂歷史之終結。正如康德底知識論是要說明人類底知識，其歷史哲學也要說明人類底歷史。嚴守人類理性底界限與分位，不妄求，不僭越，不增益，不減損，這是批判哲學之基本精神。

對於史學家底研究工作而言，康德底歷史哲學亦嚴守其應有的界限與分位，而無意越俎代庖。因此，康德不會接受黑格

---

71 參閱同上書，pp. 298-300。

72 柏林對於黑格爾和馬克思底歷史目的論的批評主要見諸其*Four Essays on Liberty* (Oxford: Oxford University Press 1969) 一書，尤其是第二章 "Historical Inevitability"。

爾底「歷史神學」，也不會接受馬克思底「歷史意識形態」
（Geschichtsideologie），更不會同意「影射史學」之氾濫越位。史
學家在其大部分研究工作中，或許不必理會歷史哲學底問題。
但是當他們涉及歷史底意義問題時，康德底歷史哲學便提供了
一個極佳的思考角度。這個角度並非任意揀選的，而是根植於
人類理性底興趣。在這種意義之下，筆者同意黎德爾底看法，
將康德底歷史哲學理解為「歷史編纂之批判」，進而理解為「歷
史非理性之批判」（不是「歷史理性之批判」！）[73]。最後，筆
者還要借用他的一段話，作為本文之結論：

> 在赫德爾與康德之爭論中，論據較弱的一方得勝，這
> 已經以某種方式成為德國歷史學之災難。赫德爾底歷
> 史哲學預期十九世紀以還用來頂替形上學的那種「歷
> 史的世界觀」，它預期歷史主義（Historismus）。康德
> 底歷史哲學涉及史學底道德基礎、人對其過去的一種
> 批判的、知其所限的關係底問題，以及在歷史中一般
> 性陳述與個別性情境描述底關係之基本的方法論問
> 題。在黑格爾之籠罩下，作為歷史哲學家的康德被哲
> 學家所遺忘；在蘭克之影響下，他被史學家所遺忘——
> 邁內克（Friedrich Meinecke）這位歷史主義底歷史編纂
> 者事後將康德底「歷史」概念歸諸一種自赫德爾以來

---

73 Manfred Riedel: "Geschichtstheologie, Geschichtsideologie, Geschichtsphilo-
sophie", a.a.O., S. 224.

已被淘汰的、前現代的思考方式，而使得這種遺忘無
所愧疚。〔……〕狄爾泰在嘗試為人文學(Geistes-
wissenschaften)奠定基礎時，並未取法於康德，而是取
法於赫德爾底學生許萊爾馬赫(Schleiermacher)和蘭
克；新康德學派則取法於「科學底事實」。重新理解
赫德爾與康德之爭論中的文獻，並且根據本文對原先
的若干成見之修正，檢討有關其後續影響的判斷，現
在正是時候了！[74]

---

74 同上書，S. 226。狄爾泰認為康德底批判哲學無法處理歷史底問題，因而
計畫撰寫一部「歷史理性之批判」。業師許密特教授指出：狄爾泰在此弄
錯了問題之重點，他應當撰寫的不是「歷史理性之批判」，而是「歷史判
斷力之批判」。請參閱 Gerhart Schmidt: "Kausalität oder Substantialität? Zu
Hegels Ontologie der Geschichte", in: Hans-Christian Lucas/Guy Planty-Bon-
jou (Hg.), *Logik und Geschichte in Hegels System* (Stuttgart-Bad Cannstatt:
Frommann-Holzboog 1989), S. 148-151。

目次

凡 例

一、本譯本以普魯士王室學術院版《康德全集》為依據，邊頁上所附的號碼代表此一版本之頁碼。

二、德文本中為強調而疏排或以粗體排印者，中譯本一律以黑體排出；德文本於疏排中又以粗體排印者，中譯本改以細圓體排印。

三、康德之原注以細明體排印，不加任何標示。譯者所加之注釋則標以【譯注】，並以楷體排印，以資區別。譯者為原注所加之說明則標以【譯者按】，亦以楷體排印。正文及原注中譯者所增補之字句，一概以〔 〕標示之。

四、〈人名索引〉及〈概念索引〉均依據中譯本之頁碼而編。

五、為求譯文之嚴謹起見，譯者依1910及1920年代之習慣，將「的」字用作形容詞詞尾，而以「底」字作為所有格語助詞，以「地」字作為副詞詞尾；有時亦用「之」字作為所有格語助詞，義同「底」字。但所有格代名詞(如「你的」、「我的」)用「的」字，而不用「底」字。

康德著作縮寫表

KGS = *Kants Gesammelte Schriften*（Akademieausgabe）.

G. i. weltbürg. Abs. = Idee zu einer allgemeinen Geschichte in
weltbürgerlicher Absicht.

MS = *Metaphysik der Sitten.*

KrV = *Kritik der reinen Vernunft.* A = 1781年第一版；B =
1787年第二版。

KpV = *Kritik der praktischen Vernunft.*

KU = *Kritik der Urteilskraft.*

GMS = *Grundlegung zur Metaphysik der Sitten.*

Rel. = *Religion innerhalb der Grenzen der bloßen Vernunft.*

Prol. = *Prolegomena zu einer jeden künftigen Metaphysik, die
als Wissenschaft wird auftreten können.*

康德歷史哲學論文集

（增訂版）

李明輝譯注

在世界公民底觀點下的
普遍歷史之理念 [1]

譯者識

在《哥達學報》(*Gothaische Gelehrte Zeitungen*) 第12期
(1784年2月11日出刊)底〈簡訊〉中有一節提到：宮廷牧師長
蘇爾澤(Schulze)正致力於以通俗的文筆改寫康德底《純粹理性
批判》，使它能為大眾所理解。在同一節底另一處則出現以下
的文字：「康德教授先生所喜愛的一個理念是：人類之終極目
的是達到最完美的憲章；而且他期望：一位哲學的歷史學家願
意著手從這項觀點為我們提供一部人類史，並且揭示，人在不
同的時代已接近或離開這個終極目的到什麼地步？再者，為達
到這項目的，還有什麼事要做？」正如康德在本文標題底注解

---

1 在今年《哥達學報》(*Gothaische Gelehrte Zeitungen*) 第12期底〈簡訊〉
中有一段文字，無疑是摘自我與一位過訪學者間的談話。這使我不得不
寫這篇闡釋。如果沒有這篇闡釋，那段文字就不會有可以理解的意義。

中所提到，他是特地針對這段文字所提出的問題而撰寫本文。本文最初發表於《柏林月刊》(*Berlinische Monatsschrift*) 第4卷第11期(1784年11月出刊)。本譯文係根據普魯士王室學術院底《康德全集》譯出(第8冊，頁15-31)。

　　「普遍歷史」即是 allgemeine Geschichte，亦可寫作 Universalhistorie, Universalgeschichte或historia universalis。此詞可上溯至十四世紀初，後來逐漸與「世界史」(Weltgeschichte/ Welthistorie/ historia mundi)一詞混用，到十八世紀才在歐洲(尤其是德國)思想界流行。大體而言，「普遍歷史」試圖超越地域與時代之不同，將人類在地球上的各種活動當做一個整體來探討。對康德而言，「普遍歷史」有別於建立在經驗基礎上的歷史研究，是要根據一個先天的理念來理解人類歷史；它是一種「引導的學問」(Leitwissenschaft)，可以統攝各種特殊的歷史。關於此詞底演變，請參閱Otto Brunner, Werner Conze & Reinhart Kosellek (Hg.): *Geschichtliche Grundbegriffe* (Stuttgart: Ernst Klett 1972), Bd. 2, S. 686-691。

無論我們在形上學方面為**意志底自由**形成怎樣的一個概念， 17
意志底**現象**(即人類底行為)正如其他一切自然事件一樣，仍然
按照普遍的自然法則而被決定。歷史以記述這些現象為務，而
無論這些現象底原因隱藏得多麼深，歷史仍可使人期望：當它
在大體上考察人類意志底自由之活動時，它能發現這種自由底
一個有規則的進程；而且在這種方式下，就個別主體看來是雜
亂無章的事物，就人類全體而言，將可被認為其原始稟賦之一
種雖然緩慢、但卻不斷前進的發展。因此，婚姻、隨之而來的
出生，以及死亡——在此，人底自由意志對它們有極大的影
響——似乎不受制於任何規則，而根據這種規則我們才能靠計
算事先決定它們的數目；但是各大國關於它們的年度報表卻證
明：它們係按照恆定的自然法則而發生，正如極不穩定的氣候
一樣——我們雖然無法事先個別地決定氣候之形成，但在大體
上，氣候卻不會不將植物之生長、河川之流動，以及自然底其
他安排維持在一個齊一的持續進程中。個別的人、甚至整個民
族都很少想到：當他們都按照各自的心意，而且往往相互掣肘
地追求他們自己的目標時，他們不知不覺地朝著他們自己所不
知道的自然目標，以之作為一項引導而前進，並且為促成這項
目標而努力。即使他們知道了這項目標，他們也很少將它放在
心上。

既然在大體上，人在其努力當中不僅是像動物那樣，依本
能行事，也不像有理性的世界公民那樣，按照一個約定的計畫
行事，那麼，他們似乎也不可能有任何合乎計畫的歷史(譬如像
蜜蜂或海狸底歷史)。當我們見到人在世界底大舞臺上的所作所

為，又儘管在個人身上有偶而閃現的智慧，但我們終究發現： 18
在大體上，這一切均由愚蠢、幼稚的虛榮，甚至往往由幼稚的
惡意和毀滅欲交織而成之時，我們禁不住會有某種不滿。在此，
我們終究不明白：對於我們這個如此以其優越性自負的種屬，
我們該形成怎樣的一個概念。在此，哲學家底唯一辦法是：既
然在大體上，他根本無法在人及其活動當中預設任何理性的**個
人目標**，他便探討他是能否在人類事務底這個荒謬的過程中發
現一項**自然目的**——根據這項目的，不按個人計畫行事的受造
物卻可能有一部合乎自然 [1] 底一項特定計畫的歷史。我們想知
道，我們是否會成功地發現這樣一部歷史之一條線索，然後任
由自然去產生有能力依此線索撰寫這部歷史的人。自然便產生
了一位**克普勒** [2]，他以一種出人意表的方式使行星底離心軌道依
從於確定的法則。自然也產生了一位**牛頓**，他以一項普遍的自
然原因去解釋這些法則。

---

1 【譯注】在康德底用法中，「自然」(Natur)一詞有多重涵義。此詞在康
 德底著作中至少有四種涵義：(1)指受機械法則制約的經驗對象之總合，
 即實質意義的「自然」；(2)指「事物底存在，就這種存在按照普遍法則
 被決定而言」(*Prol., KGS*, Bd. 4, S. 294, §14; *GMS, KGS*, Bd. 4, S. 421)，
 即形式意義的「自然」；(3)指人類在進入有法律秩序的文明狀態以前的
 原初狀態，如「自然狀態」(Naturzustand)一詞之所示；(4)指在目的論
 觀點下有計畫、有目的的「自然」，即下文中第九定律中所謂的「神意」
 (Vorsehung)。本文中所談的「自然」主要是就第四種涵義而言。請參閱
 Klaus Weyand: *Kants Geschichtsphilosophie. Ihre Entwicklung und ihr Ver-
 hältnis zur Aufklärung*, S. 59f.。
2 【譯注】克普勒(Johennes Kepler, 1571-1630)為德國天文學家。他發現行
 星運動底定律，即所謂「克普勒定律」。

第一定律

一個受造物底所有自然稟賦均註定有朝一日會有完全且合乎目的的開展。在所有動物身上，外在及內在的剖析性觀察均證實這點。在目的論的自然論中，一個不可使用的器官，一項達不到目的的安排是一種矛盾。因為如果我們放棄這項原理，我們便不再有一個合乎法則的自然界，而只有一個無目的地活動的自然界，而且無可指望的機運取代了理性底引導。

第二定律

在人（作為地球上唯一有理性的受造物）**身上，為其理性之運用而設的自然稟賦只會在種屬之中、而非在個體之中得到完全的發展。**一個受造物底理性是一種將其所有力量底運用之規則和目標擴展到遠遠超出自然本能之外的能力，而且不知它自己的規畫有任何界限。但是這種理性本身並非依本能而作用，而是需要嘗試、練習和教導，才能逐步由一個理解階段進至另一個理解階段。因此，每個人必須有無限長的生命，才能學得如何完全地運用其全部自然稟賦。否則，如果自然僅為他規定了短暫的壽命（像實際的情形那樣），他便需要一個無法估量的世代系列，每個世代將其開化傳給其他世代，以便最後將它在我們人類之中的根芽推進到完全合於自然底目標的發展階段。而這個時刻，至少在人底理念中，必須是其努力底目標，否則

19

自然稟賦多半得被視為徒勞且無目的的;這將取消一切實踐原則,且因此使自然(其智慧通常在判斷其他一切安排時必須充當原理)唯獨在人身上有兒戲之嫌。

第三定律

　　自然指望人完全憑己力產生超乎其動物性存在底機械安排的一切東西,並且除了他自己不靠本能、而憑自己的理性所獲得的幸福或圓滿性之外,不會分享任何其他的幸福或圓滿性。這就是說,自然不做不必要的事,而且在運用手段以達到其目的時不會浪費。既然自然賦予人以理性和以此為基礎的意志自由,這已明確表示了它對於人底配備所懷的目標。這就是說,人不應由本能來指導,或是由天生的知識來照管和教導;他反而應憑己力產生一切。其食物、衣物、對外的安全和防衛之發明(為此目的,自然既未賦予他以公牛底角,亦未賦予他以獅子底爪,更未賦予他以狗底牙,而是僅賦予他以雙手)、一切能使生活愉快的佚樂,甚至其識見和明哲,乃至於其意志底良善,全都應當是他自己的產物。在此,自然似乎自得於其極度的節約,而且將其動物性配備估算得如此緊湊,正好夠一種起碼的生存之最高需求,就好像它指望人有朝一日從最野蠻的狀態努力上升到最大的技巧、思考方式底最大圓滿性,並且(在世間可能的情況之下)藉此達到幸福時,完全單獨擁有這份功勞,而且只消感謝他自己;彷彿自然著意於人底理性的自尊,更勝於一份福祉。因為在人類事務底這個過程中,有一大堆麻煩等著人。 20

但是自然似乎完全不措意於人生活得安適，而是措意於他努力向上，以使他自己因其行為而有資格享有生命和福祉。在此始終令人驚訝的是：先前的世代似乎只是為了以後的世代而從事辛苦的工作，以便為他們準備好一個階段，使他們能從這裡將自然視為目標的建築物建得更高；然而，唯有最後的世代才會有福分住在這座建築物中，而他們的眾多祖先雖曾為這座建築物工作過（當然是無意地），本身卻無法分享自己所準備的福分。然而，不論這點是多麼難以理解，它同時卻是必然的——只要我們假定：有一個動物底種屬具有理性，而且就他們屬於一概會死亡，而其種屬卻不會死亡的有理性者而言，仍可達到他們的稟賦之圓滿發展。

第四定律

　　自然為促成全部自然稟賦之發展所使用的手段是這些稟賦**在社會中的對抗，但係就這種對抗最後成為一種合乎法則的社會秩序之原因而言**。這裡所說的「對抗」，我是指人底**非社會的社會性**(ungesellige Geselligkeit)；也就是說，人進入社會的性癖(Hang)，而這種性癖卻與一種不斷威脅要分裂這個社會的普遍抗拒連結在一起。這種稟賦顯然存在於人性之中。人有一種**結群**的愛好(Neigung)； 因為在這樣一種狀態中，他感覺到自己不止是人，也就是說，感覺到其自然稟賦底發展。但是他也具有一種**離群**(孤立)的強烈性癖；因為它在自己內部也發現想要全依己意擺布一切之非社會的特質，且因此到處都會遇到抗

21

拒，正如他知道自己易於從他那方面抗拒他人一樣。就是這種
抗拒喚起人底所有力量，促使他去克服其怠惰底性癖，並且由
於榮譽狂、支配欲或貪婪心之驅使，在他的同儕（他雖無法**忍受**
他們，但也無法**離開**他們）當中為自己贏得一席地位。在這種情
況下，便形成由野蠻到文化的真正起步，而文化根本就存在於
人底社會價值中。於是所有的才能逐漸得到發展，品味得到培
養，甚且由於繼續不斷的啟蒙，開始形成一種思考方式，這種
思考方式能使道德辨別之粗糙的自然稟賦逐漸轉變成確定的實
踐原則，且因而使一種受到**感性**逼迫的社會整合最後轉變成一
個**道德的**整體。從這種非社會性底特質產生抗拒，每個人在其
自私的非分要求中必然會遇到這種抗拒。若無這種本身不太可
愛的特質，所有的才能就會在一種田園式的牧羊生活裡，在美
滿的和睦、滿足和互愛當中永遠隱藏在其胚芽裡面：人就像他
們所放牧的羊一樣溫馴，幾乎不會為其存在贏得一份較其牲畜
所擁有者更大的價值；他們不會填補造化在其目的（即有理性
者）方面的空缺。因此，為了齟齬，為了因嫉妒而競爭的虛榮，
為了無法滿足的占有欲、甚或支配欲，讓我們感謝自然吧！若
非這些東西，人底所有優越的自然稟賦將永遠潛伏而不得發
展。人想要和睦；但是自然更明白什麼東西對其種屬有好處：
它想要紛爭。人想要舒適而滿意的生活；但是自然卻指望他脫
離懶散和無所事事的滿足，投入工作和辛勞之中，以便在另一
方面也找出辦法，再度聰明地脫離工作和辛勞。因此，這種自
然動機，亦即非社會性和普遍抗拒之根源——它們造成許多災
禍，但也促使人重新鼓起力量，並且進一步發展自然稟賦——　22

的確顯露了一位智慧的創造者底安排，而決非一個攪亂了其美
妙布局或嫉妒地破壞了這個布局的惡靈之手。

第五定律

自然迫使人類去解決的最大問題是達成一個普遍地管理法
權(Recht)**的**公民社會。唯有在社會中，而且是在這樣的社
會——它擁有最大的自由，因而在其成員之間有一種普遍的對
抗，但這種自由底界限卻有最明確的決定和保證，以便能與他
人底自由並存——中，自然底最高目標（即發展全部自然稟賦）
才能在人身上達成，而自然也指望人為自己贏得這項目的，正
如其分命[3]底所有目的一樣。既然如此，自然為人類所定的最
高任務便是一個可見到**在外在法則下的自由**以最大可能的程度
與不可抗拒的強制力相結合之社會，亦即一部完全**公正的公民
憲法**；因為唯有憑藉這項任務之解決和完成，自然才能達成它
為我們人類所定的其他目標。需要迫使人——他在其他情況下
對無約束的自由極具好感——進入這種強制狀態；更確切地
說，這是所有需要當中最大的需要，即是人相互加諸他們自身
的需要（他們的愛好使他們無法在放任的自由中長期共處）。唯
有在像是公民社會這樣的一個範域中，這些愛好才會造成最好

3　【譯注】康德經常使用 Bestimmung 一詞。在其用法裡，此詞大約相當於
　　孟子所說「君子所性，雖大行不加焉，雖窮居不損焉，分定故也」之「分
　　定」之意，亦包含《中庸》所說「天命之謂性」之「命」義，故以下一
　　概譯為「分命」。

的結果；就像在一座森林中的樹一樣，正因為每棵樹都設法奪
取其他樹底空氣和陽光，它們迫使彼此向上方尋求空氣和陽
光，且因此得以漂亮而挺直地生長；而在自由中相互隔離且自
在地發出枝椏的樹卻長得殘缺、歪斜而彎曲。所有妝點人的文
化和藝術、最美好的社會秩序均是非社會性底成果——這種非
社會性由於自我強制而約束自己，且因此藉著強加的辦法完全
地發展自然底根芽。

第六定律 23

　　這個問題也是最困難、且最後為人類所解決的問題。單是
這項任務底理念就已呈顯出來的困難是：人是個動物，當他生
活在其他同類當中時，**需要一個主人**。因為他一定會對其他的
同類濫用他的自由；而且儘管作為有理性的受造物，他希望有
一項法律來限制所有人底自由，但是其自私的動物性愛好卻誘
使他在許可的情況下讓自己成為例外。因此，他需要一個主人，
來制伏他自己的意志，並且強迫他去服從一個普遍有效的意志
（在這個意志下，每個人都能夠是自由的）。但是，他從何處求
得這個主人呢？只有求之於人類。但是這個主人同樣是個動
物，它需要一個主人。因此，無論他怎麼開始去做，我們都無
法看出，他如何能得到一個公共正義底元首（他本身是公正
的）——無論是求諸一個個人，還是求諸由許多為此而選出的人
所組成之團體。因為這其中的每個人，如果沒有任何人居於其
上，依據法律對他行使權力，他總是會濫用其自由。然而，最

高元首**本身**應當是公正的，但卻是一個人。因此，這項任務是所有任務當中最艱難的一項；甚至其完全解決是不可能的：從造就人的那種曲木，無法造出完全直的東西。自然僅責成我們去接近這個理念[4]。此外，這也是最後被實現的理念，這點可由以下的事實推知：要實現這個理念，需要有對於一部可能的憲法底性質的正確概念、經過許多世事磨煉的豐富歷練，以及最重要的是，一個為採納這個理念而準備的善的意志；但是這三項要素卻很難一下子湊在一起，而如果湊在一起的話，也只能到很晚的時候，經過許多徒勞無功的嘗試之後。

第七定律

24

建立一種完美的公民憲法之問題繫於國家對外的**合法關係之問題，而且不靠後一問題，前一問題就無法解決。**著手在個人之間建立一種合法的公民憲法，也就是說，著手安排一個**共同體**，有什麼用處呢？迫使人進入這種狀態的同一種非社會性又使得每個共同體在對外關係上（亦即，在作為一個國家而與其他國家發生的關係上）處於無約束的自由中，且因此一個國家必有可能從別的國家蒙受壓制個人且迫使他們進入一個合法的社

4　因此，人底角色是極不自然的。其他行星上的居民及其本性如何？我們　23
並不知道；但如果我們妥善地完成了自然底這項任務，我們便大可自詡：
我們在宇宙中的鄰居當中可以保有一個並不卑微的地位。或許在這些鄰
居那裡，每個個人均可能在其有生之年完全達成其分命。我們的情況則
不同：只有整個種屬能期望做到這點。

會狀態之同樣災禍。因此，自然再度利用人、甚至這類受造物底龐大社會和國家之間的不和，當做一種手段，以便在其無法避免的對抗中求取一種平靜與安全底狀態。這就是說，藉著戰爭，藉著過度緊繃而從不鬆弛的戰備，藉著每個國家（甚至在和平狀態中）最後必定會因此而在內部感受到的困頓，自然促使人去作起初並不完美的嘗試，但是經過諸多破壞、傾覆，甚至在普遍耗盡其內部的力量之後，最後促使他們去做縱使沒有這麼多悲慘經驗、理性也會建議他們去做的事，亦即脫離原始人底無法紀狀態，而加入一個國際聯盟。在這個聯盟之中，每個國家（甚至最小的國家）不能指望靠自己的權力或是自己的法律判決，而只能指望靠這個龐大的國際聯盟（近鄰聯盟）[5]，靠一個統一的權力，並且靠按照統一意志底法律而作的裁決來取得其安全和權利。不論這個理念看來多麼狂妄，而且被譏笑為一位**聖皮耶教士** [6] 或**盧梭** [7] 底狂妄理念（或許是因為他們相信這個理念距離實現太近了），這卻是人相互使對方陷入的困頓之不可避

5　【譯注】Foedus Amphictyonum，這是古希臘國家環繞特定的宗教中心而形成的一種聯合組織。

6　【譯注】聖皮耶教士（Abbé Charles-Irenée Castel de Saint Pierre, 1658-1743）是法國作家。他曾撰《重建歐洲永久和平的方案》（*Projet pour rendre la paix perpétuelle en Europe,* Utrecht 1713/Paris 1716 ）一書，倡議成立一個維護和平的國際組織。

7　【譯注】盧梭（Jean Jacques Rousseau, 1712-1778）是法國哲學家。他也撰有《聖皮耶教士先生底永久和平方案之節要》（*Extrait de projet de paix perpétuelle de M. l'Abbé de St. Pierre,* 1761）及《永久和平之評論》（*Jugement sur la paix perpétuelle,* 1798 ）二書。後一書雖然撰於1761年，但在康德撰寫此文時尚未出版。

免的結局——這種困頓必然迫使各國（不論這對於它們是多麼困難）去作野蠻人同樣不情願地被迫去作的同樣決定，即是放棄其狂野的自由，而在一部合法的憲法中尋求平靜和安全。因此，一切戰爭乃是各種嘗試（儘管並非按照人底意圖，但卻是按照自然底意圖），要建立新的國際關係，並且藉著摧毀（至少分割）舊單位來形成新單位；但這些新單位不論在其自身、還是在彼此之間，卻又無法維持下去，且因此必定再度遭受類似的革命；直到最後有一天，一則由於內部有公民憲法之最佳的可能安排，再則由於外部有一項共同的約定和立法，一種類乎公民共同體的狀態被建立起來，這種狀態就像一部**自動機器**一樣能維持自己。

　　我們可否由於致動因底一種**伊璧鳩魯式**的聚合[8]而期望：諸國像物質底小微塵一樣，藉著其偶然的衝撞來嘗試各種各樣的形態，而這些形態又被新的衝擊所摧毀，直到最後有一天，一種能按照本身的形式維持下去的形態**偶然**形成（一種的確不易發生的機運）？或者我們不如假定：自然在此依循一種合乎規律的進程，藉著它自己的（儘管是強加於人的）辦法，引導我們人類由動物性底最低階段起，逐漸進至人底最高階段，並且在這種表面上雜亂無章的安排中完全合乎規律地發展那些原始稟賦？或者我們寧可指望：在大體上，從人底這一切作用和

8　【譯注】伊璧鳩魯（Epikur/Epicurus, 341/40-271/70 B.C.）是古希臘哲學家。他主張原子論，認為宇宙萬物是由原子聚合而成，而此種聚合出於原子偶然的衝撞。

反作用根本不會產生任何結果，至少不會產生明智的結果，而
且事情會像過去一向的情況那樣保持不變，且因此我們無法預
言，對於我們人類是如此自然的紛爭最後是否會在一個仍然極其
文明的狀態中為我們預備好一個充滿災禍的地獄，因為這種紛爭
或許會藉著野蠻的破壞再度消滅這種狀態本身，以及過去在文化
中的一切進步？（我們無法在盲目機運底統治下為這種命運負
責，而無法紀的自由事實上與這種統治是一回事，除非我們將一
個在自然中秘密地與智慧相聯繫的線索加諸這種自由！）這大約
歸結為以下的問題：在部分中假定自然安排底**合目的性**（Zweckmä-
ßigkeit），在整體中卻假定其**無目的性**（Zwecklosigkeit），這到底
是否合乎理性？因此，原始人底無目的狀態所造成的情況——這
就是說，這種狀態抑制我們人類底所有自然稟賦——最後卻藉
著這種狀態帶給我們的災禍迫使我們脫離這種狀態，而進入一種
公民憲法中，在這種憲法中，所有那些根芽均得以發展。已建立
的國家之野蠻的自由也造成這種情況，也就是說：由於共同體底
一切力量均用於相互之間的備戰，由於戰爭所引起的破壞，更
由於經常維持備戰狀態的必要性，自然稟賦在其進程中的完全
發展固然受到阻礙，但在另一方面，由此產生的災禍卻迫使我
們人類為眾多國家由其自由所產生的、本身是有益的相互對抗
尋求一項平衡法則，並且引進一種加強這項法則的統一力量，
亦即引進各國底公共安全之一種世界公民狀態。這種世界公民
狀態並非毫無**危險**，以免人底力量沉寂不動；但在其相互的**作
用與反作用**之間也不是沒有一項**平衡**原則，以免它們相互摧
毀。在這最後一個步驟（即國際聯盟）發生之前，因而在人性底

26

發展差不多僅達到一半的時候，人性在表面福祉底欺人假象之下承受最慘重的災禍。當**盧梭**偏好原始人底狀態時，他並非沒有道理──只要我們略去我們人類尚待攀上的這個最後階段。我們因藝術和科學而高度地**開化**。我們已**文明化**，直到對於各種各樣社交上的風度和儀節不堪負荷為止。但是要認為我們已**道德化**，尚言之過早。因為道德底理念仍屬於文化；但是這個理念底運用若僅導致求名心與外表儀節當中類乎道德的東西，它便只構成文明化。然而，只要各國將其全部力量用在其虛浮而橫暴的擴張意圖上，且因此不斷地阻撓其公民在內心培養思考方式的緩慢努力，甚至在這方面撤銷對他們的一切支持，任何這類的事情便無法期望；因為這需要每個共同體長期的內在改造，以教育其公民。但凡是並非根植於道德上的善良存心之「善」，均不過是純然的幻相與硬裝的門面而已。人類大概會停留在這種狀態中，直到他們以我所說過的方式從其國際關係底混亂狀態中掙脫出來為止。

第八定律

27

　　我們可將人類底歷史在大體上視為自然底一項隱藏的計畫之履行，此計畫即是在國家之內實施一部完美的憲法，而且為此目的，**在國家之外也實施一部完美的憲法**──唯有在這種狀態中，自然始能完全發展人底一切自然稟賦。這條定理是前一

條定理之繫論。我們見到：哲學也能有其**千年至福說** [9]；但這卻
是這樣一種千年至福說：其哲學理念儘管仍然十分渺遠，這個
理念本身卻能促成此說之實現，故此說決非虛幻的。問題僅在
於：對於自然目標底這樣一種進程，經驗是否有所發現？我說：
它發現**少許東西**；因為這種循環似乎需要極長的時間才會結
束，因此，我們從人在這個目標上所經歷過的一小部分，只能
不確切地決定此目標底軌跡之形貌，以及部分對於全體的關
係，正如我們從過去的一切天象觀測，只能不確切地決定我們
的太陽及其全部衛星群在廣大的恆星系中所採行的路徑——儘
管從宇宙結構之條理井然的狀態底普遍根據，以及從我們所觀
測到的少許東西，我們足以可靠地推斷這樣一種循環底真實
性。然而，人性具有一項特性，即是：甚至對於我們人類會遇
到的最遙遠的時代都不會無動於中（只要這個時代確實可以期
待）。特別是在我們的情況下，它更不會無動於中，因為我們似
乎能靠我們的理性策畫使這個令我們的後代如此欣喜的時刻更
早來臨。由於這個緣故，甚至接近這個時刻的微弱跡象也變得
對我們十分重要。現在各國已處於一個如此不自然的相互關係
中，以致沒有一國能在內部文化上削弱，而不會喪失對於他國
的權力和影響力；因此，縱非自然底這項目的之進展，但是其

9　【譯注】「千年至福說」(Chiliasmus)為耶教神學用語。根據《新約‧啟
　　示錄》所載，在世界末日來臨前，耶穌基督將親自統治世界一千年。此
　　時，因信仰基督而殉道者底靈魂將復活，與基督一起為王，魔鬼則被捆
　　綁、監禁。千年期滿，魔鬼被釋放出來，再度迷惑世人，直到世界末日
　　來臨，所有人均接受最後的審判。

維持甚至由於各國底求名意圖而得到極佳的保證。再者，公民
的自由現在也不太可能受到損害，而不會在所有行業中（尤其在
貿易中）感受到此事之不利，而由此也感受到在對外關係中國力 28
之減弱。但是這種自由逐漸進展。當人們妨礙公民以他自己所
喜愛，但卻能與他人底自由並存的一切方式尋求其福祉時，人
們便阻礙了整個企業底繁榮，且因此也阻礙了整體底力量。因
此，個人在其行止上的限制日益被撤銷，宗教底普遍自由日益
得到容許；這樣便隨著幻想和妄念之出現而逐漸產生**啟蒙**，而
啟蒙是一筆大財富，人類甚至一定會從其統治者自私的擴張意
圖得到這筆財富——只要這些統治者了解他們自己的利益。但
是這種啟蒙，以及連帶地已啟蒙的人對於他所完全了解的「善」
無法不懷有的某種誠悃必然逐漸上升到君王那裡，甚且影響他
們的統治原則。譬如，儘管我們在世間的統治者目前並無餘錢
用在公共的教育機構上，並且一般而言，用在一切涉及世間福
祉的事情上，因為一切都已預支給未來的戰爭了；但是他們將
發覺：至少不去阻礙其人民在這方面的自行努力（雖然這些努力
微弱而遲緩），是他們自己的利益之所在。最後，連戰爭都逐漸
成為不僅是一樁極不自然、且在結果上對雙方均極不確定的事
業，而是甚至由於國家在一筆日益增加而難望清償的負債（一項
新發明）中所感受到的惡果，而成為一樁極可疑慮的事業。在這
種情況下，每個國家底動盪均會在我們這個由於其行業而如此
緊密地聯繫起來的大陸上影響到其他所有國家；這種影響是如
此顯著，以致這些國家儘管不具有法律上的權威，但迫於它們
本身的危險，而自願充當仲裁人，且因此遙遙地為一個未來的

龐大政治體準備一切，而前人無法為這個政治體舉出任何例子來。儘管這個政治體目前仍只是存在於極粗略的構思中，但在所有成員（其每個成員均著意於維持整體）當中彷彿已有一種情感開始鼓盪；而這使人可以期望：經過若干改造性的革命之後，終究有一天，自然當做最高目標的東西——即一個普遍的**世界公民狀態**——將會實現，而為人類底所有原始稟賦在其中得到發展的母胎。

第九定律

29

按照自然底一項計畫——它是以人類當中完美的公民聯盟為目標——去探討普遍的世界史之一項哲學性嘗試必須被視為可能的，甚且被視為有助於這項自然目標。想要按照「如果世事應當合於某些理性的目的，它必然如何進行」這個理念去撰寫一部**歷史**，這的確是一個奇怪的而且從表面看來荒謬的計畫；由這樣一種意圖似乎只能產生一部**小說**。然而，如果我們可以假定：甚至在人類自由底活動中，自然底運行亦非沒有計畫和終極目標，那麼這個理念就會變得有用。再者，儘管我們所見太淺短，而無法看透自然底策畫之秘密的必然過程，這個理念卻可以供我們作為線索，將人類行為底一個**集合**（它在其他情況下是無計畫的）至少在大體上呈現為一個**系統**。因為如果我們從**希臘**史——經由這部歷史，其他一切更古老的或同時代的

歷史已被保存給我們，至少必須經由它得到確證[10]——開始；
又如果我們探索希臘史對於併吞希臘國家的**羅馬**民族底政治體
之形態與變形所產生的影響，以及羅馬民族對於轉而消滅他們
自己的**蠻族**所產生的影響，直到我們的時代為止；再者，如果
其他民族底國家史（當關於它們的知識正是經由這些已啟蒙的
國族逐漸傳給我們時）**像插曲一樣**添加進來，那麼，我們將在我
們的大陸（它日後或許會為其他所有的大陸立法）上發現憲法改
良底一個有規律的進程。再者，我們只消隨處留意公民憲法及　　30
其法律，並且留意國家間的關係——只要這兩者憑其所包含的
「善」在一段時間內用於提升並榮耀各民族（連帶地也提升並榮
耀藝術和科學），但由於這些民族所帶有的缺點，再度使他們傾
覆，可是始終留下啟蒙底一個根芽，這個根芽每經一次革命，
就有更多的發展，而預備下一個更高階段的改良——我相信，

---

10 唯有從開頭就不間斷地延續到我們今天的一群**有知識的公眾**才能確證古　　29
　史。在此之外，一切均是未知的領域（terra incognita）；而生活在這群公
　眾以外的民族底歷史只能從他們加入其中的時候開始。就**猶太**民族來
　說，歷史在托勒密王朝底時代、經由希臘文聖經底翻譯而開始；若無這
　種翻譯，我們將很難相信他們的**孤立**訊息。從此時（在這個開端已先恰
　當地被考查出來之時）起，我們才能回頭探究他們的敘述。對其餘所有
　的民族來說，也是如此。**休謨說：修昔底德斯**書中的第一頁是一切真實
　歷史底唯一開端。
　【譯者按】托勒密王朝（Ptolemäer）是希臘人在埃及所建立的王朝，由西元
　前四世紀至前一世紀統治埃及。修昔底德斯（Thukydides）是西元前五世
　紀希臘著名的史學家，撰有《伯羅奔尼撒戰史》。休謨底話見David Hume:
　Essays Moral, Political and Literary, edited by T. H. Green/T. H. Grose (Lon-
　don: Longmans, Green, and Co. 1882), Vol. I, p. 414。

將會呈露出一條線索，這條線索不止能用於說明人類事務之極
其雜亂無章的活動，或者用作國家底未來變遷之政治預測術（我
們一向已從人類歷史得到這項好處，儘管我們把這種歷史看作
一種漫無章法的自由之不相連貫的結果！），而是一幅令人欣慰
的未來遠景將展現開來（我們若不預先假定自然底一個計畫，就
沒有理由抱此期望），在這幅遠景中我們遙想人類最後如何奮力
攀升到一個境地，致使其稟諸自然的一切根芽得以完全發展，而
其使命得以在此世實現。為自然——或者不如說，**神意**（Vor-
sehung）—— 所作的這樣一種**辯解**，對於我們之選擇一項特殊觀
點來考察世界，並非無足輕重的動機。因為如果在最高智慧底
大舞臺上包含這個整體底目的的那個部分——人類底歷史——
總是不斷地和最高智慧唱反調，而我們眼見這番景象，無法不
嫌惡地將我們的眼光從它那裡移開，並且由於我們無法指望有
朝一日在其中見到一項已完成的理性目標，使得我們僅在另一
個世界中期待它，那麼，頌揚無理性的自然界中造化底莊嚴與
智慧，並且勸人加以考察，又有何用呢？

　　若說我想以世界史底這個理念（它在某個程度內有一條**先天
的**線索）來排斥就本義而言的、純**以經驗方式**撰寫的歷史之編
纂，乃是誤解了我的意圖。這只是對於一個哲學頭腦（他必定也
十分通曉歷史）還能從另一項觀點去嘗試的工作之一個想法而
已。此外，人們在撰寫其當代史時的煩瑣通常是值得稱道的，但
必定會使每個人不由地懷疑：我們的後代子孫將如何著手去把握
我們在若干世紀後可能遺留給他們的歷史重擔？毫無疑問，他們
將僅從使他們感興趣的事情——亦即，各民族和政府在世界公

民底觀點下已達到的成就或已造成的損害——底觀點來評斷可
能早已無文獻可徵的遠古歷史。但是，考慮到這一點，同時考
慮到各國元首及其僕從底好名心，使他們注目於能在千秋萬世
之後為他們贏得光榮懷念的唯一辦法：這還能額外提供一個小
小的動機，去嘗試撰寫這樣一種哲學史。

答「何謂啟蒙？」之問題

譯者識

《柏林月刊》(*Berlinische Monatsschrift*) 第3卷第9期 (1783年9月出刊) 刊出一篇匿名的文章，鼓吹民事婚姻 (由政府證婚的制度)。接著，在該刊物第3卷第12期 (同年12月出刊)，有一位柏林牧師策爾納 (Johann Friedrich Zöllner, 1753-1804) 發表另一篇文章，名為〈繼續以宗教認可婚姻，是恰當的嗎？〉，以反對民事婚姻。策爾納以國家利益為由，為宗教婚姻 (由教會證婚的制度) 辯護，並且反對「以啟蒙之名」惑亂人心。他為「啟蒙」(Aufklärung) 概念加上一個注解，在注解中提出一個頗富挑釁意味的問題：「何謂啟蒙？這個問題幾乎像『何謂真理』一樣重要，在有人開始啟蒙之前，誠然應當加以答覆。然而，我從未發現有人提出答覆。」詎料這個問題竟然在當時的德國引起一場有關啟蒙的大爭辯，許多知名之士均對此問題發表意見。次年9月，孟德爾頌 (Moses Mendelssohn, 1729-1786) 在同一刊物第4卷第9期發表一篇文章，題為〈論「何謂啟蒙？」

之問題」〉("Über die Frage: was heißt aufklären?")，接著，康德於同年12月在該刊物第4卷第12期發表另一篇題目極為相似的文章，即此文〈答「何謂啟蒙？」之問題〉("Beantwortung der Frage: Was ist Aufklärung?")。由康德在此文末尾所加的按語可知：康德在撰寫此文時，尚未讀到孟德爾頌那篇文章。

本譯文係根據普魯士王室學術院底《康德全集》譯出（第8冊，頁33-42）。在原版該文標題下有一行按語：「見1783年12月號，頁516。」即指策爾納那篇文章。

　　啟蒙是人之超脫於他自己招致的未成年狀態。未成年狀態是　35
無他人底指導即無法使用自己的知性(Verstand)的那種無能。如
果未成年狀態底原因不在於缺乏知性，而在於缺乏不靠他人底
指導去使用知性的決心和勇氣，這種未成年狀態便是**自己招致
的**。勇於求知吧(Sapere aude)[1]！因此，鼓起勇氣去使用你**自己
的**知性吧！這便是啓蒙底格言。

　　何以極大多數人在自然早已使之免於他人底指導(自然的
成年人〔naturaliter maiorennces〕)之後，仍然願意終生保持未成
年狀態？又何以其他人極其輕易地自命為那些人底監護者？其
原因即是懶惰和怯懦。未成年狀態是極舒適的。如果我有一本
書(它有我所需要的知性)、有一位牧師(他有我所需要的良
心)、有一位醫生(他為我的飲食作取捨)等等，那麼我甚至不需
要自己操勞。如果我能夠光是付帳，我就不需要去思考；旁人
會代我做費勁的工作。絕大多數的人(包括全體女性)除了認為
邁向成年是麻煩事之外，也認為這十分危險。那些監護者已注
意到這點，而極好心地肩負起對這些人的監督之責。這些監護
者先使其家畜變得無知，並且慎防這些安靜的生物膽敢跨出其
學步車(這些監護者將它們關入其中)一步；然後他們向這些家

1　【譯注】語出羅馬詩人荷拉修斯(Quintus Horatius Flaccus, 65-8 B.C.)底
　　《頌歌集》(*Epodes*, I , 2, 40)。1736年，德國有一個自稱為「真理愛好
　　者」(die Alethophilen)的團體，創立了一個學會，以闡揚萊布尼茲(G.W.
　　Leibniz, 1646-1716)和吳爾夫(Christian Wolff, 1679-1754)底哲學為宗旨。
　　他們鑄造了一種硬幣，上有雅典女神底半身像，而在女神底頭盔上有萊
　　布尼茲和吳爾夫底肖像，女神像底周圍則鑴以這句格言。

畜指出在它們試圖單獨行走時會威脅它們的危險。而這個危險
固然並不是非常大,因為跌過幾次之後,它們最後終將學會走
路;但是,一個這類的例子便使它們畏縮,而且往往嚇阻一切
進一步的嘗試。

36

因此,每一個別的人都很難掙脫幾乎已成為其本性的未成
年狀態。他甚至喜歡上這種狀態,而且目前實際上無能使用他
自己的知性,因為從未有人讓他作這種嘗試。規章與儀式這些
理性地運用(或者不如說是誤用)其天賦的機械性工具是一種持
續的未成年狀態之腳鐐。不論是誰除去這些腳鐐,會連最窄的
溝都仍只能蹣跚而過,因為他尚未習慣這樣的自由運動。因此,
只有少數人得以靠他自己的精神修養擺脫未成年狀態,且仍然
步履艱難。

但是,公眾之自我啟蒙是更為可能的;只要我們讓他們有
自由,這甚至幾乎不可避免。因為總會有若干獨立思考者(甚至
就在為廣大群眾所指定的監護者之中);他們在自行除去了未成
年狀態底桎梏之後,將傳播以理性尊重每個人底獨特價值及其
獨立思考底天職的這種精神。特別是在此情況下:起初這些監
護者將此桎梏加諸公眾,然後公眾受到其若干完全無能自我啟
蒙的監護者所煽動,而強迫這些監護者自己留在桎梏中。灌輸
成見是極其有害之事,因為這些成見到頭來會使它們的製造者
及其繼承人自食其果。因此,公眾只能逐漸地達到啟蒙。藉著
一場革命,或許將擺脫個人獨裁及貪婪的或嗜權的壓迫,但決
不會產生思考方式底真正革新,而是新的成見與舊的成見一起

充作無思想的大眾之學步帶[2]。

但是，這種啟蒙所需要的不外乎是**自由**，而且是一切真正可稱為自由之物中最無害的自由，即是在各方面**公開運用**其理性的這種自由。但如今我聽見到處都在呼喊：**不要用理性思考！**軍官說：不要用理性思考，而要訓諫！稅吏說：不要用理性思考，而要繳稅！教士說：不要用理性思考，而要信仰！（世界上只有一位君主說[3]：不論你們要思考多少，思考什麼，**用理性去思考吧！但是要服從！**）此間到處都是對自由的限制。但何種限制有礙於啟蒙呢？何種限制不但無礙於啟蒙，甚至有助於啟蒙呢？我回答道：其理性底**公開**運用必須始終是自由的，而且唯有這種運用能在人類之中實現啟蒙；但理性之**私自運用**往往可嚴加限制，卻不致因此特別妨礙啟蒙底進展。但所謂「其自己的理性之公開運用」，我是指某人**以學者底身分**面對**讀者世界**底全體公眾就其理性所作的運用。他在某一個委任於他的**公共的**職位或職務上可能就其理性所作的運用，我稱之為其私自的運用。因此，有些涉及群體利益的事務需要某種體制，藉著這種體制，該群體底若干成員必須只是被動地行事，以便政府經由一種人為的協調使他們為公共目的而服務，或者至少防止他們破壞這些目的。在此當然不容許用理性思考，而是我們必須服從。但只要該體制底這部分人同時也自視為整個群體底成

[37]

2　【譯注】這是一種用來引領幼兒學走路的索帶。

3　【譯注】這是指普魯士底腓特烈大帝（腓特烈二世，在位期間1740-1786年），為當時支持啟蒙思想的開明君主。

員、甚至世界公民底社會之成員，因而擁有學者底身分，以著
作面對公眾(依其本義而言)[4]，他們便的確可用理性思考，而不
致因此損害到他們在部分時間以被動成員底身分所從事的事
務。因此，如果一位軍官底長官命令他做某件事時，他會在服
勤時間大聲挑剔此項命令之適當或有利與否，這將是極有害的
事情；他必須服從。但是按理他不能被禁止以學者底身分對軍
務中的錯誤作評論，且向公眾提出這些評論，以供裁斷。公民
不可拒絕繳納他被課徵的稅；甚至若他在應當履行這類義務時
冒失地對之加以非議，這可以看作一件荒唐事(這會引起普遍的
反抗)而加以處罰。儘管如此，如果這同一位公民以學者底身分
公開對於這類賦稅之不恰當或甚至不公正表示其想法，則他並
不違反公民底義務。同樣的，一位教士有責任依照他所服務的
教會底教義對其教義問答課程底學生及其教區底教徒演講；因
為他是依照這項條件而被聘用。但是他以學者底身分，擁有完
全的自由、甚至天職，將他對那種教義底錯誤成分的想法(它們
經過仔細推敲，且是善意的)，以及對宗教與教會底事宜之更佳
安排的建議告訴公眾。在此，亦無可歸咎良心之處。因為依他
的想法，他在以教會代理人底身分執行其職務時所教導的道
理，他並無權隨己意去教導，而是他被指示按規定以另外一人
之名義闡述這些道理。他會說：我們的教會教導這項或那項道

38

4　【譯注】Publikum一詞從十八世紀開始為德國知識分子所使用，原先的
　　意思是指讀者群、聽眾或觀眾，引申為「公眾」之義。譯者係依引申義
　　翻譯此詞。有關此詞底涵義，請參閱Jacob & Wilhelm Grimm(Hg.):
　　Deutsches Wörterbuch (München 1984, dtv翻印本), Bd.13, S.220lf.。

理；這是他所使用的論據。於是，他從教會底規章為其教區底教徒求取一切實際的利益。他自己並不全心認可這些規章，但仍可自告奮勇去闡述它們；因為在這些規章中並非完全不可能隱含著真理，而無論如何，至少在其中並無與內在宗教相牴牾之處。因為如果他相信在其中發現與內在宗教相牴牾之處的話，他就無法憑良心執行其職務；他必須辭職。因此，一位受聘的教師在其教區底教徒面前就其理性所作的運用，只是一種**私自的運用**。因為這些教徒雖然很多，但始終不過組成一種內部的集會而已。而在這方面，他身為教士，並無自由，亦不可有自由，因為他是執行別人底一項委託。反之，身為憑著作向真正的公眾（即世界）發言的學者，教士在**公開運用**其理性時，享有一種無限制的自由去使用他自己的理性，並且以他自己的人格發言。因為如果說：人民底監護者（在宗教事務中）本身應當也處於未成年狀態，這是荒謬之事，其結果將使荒謬之事永遠持續下去。

但是，難道一個教士團體——例如一個教會長老會議，或一個崇高的「克拉西斯」（如荷蘭人自己所稱的）[5]——有權憑宣誓互約服從某一不變的教義，以便對其每個成員執行最高監護權，且由此對人民執行最高監護權，甚且使這種最高監護權永遠持續下去嗎？我說：這決無可能。若人類簽訂這樣一個契約，以永遠遏止一切進一步的啟蒙，則這個契約是絕對無效的——縱使這個契約由最高權力、由帝國議會，以及由最隆重的和平

39

5　【譯注】Classis是在荷蘭的一種教會會議，為教會底立法機構。

條約來批准。一個時代不能聯合起來，誓將下一個時代置於一種狀態，使之不可能擴展其知識（尤其是極切要的知識），滌除錯誤，並且真正在啟蒙方面有所進展。此舉違反人性，而人性底原初分命正在於這種進展；且因此後代完全有權將那些決議視為出之以越權而罪惡的方式，而抵制它們。何種決議能被通過而成為人民底法律，其試金石在於以下的問題：是否人民能夠讓自己承擔這樣一種法律呢？而今，在一段特定的短時間內，為了引進某種秩序，這的確是可能的（彷彿在期待一個更佳的狀態）。此時，我們容許每位公民（尤其是教士）以學者底資格公開（亦即，藉著作）對當前制度底錯失之處發表其評論；而現有的秩序仍然繼續維持下去，直到公眾對這些事務底特質的了解已極其充分，並且經證明為合理的，因而這種了解能藉著統合其聲音（縱使不是所有聲音）對國君提出一項建議——以便保護那些譬如已依其更佳理解底概念同意一種變更的宗教制度之教徒，但不妨礙那些願意一仍舊貫的教徒。但是，同意一個恆常的且不容任何人公開懷疑的宗教憲章（即使只是在一個人底一生之內），且因此彷彿在人類上進的過程中消滅一段時間，並使之徒勞無功，甚至因之而不利於後代，這是絕對不容許的。一個人固然可以就他個人，而且僅在若干時間內，在他應該知道的事情上延緩啟蒙；但是放棄啟蒙（不論是就他個人，甚或就後代而言）即等於違反且踐踏人底神聖權利。然而，人民根本不可為自己決定的事，一個君主更不可為他們決定；因為他的立法權威正是在於：他將人民底全體意志統一於他的意志中。如果他只留意使一切真實的或臆想的改進與公民秩序相容，此外 40

他便可讓他的臣民自己去做他們認為為求心靈底福佑而需要做的事。這不干他的事；但他得防止一個人以暴力阻礙另一個人盡其全力去決定且促進其心靈底福佑。如果這位君主認為其臣民想藉以澄清他們的見解之著作應受到其政府底監督，因而涉入以上的事務中，這甚至會損害其威嚴。而此時他或者出於他自己的最佳見解而為之，而受到「凱撒並不優於文法學家」[6]的指摘；或者甚至他貶抑其最高權力到一個程度，以至於在其國內支持若干壓迫者底宗教專制，以對付其餘的臣民。

如果現在有人問道：我們目前是否生活在一個**已啟蒙的**時代？其答案為：不然！但我們生活在一個**啟蒙**底時代。就目前的情形看來，人類全體要能夠（甚或只要有可能）在宗教事務中不靠他人底指導、自信妥善地使用他自己的知性，還差得很遠。然而，我們已見到明確的跡象顯示：現在在人類面前展開一片供他們自由地朝此方向努力的領域，而且普遍啟蒙（或者人類之超脫於他們自己招致的未成年狀態）底障礙逐漸減少。就這方面而言，這個時代是啟蒙底時代，或者說是**腓特烈**底世紀[7]。

如果一位王侯說：他認為自己有**義務**在宗教事務中對人民不加任何規定，而讓他們在這方面有完全的自由，而不覺得這有失其身分，因而拒絕接受自大的「**容忍**」之名，那麼他自己便是已啟蒙的，而且應當贏得知恩的世界及後世之稱許——因

6　【譯注】原文為Caesar non est supra grammaticos，其出處不詳。其意謂：凱撒儘管掌握最高統治權，但對於文法問題並不比文法學家在行。

7　【譯注】參閱注3。

為他首先使人類從未成年狀態(至少在政府方面)中解脫出來，
且任由每個人在一切關乎良心的事務中使用他自己的理性。在
其統治之下，可敬的教士儘管有其職責，仍可以學者底資格自
由而公開地將其偶爾與既定信條不合的判斷與見解宣之於世，　41
以供考察；而其他一切不受職責約束的人更可如此做。這種自
由底精神也傳布到國外——縱使在國外它必須與一個誤解自己
功能的政府所產生的外在障礙鬥爭。因為這個政府有一個榜樣
可證明：在自由中毋須為群體底公共安定和團結而有絲毫的擔
憂。只要我們不刻意使人類停留在未開化狀態，他們便會自行
逐漸地掙脫這種狀態。

　　我把啟蒙(人類之超脫於他們自己招致的未成年狀態)底要
點主要放在**宗教事務**上。因為對於藝術和科學，我們的統治者
並無興趣扮演其臣民的監護者；此外，在宗教上的未成年狀態
也是所有未成年狀態中最有害且最可恥的。但是，一位支持宗
教啟蒙的國家元首之思考方式更進一步，而了解到：在其**立法**
方面容許其臣民**公開**運用他們自己的理性，且將其對擬訂法律
底較佳方式的想法公之於世(甚至包含對現有法律的坦率批
評)，這並無危險。對此，我們有一個突出的例子，在這個例子
中，尚無任何君主超過我們所敬愛的那位君主[8]。

　　但是，也唯有一個自身已啟蒙的人在他無懼於幻影、而同
時握有一支訓練精良且為數眾多的軍隊以保障公共安定時，才
能說出一個共和國所不敢說的話：**不論你們要思考多少、思考**

　　8　【譯注】這是指普魯士腓特烈大帝。

什麼，用理性去思考吧！但是要服從！故在此顯示出人類事務底一種奇怪而出人意料的過程，這也如同我們平常大略觀察此種過程時的情形一樣——在此幾乎一切都弔詭的。一種較大程度的公民自由似乎有利於人民底精神自由，但卻對它加上無法踰越的限制。反之，一種較小程度的公民自由卻提供全力發揮精神自由的餘地。當自然在此硬殼中將它所悉心照料的根芽（即自由**思想**底傾向與天職）解放時，此根芽便逐漸回轉過來影響人民底性情（人民因此慢慢有能力**自由地行動**），而最後甚至也影響**政府**底原則——它發現：依人底尊嚴去對待他（他如今**不止是機器** 9），對它自己有好處 10。 42

　　　　　　　普魯士，科尼希貝爾格，1784年9月30日

9　【譯注】這影射法國唯物論哲學家拉美特里（Julien Offray de Lamettrie, 1709-1751）底名著《人之為機器》（*L'homme machine*）。

10　今天（9月30日）我在**畢辛**底《每周報導》（9月13日）中讀到本月《柏林月 42
刊》底通告，在通告中提到**孟德爾頌**先生對這同一個問題的回答。我尚未取得該文，否則我就不會撰寫本文。現在我讓本文在此發表，只是想要顯示，思想可能因偶然之故而相合到什麼程度。
【譯者按】畢辛（Anton Friedrich Büsching, 1724-1793）是當時哥廷根（Göttingen）大學教授，也是神學家和地理學家。此處提到的《每周報導》即是他所編輯的《關於新地圖、地理、統計與歷史書籍的每周報導》（*Wöchentliche Nachrichten von neuen Landkarten, geographischen, statistischen und historischen Büchern*），該雜誌於1773-1786年在柏林發行。

評赫德爾《人類史底哲學之理念》第一、二卷

譯者識

赫德爾(Johann Gottfried Herder, 1744-1830)是康德早期的學生。自1762-1764年赫德爾就讀於柯尼希貝爾格(Königsberg)大學時,曾聽過康德底課。普魯士王室學術院底《康德全集》第27冊中便收錄了赫德爾當時為康德底實踐哲學課程所記的筆記。起初,赫德爾對康德極為心服,但後來兩人的學術觀點漸行漸遠,終至分道揚鑣。

《人類史底哲學之理念》(*Ideen zur Philosophie der Geschichte der Menschheit*)一書是赫德爾之代表作,全書共計四部二十卷,自1784-1791年陸續出版[1]。關於康德為此書撰寫書評

1　【譯注】關於此書底主要內容,請參閱業師許密特教授(Gerhart Schmidt)為此書所寫的〈導論〉,見J.G. Herder: *Ideen zur Philosophie der Geschichte der Menschheit* (Wiesbaden: Fourier 1985), S. 11-36。

的緣起與經過，佛蘭德爾 (Karl Vorländer) 曾有詳細的說明 [2]，以下的說明主要以此為根據。

　　1784年夏季，耶拿 (Jena) 大學教授徐次 (Christian Gottfried Schütz) 打算聯合其他幾位學者一起辦一份書評刊物《文學通報》(*Allgemeine Literaturzeitung*)，便邀請康德參與其事。為此，他特地致函康德，順便請康德撰文評論當時剛出版的《人類史底哲學之理念》第一部。康德接受其請，完成了此書第一部之評論，隨即刊登於剛創刊的《文學通報》第4號 (1785年元月6日)。這篇評論雖是匿名發表，但圈內人都知道是康德所撰。赫德爾讀了這篇評論後，極為不服，私下向幾位好友抱怨，其中包括歌德、哈曼 (Johann Georg Hamann) 與萊因侯爾德 (Karl Leonhard Reinhold)。萊因侯爾德深為赫德爾抱不平，便以「一個牧師」底名義寫了一封投書，刊登於《德意志信使報》(*Teutscher Merkur*) 2月號，為赫德爾辯護。直到十二年之後 (1787年)，萊因侯爾德底思想已轉向康德底批判哲學時，他才向康德坦承自己便是該封投書底作者，並且發表《論康德哲學書簡》(*Briefe über die Kantische Philosophie*)。針對這封投書，康德特地撰寫了〈赫德爾《人類史底哲學之理念》底評論者 (《文學通報》第4期及增刊) 對《德意志信使報》2月號中反駁本評論的一篇投書之商榷〉一文，刊登於《文學通報》1785年3月號增刊，即本譯文底第二部分。

2　【譯注】見 I. Kant: *Kleinere Schriften zur Geschichtsphilosophie, Ethik und Politik* (Hamburg: Meiner 1913), S. XIII-XXI。

　　同年秋季，《人類史底哲學之理念》第二部出版。康德此時正忙著撰寫《自然科學底形上學基礎》(*Metaphysische Anfangsgründe der Naturwissenschaft*)一書，原無意繼續撰寫評論。但或許是由於赫德爾在這第二部中批評了康德在其〈在世界公民底觀點下的普遍歷史之理念〉一文中所提出的觀點，康德還是抽空為這第二部撰寫了評論，順便為自己的觀點辯護。這第二篇評論刊登於《文學通報》第271號(1785年11月15日)。康德並未繼續評論此書底第三部及第四部。本譯文係根據普魯士王室學術院底《康德全集》(第8冊，頁43-66)譯出。

I

赫德爾著《人類史底哲學之理念》
「上帝規定你做什麼，以及你在世界上被置於何處，這要見諸行事。」[3]
第一部，318頁，4開本。
里加與萊比錫，出版者哈特克諾克，1784年。

　　在這部著作裡，我們這位富有巧思且能言善道的作者之精神顯示出其公認的特色。因此，它可能就像其他許多出諸其筆下的著作一樣，難於憑通常的尺度去評斷。似乎是他的天才決非僅從科學與藝術底廣闊領域裡蒐集理念，以便將它們添加於其他可傳達的理念之上，而是他(借用他的表達方式)根據某種**類化**(Assimilation)底法則，以他特有的方式將它們轉換為其獨特的思考方法；這樣一來，這些理念就與其他心靈藉以滋長的理念(頁292)顯著地區別開來，而且變得更難於傳達了。因此，他心目中的人類史底哲學，可能完全不同於我們通常所理解的人類史底哲學：這決不是在決定概念時的一種邏輯準確性，或是對於原理的細緻區分與證明，而是一種短暫駐留、包羅萬象的目光，一種在發現類比時成熟的精明，但在運用類比時大膽的想像力，而與藉由情感與感覺為其始終保持在朦朧遠處的對

3　【譯注】Quem te Deus esse iussit et humana qua parte locatus es in re disce. 語
　　出羅馬詩人柏爾修斯(Aulus Persius Flaccus, 34-62)底《諷刺集》(*Saturae*,
　　III, 11-12)。赫德爾於此書第一部卷首引用此句作為題辭。

象贏得好感之技巧相結合——作為一種龐大的思想內涵之作
用，或是作為意義深遠的暗示，這些情感與感覺讓人臆想到的
東西多過冷靜的判斷在其中可能會直接見到的。然而，既然思
想自由（我們在此大幅度地見到這種自由）由一個多產的頭腦來
行使時，總會為思想提供材料，則我們想嘗試從他的理念——
只要我們順利的話——擷取出最重要且對他而言最具特色的理
念，並且以他自己的說法加以表述，最後再對整體加上若干評
注。

　　我們的作者由擴大視野入手，以便為人指定他在我們的太　　46
陽系底其餘星球之居民當中的地位，並且由人所居住的天體之
居中的有利位置，推論出一種僅是「中等的塵俗理智與一種更
為含糊得多的人類德行，而且這是人在此處必須依靠的，但
卻——既然我們的思想與力量顯然只是來自我們的塵俗組織，
並且努力改變並轉化自己，直到它們大致發展到我們的造化所
能允許的純粹性與精緻性為止；再者，如果類比可以作為我們
的指導者的話，在其他星球上也不會有所不同——使人臆想：
人與其他星球上的居民共有一項目標，因而最後不單是會漫遊
到一個以上的星球上，而是甚或得以與眾多不同的姊妹世界中
所有已臻於成熟的受造物相交往」[4]。由此他進而考察人產生之

4　【譯注】誠如學術院本《康德全集》此文底編者麥爾（Heinrich Maier）所
　　言，康德引述赫德爾此書之文句時並不嚴謹，除了文句常有出入之外，
　　偶爾僅根據大意引述。故以下根據麥爾底說明來標示赫德底引文在赫德
　　爾此書中的出處時，並非意謂這是嚴謹的引述；所標頁碼則以赫德爾此
　　書之原版為準。此段見於Herder: *Ideen zur Philosophie der Geschichte der*

前發生的變革。「在我們的空氣、我們的水、我們的地球得以
形成之前,各種各樣相互分解、相互衝擊的力量是必要的。再
者,各種土壤、礦石、結晶體,乃至在貝殼、植物、動物,最
後是人當中的組織,其中一者之分解與轉變為另一者,有多少
不預設這些力量呢?人是一切元素與存有者之子,集其精粹之
大成,而且彷彿是地球創造之奇葩;他只能是自然底最後寵兒。
為了其形成與孕育,必須先有許多發展與變革。」[5]

　　在地球底圓形之中,他發現由於這個形狀在一切可以想到
的多樣性中所造成之統一性而感到的驚訝之對象。「一旦牢記
了這個形狀,誰還會忍心去皈依哲學與宗教中的一種咒語信
仰,或是憑著模糊但卻神聖的熱忱為此而殺人呢?」[6]同樣地,
黃道之傾斜也為他提供了機緣,去考察人底分命:「在我們傾
斜運行的太陽底下,人底一切作為都是以年為周期。」[7]對大氣
層的進一步認識,甚至天體對大氣層的影響(如果這種影響被進
一步認識的話),對他來說,似乎會對人類史產生一種重大的影
響。在關於陸地和海洋之分布的一節裡,他提出地球底構造,　　47
作為說明各民族歷史之差異的原因。「亞洲在道德與習俗上是
一體的,如同它在土地上連成一片。反之,小小的紅海卻已使
道德分化,小小的波斯灣則更甚。但是美洲底許多湖泊、山脈
與河流及其大陸在溫帶伸展得如此廣闊,卻不無原因;而且就

(續)─────────────────────────

　　Menschheit (Riga u. Leipzig 1785), I , S. 13f.。

5　【譯注】見同上書,S. 18-20。

6　【譯注】見同上書,S. 23。

7　【譯注】見同上書,S. 29。

舊大陸是人最早的棲息地而言,其構造不同於自然在新世界中
所作的安排。」[8] 第二卷探討地球上的組織,並且從花崗岩開始;
這種岩石受到光、熱、一種粗濁空氣與水之作用,並且或許會
促使礫石成為鈣質土,在其中形成了最初的海洋生物,即甲殼
類生物。接著,植物就開始出現。——人與植物底發展之比較,
以及人底性愛與植物底開花之比較、植物界對於人的用處、動
物界、動物與人因氣候而有的變化:對古代世界而言,這些都
是不完美的。「受造物之種屬越是遠離人,就越擴展;越是越
近人,就變得越少。……在萬物之中都有一個主要形式,即一
個類似的骨架。……由這些過渡來看,在海中生物、植物,甚
至或許**所謂滅絕的**存有者之中,不無可能是由同一種組織結構所
支配,只是更為粗糙與混亂到無以復加而已。從永恆存有者(他
視萬物為一體)底眼中看來,冰粒在產生過程中的形狀與在其中
形成的雪花底形狀,或許和胎兒在子宮中的孕育之間,有一種類
比的關係。……人在動物當中,是一種居間的受造物,亦即最開
闊的形式,而在這種形式中,**所有種屬之全部特性**均集其精華之
大成於人之一身。……我看到各種動物彷彿從空中和水中、從高
山和深谷趨向於人,並且一步步地接近其形態。」[9] 此卷結尾說:
「人啊!為你的地位慶幸吧!並且在你周遭的一切生物之中,

---

8 【譯注】「舊大陸」指歐洲,「新世界」指美洲。麥爾指出:在赫德爾書
　　中,很難找到與此段文字完全對應的段落;其內容大致出自此書第1卷第
　　6及7節。麥爾懷疑:此係由於康德本人底疏忽與排版錯誤所致。

9 【譯注】Herder: *Ideen zur Philosophie der Geschichte der Menschheit*, I, S.
　　88-93.

探討你這種高貴的居間受造物吧！」[10]

　　第三卷將植物與動物底結構同人底組織加以比較。既然他是為了其目標而利用自然學家底考察，我們無法跟隨他，而是僅列舉若干結論：「藉由如此這般的器官，受造物從植物死去的生命中產生有生命的刺激，並且從這種刺激之總和，經由纖細管道之精煉，而產生感覺底媒介。刺激之結果成為**衝動**，感覺之結果則成為**思想**：這是有機創造底一種永恆的進程，而**為每個生物所稟有。**」[11]作者並不指望於胚芽，而是指望於一種有機的力量，對植物和動物都一樣。他說：「正如植物本身是有機的生命一樣，珊瑚蟲也是有機的生命。因此就有多種有機的力量，有屬於植物的、屬於肌肉刺激的、屬於感覺的。神經越多、越細緻，腦子越大，該種屬就會越聰明。**動物底靈魂**[12]是在一個組織中發生作用的所有力量之總和」[13]；再者，本能並不是一種特殊的自然力量，而是自然藉由其溫度而為所有那些力量定下的方向。自然底此一有機原則——我們時而稱之為**造形的**(在岩石中)，時而稱之為**激生的**(在植物中)，時而稱之為**感覺的**，時而稱之為**人為建造的**，而根本只是同一種有機的力量——越是分布

48

10　【譯注】見同上書，S. 94。

11　【譯注】見同上書，S. 106。

12　【譯注】德文的Seele一詞，譯者有時譯為「心靈」，有時譯為「靈魂」，均依文句之脈絡而定。

13　【譯注】麥爾指出：此段引文是由赫德爾原書底不同段落拼湊而成；見 Herder: *Ideen zur Philosophie der Geschichte der Menschheit*, I, S. 119, 124f., 125, 134。

到更多的器官與不同的肢體上,在它們之中越是自成一個世界,本能就越會消失,而對於感覺與肢體之獨立自由的運用(像是在人類那樣)也就開始了。最後,作者得出人在本性上的根本分別。「人之直立而行**唯獨**對於他是自然的;這的確是為了其種屬底全部天職而設的組織,並且是其殊異的性格。」[14]

並非由於人註定擁有理性,他才被指定直立的姿勢,以便依理性來運用其四肢;而是他藉由直立的姿勢,才獲得理性,而這種姿勢是僅只為了使他直立行走而必要的那種安排之自然結果。「讓我們以感激的目光,懷著驚異,駐留於這個神聖的藝術品上,駐留於使我們的種屬成為人類之善舉上吧!因為我們看到,何種新的力量組織肇端於人底直立姿勢中,以及人如何單憑這個姿勢而成為一個人。」[15]

在第四卷中作者先生進一步發揮這項論點:「與人類似的受造物(猴子)欠缺什麼,才使他未成為人呢?」[16]——再者,人是由於什麼才成為人呢?由於頭底造型適於**直立的姿勢**,由於內在與外在的組織適於垂直的重心。——人擁有的所有腦中的部分,猴子都擁有;但依其頭顱底形狀,它卻是在一種後仰的姿態中擁有它們;而它具有這種姿態,是因為它的頭是按照另一個角度而被塑造,而且不是為了直立行走而造的。一切的有機力量隨即就產生了不同的作用。——「人啊!朝天仰望吧!

49

---

14 【譯注】見同上書,S. 177。

15 【譯注】見同上書,S. 180。

16 【譯注】見同上書,S. 185。

並且悚然地為你那無可估量的優越性而慶幸吧！世界底創造者將這種優越性聯繫到一項如此簡單的原則上，此即你那直立的姿勢[17]。……昂立於土地與雜草之上，不再是由嗅覺作主，而是由眼睛作主[18]。……由於直立而行，人便成為一件藝術品，他獲得了自由的、創作的雙手，……唯因直立而行，才產生真正的人類語言[19]。……在理論上和實踐上，理性均不外乎是某種**聞知**之物，是理念與力量之學得的比例與方向，而這是人按照其組織與生活方式而被造就出來的[20]。」再說自由。「人是造化中第一個被釋放的，他直立起來。」[21]至於羞恥心：「由於直立的姿勢，它必然很快就發展出來。」[22]他的本性不會遭受任何特殊的變異。「何以致此？是由於其直立的姿勢，而非由於任何其他的緣故[23]。……他被造就出人道(Humanität)；平和、性愛、同情心、母愛，這些都是其直立形態底人道之根芽。……正義與真理底規律植基於人本身底直立姿勢；這種姿勢也為他造就出正直：宗教是最高的人道。匍匐的動物感覺模糊；上帝將人提升起來，使得人縱使不明白這點，且不願如此，也會窺探事物底原因，並且發現你，發現你這位集萬物之大成

---

17 【譯注】「人啊〔……〕直立的姿勢」，見同上書，S. 205。

18 【譯注】「昂立〔……〕而是眼睛」，見同上書，S. 216。

19 【譯注】「由於直立而行〔……〕人類語言」，見同上書，S. 216, 217, 223。

20 【譯注】「在理論上和實踐上〔……〕被造就出來的」，見同上書，S. 229。

21 【譯注】見同上書，S. 231。

22 【譯注】見同上書，S. 238。

23 【譯注】「他的本性〔……〕其他緣故」，見同上書，S. 238f.。

者。但是宗教卻產生希望與對不朽的信仰[24]。」這後面一點是第
五卷所談論的。「從礦石到結晶體，從結晶體到金屬，從金屬到
植物界，從植物界到動物，最後到人，我們看到組織底形式上升，
而受造物底力量與動力也隨之變得多種多樣，而且最後全都在人
底形態中統合起來（就這種形態能包容它們而言）。……」[25]

　　「通過這一系列的存有者，我們覺察到在越來越接近於人
底形態的主要形式當中有一種類似性，……同樣地，我們也看
到各種力量與動力向人靠攏。……每個受造物底生命期限也是
按照它必須促進的自然目的而被安排的。……一個受造物越是
有組織，其結構就越是由低級的領域組合而成。人是宇宙底一
個綱要：石灰、土、鹽、酸、油與水，以及植物、刺激、感覺
底力量，均在人底身上有機地統合起來。……這促使我們也假
定一個**無形的力量王國**，以及一個無形力量底上升的系列，而
這個王國正好存在於與造化底有形領域完全吻合的關聯與過渡
之中。……這**完全**說明了靈魂之不朽，且不僅如此，而是說明
了宇宙造化底所有產生作用且有生命的力量之延續。力量不會
消逝，器官卻可能受到損害。凡是因賦予萬物生命者之召喚而
得到生命的，都會活下去；凡是產生作用的，都會在其永恆的
關聯中永恆地產生作用。」[26]他並未闡明這些原則，「因為這裡
並非進行闡明之處。」[27]然而，「我們在物質之中看到如此多類

50

24　【譯注】「他被造就出人道〔……〕對不朽的信仰」，見同上書，S. 244-260。
25　【譯注】見同上書，S. 265。
26　【譯注】見同上書，S. 265-270。
27　【譯注】見同上書，S. 270。

乎精神的力量，以致精神與物質這兩種的確極為不同的存有者之間的全然對立與矛盾，似乎即使不是自相矛盾的話，至少是完全未經證實的。」[28]——「沒有任何眼睛看過預先形成的胚胎。如果有人談到一種新生（Epigenesis），他是假借地說，彷彿肢體是**從外面**生長出來的。實則這是生成（Bildung; genesis），是**內在力量**之一種作用——自然為這些力量準備了一個團塊，這些力量使這個團塊**成形**，而它們在其中會使自己有形可見。造就身體的，並非我們的理性魂，而是神底手指，即有機的力量。」[29]文中又說：「一、力量與器官固然緊密地相結合，但卻不是一回事。二、每種力量都與其器官協調一致地產生作用，因為它僅是為了彰顯其本質而使器官成形，並且自我調適。三、當外殼脫落時，力量依然存在；儘管這種力量事先是在一種低級的狀態中，而同樣是有機的，但卻在這個外殼之先已經存在。」[30]接著，作者對唯物論者說道：「即令我們的心靈與物質、刺激、運動、生命底所有力量原本是一回事，而且只是在一個更高的階段裡，在一個更完善、更精緻的組織中產生作用而已，那麼，有人就算只有一次看過運動與刺激底力量消逝嗎？再者，這些低級的力量與其器官是一回事嗎？」[31]這其中的關聯意謂：這只能是向前進展。「我們能將人類視為低等的有機力量之大總匯，

---

28 【譯注】見同上書，S. 273。
29 【譯注】見同上書，S. 274, 275, 276。
30 【譯注】見同上書，S. 277。
31 【譯注】見同上書，S. 279f.。

而這些力量會在人類身上萌芽，以培養出人道。」[32]

　　人底組織在一個精神力量底王國出現，這顯示於：「〔一、〕[33]
相較於感覺提供給它[34]的東西，思想是一種完全不同的東西；關
於這些組織底起源的所有經驗，都證明了一個固然是有機的、
但卻是自主的、依精神聯結底法則而產生作用的存有者之作
用。〔二、〕就像身體靠食物增長那樣，精神則是靠理念增長；
甚至我們就在精神之中看到類化、生長與創生底法則。簡言之，
在我們裡面形成一個內在的精神的人，他有他自己的本性，而
且將軀體僅當做工具來使用。……〔三、〕[35]更清明的意識──
人類心靈底這種偉大的優越性──是以一種精神的方式，經由
人道，才成形於心靈之前云云。」[36]一言以蔽之，如果我們正確
理解的話，心靈最初是由逐漸添加的精神力量變成的。──「我
們的人道只是預備，只是一朵未來的花卉之蓓蕾。自然逐步拋
棄低下之物，另一方面則擴充精神之物，使精緻之物更加精緻；
而我們便能期待其藝匠之手將使我們的人道底蓓蕾在未來的存
在中也會以其本然的、真正的、神性的人底形態出現。」[37]

　　結語如下：「人底目前狀態或許是聯繫兩個世界的居間環

────────

32　【譯注】見同上書，S. 287。

33　【譯注】此標號依赫德爾原文補。

34　【譯注】康德引述此句時有所省略。依赫德爾原文，此「它」("ihr")字
　　係指「心靈」("die Seele")。

35　【譯注】此標號依赫德爾原文補。

36　【譯注】見Herder: *Ideen zur Philosophie der Geschichte der Philosophie*, I, S.
　　289-293.

37　【譯注】見同上書，S. 299, 304f.。

節[38]。……當人作為最高且最後的環節而終結塵俗組織之系列時，他正好也由此開啟了一個更高種屬底受造物之系列，而為其最低的環節；且因此他或許是兩個相互銜接的造化系統之居間環節[39]。……他一下子向我們展示了兩個世界，而且這構成其本質在表面上的雙重性[40]。……生命是一場奮鬥，而純粹不朽的人道之花是一頂不易贏得的冠冕[41]。……因此，我們在更高階段中的兄弟對我們的愛，的確多過我們對他們能有的渴求與愛；因為他們更清楚地了解我們的狀態，……而且他們或許會培養我們成為其幸福底分享者[42]。……我們可無法設想：未來的狀態會完全無法由目前的狀態得悉，就像動物可能願意相信：人之於它亦復如此[43]，……故若無更高級的指導，語言與初步的科學似乎是無法解釋的[44]。……甚至在往後的時代裡，對於地球的最重大作用係由於無法解釋的情況而發生，……甚至當器官變得對於地球上的生命之日常循環無用時，疾病往往成為這方面的工具；然則，不息的內在力量或許會得到一個不受干擾的組織所無法得到的印象，這似乎是理所當然的。……

52

---

38 【譯注】見同上書，S. 308。這是赫德爾此書第1部第5卷第6章之標題。

39 【譯注】「當人作為最高且最後的環節〔……〕兩個相互銜接的造化系統之居間環節」，見同上書。

40 【譯注】見同上書，S. 310。

41 【譯注】見同上書，S. 311。

42 【譯注】「因此我們在更高階段中的兄弟〔……〕成為其幸福底分享者」，見同上書，S. 313。

43 【譯注】「我們或許無法設想〔……〕亦復如此」，見同上書。

44 【譯注】見同上書，S. 313。

但是人卻不會直觀到自己進入其未來的狀態之中，而是相信自己進入其中[45]。」（可是，他一旦相信他能直觀到自己進入其中時，我們又如何能阻止他試圖偶爾使用這種能力呢？）──「可以肯定的是：在他的每一種能力當中，都有一種無限性，宇宙底力量似乎也隱藏於他的心靈中，而且心靈只需要有一個組織或是一系列的組織，就可以使這些力量有所活動和操作。因此，如同花朵站在這裡，並**以直立的姿勢**終結了尚無生命的地下造化之王國，……人也超越於所有匍匐在地上之物（動物）而**挺直地**站在這裡。他帶著崇高的目光，高舉雙手，站在這裡，像是家中的一個兒子在等待其父親之召喚。」[46]

　　本書（其規模看來有數冊之多）第一部之理念與終極目標如下。它避免一切形上學的探討，而要從與物質底自然形態（尤其是在其組織之中）之間的類比去證明人類心靈底精神本性、其常住性及在圓滿性方面的進步。職是之故，它假定有精神力量（物質僅是其建材而已），即造化之某種無形的王國，而這個王國包含將一切事物組織起來的生發力，並且是以這樣的方式去進行：這個組織底圓滿性之樣版是人，而地球上所有的受造物從最低的階段起，都向他靠攏，直到最後，正是藉由這個已完成的組織（其主要條件是動物之直立而行）而形成人。人底死亡決無法終結先前已在各類受造物中不厭其煩地顯示出來的各種組

---

45 【譯注】「甚至在往後的時代裡〔……〕相信自己進入其中」，見同上書，S. 314f.。

46 【譯注】見同上書，S. 315-318。

織之進展與上升，而是毋寧令人期待自然會超越至更加精緻化
的手法，而藉此將人推進並提升到未來更高的生命階段，且就此
進入無限之境。評論者得承認：縱使他願意同意自然中的受造物
之那種連續的遞進，連同其規則（即「向人靠攏」之規則），他
卻不理解這種由自然底類比所作的推論。因為在此有**各種不同
的**存有者，它們占據日趨圓滿的組織之各種階段。因此，根據
這樣一種類比，我們只能推斷說：在**其他**什麼**地方**，或許在另
一個星球上，可能還會有受造物，它們在組織上據有在人之上
的次一個更高的階段；但卻無法推斷說：**同一個體**會達到這個
階段。在由蛆或毛蟲發展出來的飛蟲身上，存在一種十分獨特
且與自然底通常程序不同的安排；而即使是在這種情況下，重
演性發生（Palingenesie）亦非隨著**死亡**而來，而僅是隨著**蟲蛹狀
態**而來。反之，這裡必須證明的倒是：即使在動物腐爛或焚化
以後，自然還是讓它們由其灰燼上升到在種類上更為圓滿的組
織；如此，我們才能根據類比，也對在此化為灰燼的人作這種
推論。因此，同一個人在來生上升到一個更圓滿的組織之階段，
與我們可能在一個自然王國之極其殊異的種屬與個體當中設想
的階段之梯，這兩者之間並無絲毫類似之處。在後一情況下，
自然讓我們看到的不外乎是：它任由個體完全毀滅，而僅保存
種屬；但在前一情況下，我們卻期望知道：人底個體在地球毀
滅後，是否還會活著——這或許能從道德的或者（如果我們願意
的話）形上學的根據去推斷，但決無法根據任何一種與有形的繁
衍之間的類比去推斷。而至於那個有作用且自主的力量之無形
王國，我們無法明白看出：作者在相信自己能從有機的繁衍確

切地推論出這個王國底存在之後，何以不願讓人底思維性原則直接過渡到那裡，作為純精神的本性，而非藉由組織底構造，從混沌之中凸顯出這個王國呢？除非他把這些精神的力量當做與人類心靈完全不同的某種東西，並且不將心靈視為特殊的實體，而僅視之為一種影響物質並且賦予它以生命的無形的普遍的自然之效果——但我們懷疑能公允地將這種見解加諸他。然而，對於產生組織的無形力量之假設，從而對於想要根據**我們更不了解的東西**去解釋**我們所不了解的東西**之計畫[47]，我們究竟該有何想法呢？對於後者，我們至少還能憑藉經驗去認識其法則（儘管其原因的確依然不得而知）；對於前者，我們甚至被剝奪一切經驗，而哲學家在此，除了純然絕望於在某種自然知識中探求消息，並且被迫決定在虛構能力底肥沃田野上尋求這種知識之外，還能援引什麼，來為其託辭辯護呢[48]？這仍然還是形上學，甚至極為獨斷的形上學——儘管由於時尚所趨，我們的作家揚棄形上學。

但至於各種組織底階段之梯，如果不足以達成作者那遠遠

54

---

47 【譯注】「我們所不了解的東西」，是指人類心靈（靈魂）之本性。康德在《純粹理性批判》中雖然將人類心靈（靈魂）理解為一種實體，但同時強調其本性之不可知；因此，他嚴厲批判西方傳統形上學中有關「靈魂不滅」的所有論證。「我們更不了解的東西」是指「產生組織的無形力量」，亦即上文所謂「一種影響物質並且賦予它以生命的無形的普遍的自然」。依康德之見，這種假設涉及「物自身」，而踰越了人類知識之界限。

48 【譯注】譯文中的「前者」、「後者」與原文正好相反，這是為了遷就中文的語法。譯文中的「前者」是指「我們更不了解的東西」，「後者」則是指「我們所不了解的東西」。

超乎這個世界之外的目標，我們也不必為此對他多所責難；因
為它在地球上的自然王國方面之運用，也同樣一無所成。如果
我們將各種屬按其**類似性**加以排比，則在如此龐然的多樣性當
中，其差別之細微正是這種多樣性底一個必然結果。在它們之
間只有一種**親緣關係**（Verwandtschaft），而在這種關係中，若非
一個種屬起源於另一個種屬，而所有的種屬均起源於一個唯一
的原始種屬，就是譬如說，所有的種屬均起源於一個唯一的生
育的母胎——這會導向一些理念，但這些理念浩瀚得驚人，使
理性望而卻步。我們不能將這類事物歸諸我們的作者，而不失
公道。至於他通過所有的動物類，下迄植物，而對比較解剖學
所作的貢獻，則研究自然學的人可以自行判斷：他在此為新的
考察所作之指示對他們能有多大的用處？以及，這種指示究竟
是否真的有些根據？但是，有機力量底統一性（頁141）——這種
力量在一切有機的受造物之多樣性方面是自成的，隨後再依這
些器官之不同，藉由它們，以不同的方式產生作用，而構成受
造物底諸多種與類之全部區別——是一個理念，它完全落在實
測的自然論底領域之外，而且屬於純思辨的哲學。當這個理念
進入思辨哲學之中時，它也會在已被採納的概念當中造成嚴重
的破壞。頭部之何種組織化——外而在其形狀之中，內而在其
腦部方面——與直立而行之稟賦有必然的聯結？進而言之，一
個純然為此目的而設的組織如何包含理性能力底基礎，而使動
物分享理性能力？單是要決定這些問題，顯然就超出了全部的
人類理性——不論理性是要循著自然學的引線去摸索，還是要
循著形上學的引線去飛翔。

　　然而，對於這部如此富於思想的著作，我們不該由於這些商権而將其貢獻一筆勾銷。其中的一項優點是（在此且不提許多不但言辭優美、而且思想高尚又真切的反思）：對於理性在其純然的試驗中單憑自己能有多少成就這一點，作者底職業蒙受各種疑慮，這些疑慮往往使所有哲學都受到局限，而作者卻有勇氣想去克服它。在這方面，我們希望他有很多追隨者。此外，自然本身為它在其受造物底組織與分類上的工作所覆蓋之神秘的晦澀性，也要為一部哲學人類史底這第一部分所帶有的晦澀性與不確定性承擔一部分的責任。這第一部分旨在將這部人類史底兩個極點──即它出發之點與它越過地球史而迷失於無限之域的那一點──盡可能地相互聯繫起來。這項嘗試固然大膽，但對於我們的理性之探索欲卻是自然的，而且即使做得不盡成功，亦非不光彩。但我們更加期望：我們這位富於才智的作者在繼續撰寫這部著作時，將發現眼前有一片堅實的土地，而對其奔放的天才多少加以約束；再者，但願哲學──其要務是修剪濃密的嫩芽，更甚於促使它們生長──並非藉提示，而是藉確定的概念，並非藉臆想而來的法則，而是藉觀察所得的法則，並非憑藉一種無論是受到形上學還是情感所激勵的想像力，而是憑藉一種精心策畫、但審慎執行的理性，來引導他完成其事業。

II

赫德爾《人類史底哲學之理念》底評論者
(《文學通報》第4期及增刊)對《德意志信使報》2月號中
反駁本評論的一篇投書之商榷

　　在《德意志信使報》2月號頁148，有人以一位牧師底名義，
出面為赫德爾先生此書辯護，而反駁在我們的《文學通報》上
所謂的攻擊。讓一位受到尊敬的作者底名字一起捲入評論者和
反評論者之間的爭論中，這是不得體的；因此，我們在此只想
為我們在介紹與評斷上述著作時的處理方式辯解，認為它符合
這份刊物奉為圭臬的準則，即謹慎、公正與節制。這位牧師在
其投書中痛斥他心目中的一位形上學家；依他的想法，這位形
上學家對一切透過經驗途徑而得到的教導，或者(如果問題還沒
了結的話)對根據自然底類比而作的推論，都完全無動於衷，並
且想要把所有東西都套進其煩瑣哲學的無用的抽象之模子裡。
評論者很能容忍這種爭執，因為在這一點上，他與這位牧師底
意見完全一致，而評論本身就是其最佳的證明。但既然評論者
相信自己對一門人類學底材料極為嫻熟，而且對於運用人類學
來嘗試就人底全幅分命建立一部人類史的方法也略有所知，則
他確信：這些材料既無法在形上學中，也無法在自然標本室中，
藉由比較人與其他動物類之骨架去尋求；而後一種辦法尤其不
可能引導我們甚至去探知人對於另一個世界的分命；倒是這些
材料只能在他藉以彰顯其性格的**行為**之中找到。這位牧師也勸

評論者相信：赫德爾先生從未打算在其著作底第一部（它只是在
普遍的自然系統中將人當做動物而提出來，且因此包含未來的理
念底一個先聲）裡為人類史提供實際的材料，而是僅提供思想，
這些思想能提醒自然學家盡可能地擴展其探究（自然學家通常將
其探究僅針對於動物構造之機械面），直到與理性之運用於這個
受造物相宜的組織為止——儘管他[49]在這當中賦予這些探究的
分量，已多過它們過去所能獲得的。持後一種看法的人也無必
要（像這位牧師在頁161所要求的）去證明：人類理性**在另一種形
式**底組織中至少是**可能的**；因為這一點正如同說：**唯有**在目前
的形式中它才是可能的，都是絕對無從洞悉的。對於經驗的理
性運用也有其界限。經驗固然能使人明白：某物是如此這般的
狀態，但決無法使人明白：**它決不會是別的樣子**；甚至沒有任
何類比能填滿偶然之物與必然之物間這道深不可測的鴻溝。我
在評論中說過：「如果我們將各種屬按其**類似性**加以排比，則
在如此龐然的多樣性當中，其差別之細微正是這種多樣性底一
個必然結果。在它們之間只有一種**親緣關係**，而在這種關係中，
若非一個種屬起源於另一個種屬，而所有的種屬均起源於一個
唯一的原始種屬，就是譬如說，所有的種屬均起源於一個唯一
的生育的母胎——這會導向一些**理念**，但這些理念浩瀚得驚
人，使**理性**望而**卻步**。我們不能將這類事物歸諸我們的作者，
而不失公道。」[50]這段話令這位牧師誤以為：在對這部著作的

49 【譯注】這是指赫德爾。

50 【譯注】萊因侯爾德引述這段文字，文字略有出入，但無關宏旨；引文

評論當中可以發現**形上學的正統思想**,因而發現不寬容;而他又補充說:「**享有自由的健全理性也不會對任何理念望而卻步。**」[51]但是在他所臆想的一切東西當中,並沒有任何可怕之物。這僅是一般人類理性對於空無的恐懼(horror vacui),亦即:當我們碰到一個理念,在其中**根本沒有任何東西可以思考**時,**會望而卻步**;而在這方面,存有論的規範或許可以為神學的規範所師法,而且正是為了寬容之故。此外,這位牧師還感到:將**思想自由**這項功績歸諸本書,對於一位如此知名的作者來說,未免太過平凡了。他無疑是認為:書中所談的是**外在的**自由,而由於外在的自由依待於地點與時間,事實上它根本就不是什麼功績。不過,這篇評論卻已注意到那種**內在的**自由,亦即從習以為常的且經輿論強化的概念與思考方式之束縛中超脫的自由;而這種自由**極不尋常**,以致連唯哲學是從的人也只有少數能奮力得到了這種自由。他指摘這篇評論說:「**它摘錄那些表示成果的段落,卻未同時摘錄醞釀這些成果的段落。**」[52]對於所有作者來說,這可能是一種無法避免的不幸;儘管如此,這較諸根本單憑東摘錄一段,西摘錄一段,就加以褒貶,還是稍堪忍受的。因此,我們懷著一切應有的尊敬,甚至懷著對作者**聲名**、尤其是其**身後之名**的同情而對上述著作所下的評語並無改變;是以,這項評語與這位牧師在頁161(不太負責地)強加

(續) ————————————

　　　見*Teutsche Merkur*, 1985, I , S. 164。

　51 【譯注】見同上書,S.165。

　52 【譯注】見同上書,S.166。

於他的評語——**本書並未完成其書名所承諾之事**——大異其
趣。因為在本書第一冊（它僅包括一般自然學的預習）裡，其書
名根本未承諾去做以下各冊（就我們所能判斷的範圍而言，這幾
冊將包括依本義而言的人類學）被期待去做的事；再者，以下的
提醒並非多餘的：在第一冊對自由加以限制，而在以下各冊，
這種自由或許可以贏得寬諒。此外，如今要做到本書書名所承
諾之事，就只能看作者本人了；由於他的才華與博學，我們也
有理由期望他會做到。

III

里加與萊比錫，出版者哈特克諾克：
赫德爾著《人類史底哲學之理念》第二部，344頁，8開本，1785年。

第二部寫到第十卷為止。首先它在第六卷底六章裡描述北
極附近與亞洲地脊周遭各民族、已開化民族底地理帶、非洲各
民族、熱帶島嶼居民與美洲人[53]之組織。作者在結束其描述時，
表示希望蒐集關於各民族的新圖片，而這份工作已由尼布爾、
帕爾金森、庫克、赫斯特、格歐爾吉[54]等人開其端。「如果某

---

53 【譯注】指美洲印第安人。

54 【譯注】尼布爾(Carsten Niebuhr, 1733-1815)德國探險家；帕爾金森(James
   Parkinson, 1730?-1813) 是英國的博物館經營者；庫克(James Cook,
   1728-1779)是英國航海家；赫斯特(Höst)，其全名及生平不詳；格歐爾吉
   (Ivan Ivanovich Georgi, 1729-1802)是出生於德國的俄國探險家及人種學
   家。

個堪任其事的人將散布各地、有關我們人類底差異的忠實圖繪
加以蒐集,且因此為一門**關於人的生動的自然學與面相學打下
基礎**,這會是一份美妙的禮物。藝術很難再以更為哲學的方式
去應用了。**齊默曼**曾嘗試繪製一張動物學的圖表,在上面只能   59
勾勒構成人底殊異性的東西[55],但是一張人類學的圖表也要考
慮所有現象與各個方面——這樣的一張圖表將會使博愛主義的
著作登峰造極。」[56]

　　第七卷首先考察以下的命題:儘管人類有極為殊異的形
式,但他們在各處都只一個種屬;而這個種屬在地球各處都已
適應了水土。接著,它闡明氣候對於人在軀體與心靈方面的形
態之作用。作者深具慧識地看出:在我們能建立一門自然學的、
感性的氣候學,遑論建立一門關於人類底全部思考能力與感覺
能力的氣候學之前,還欠缺許多預備工作;再者,要將一團混
亂的原因和結果——在此是由地理帶之高低、地理帶及其產物
之特質、飲食、生活方式、工作、衣著,乃至習慣態度、娛樂
與藝術,連同其他情況共同形成的——安排成一個世界,其中
的每件事物、每一個別的地區都各得其宜而無過與不及之處,
這是不可能的。因此,他以值得稱道的謙遜,甚至將頁99以下

---

55 【譯注】齊默曼(Eberhard August Wilhelm von Zimmermann, 1743-1815)
　　　是德國自然學家兼地理學家,曾撰《人與遍布各地的四足動物之地理史》
　　　(*Geographische Geschichte der Menschen und der allgemein verbreiteten
　　　vierfüßigen Tiere*, 3 Bände, 1778-1783)。

56 【譯注】Herder: *Ideen zur Philosophie der Geschichte der Menschheit* (Riga
　　　u. Leipzig 1785), II, S. 69f.

的通論也僅當做問題而提出來(頁92)。這些通論包含於以下的主要命題之中：1)各式各樣的原因在地球上促成一種氣候上的聯屬性，而為生物底生活之所需。2)我們地球上的可居之地集中在大多數生物以令他們最滿足的形式產生作用的地區；大陸底位置對所有這些地區底氣候都有影響。3)地球之造山運動不僅使地球底氣候對於各種各樣的生物有千變萬化，而且盡其所能地防止人類之擴散[57]。在此卷第四章裡，作者主張：生發力是地球上的一切形構之母，而氣候只是對它產生有利或不利的作用而已；並且以關於**生發**(Genesis)**與氣候之衝突**的若干評論作結。在此，他特別還**希望**有一部**我們人類依氣候與時代而起源與變種的自然地理學史**。

在**第八卷**裡，赫德爾先生探索人類感覺之運用、人底構想力、其實踐知性、其衝動與幸福，並且藉不同民族之事例來闡明傳統、意見、鍛鍊與習慣之影響。

第九卷探討人在發展其能力時對別人的依待，討論語言之作為人底教育工具，討論藝術與科學之經由模仿、理性和語言而被發明，討論政府之作為人與人間已確立的、而大多是沿襲傳統而來的秩序，並且以關於宗教和最古老傳統[58]的評論作結。

60

---

57 【譯注】「擴散」(Ausbreitung)在赫德爾原書作「退化」(Ausartung)，可能是康德認為赫德爾有筆誤而加以修改。

58 【譯注】貝克(Lewis White Beck)指出：赫德爾此書第9卷第5章之標題為「宗教是地球上最古老且最神聖的傳統」，故康德在此處將宗教與最古老的傳統分為二事，不合赫德爾之原意。貝克之說見其譯注*On History* (Indianapolis: Bobbs-Merrill 1963), p. 45, footnote 9。

第十卷大多是作者在別處已闡述過的思想之成果；其中，它除了考察人最初的棲息地與亞洲關於大地與人類之創造的傳統而外，還根據其《**人類最古老的文獻**》(*Älteste Urkunde des Menschengeschlechts*)一書，重述了他關於摩西創世記的假說之要點[59]。

即使在這第二部，這份枯燥的報告應當也只是本書內容之報導，而非其精神之闡述；它要邀人去閱讀本書，而非代人閱讀本書，或是使本書之閱讀成為不必要。

第六與第七卷幾乎絕大部分只是民族誌底摘錄，當然是挑選精當，安排出色，並且隨處附以意味深長的獨特評斷；但正因如此，更難以詳盡摘錄。我們在此的目標也不包括摘錄或分析如此多充滿詩意雄辯的美妙段落，每一位有感觸的讀者都會認出這些段落。而同樣地，我們在此也無意探討：使其文辭富有生氣的那種詩性精神是否偶爾也闖入了作者底哲學中？是否有時同義詞被當成了解釋，而比喻被當成了真理？是否作者有時並非從哲學語言之領域轉入相鄰的詩性語言底之區域，而是將兩者底界限與領地完全攪亂了？以及，是否在許多地方，大膽的隱喻、詩性的圖象、神話的暗示之組合毋寧是用來將思想底軀體有如隱藏在一條**大蓬裙**(Vertugade)[60]底下，而非讓它有如在一件透光的長袍底下閃耀悅人的光彩。我們留待優美哲學文

---

59 【譯注】此書係赫德爾於1774-1776年出版的著作。他在書中根據《舊約‧創世記》來說明人類文化之起源，即此處所謂「對於摩西創世記的假說」。

60 【譯注】這是指十六世紀前後開始在西歐貴族婦女中流行的以鯨骨箍撐起的大圓裙。

筆底批評家去做或是留待作者本人最後完成的是以下的探究， 61
譬如：「**不僅是日與夜，而且季節之更迭也改變了氣候**」的說
法較諸頁99所說：「不僅是日與夜，而且交替的季節之**圓舞**也
改變了氣候」，是否可能更好？在頁100裡，在對於這些變化的
一段自然史描述之後，是否適合接上在一首酒神頌歌中的確美
妙的如下圖象：「其（大地之）**侯蘭**環繞著尤彼特底王座，跳一
曲圓舞[61]，而且在她們腳下形成的，固然只是一種不圓滿的圓
滿性，因為一切都是建立在不同類事物之統一上，但是藉由一
種內在的愛與相互婚配，到處都誕生了自然之兒女，即感性的
規律性與美。」或者，對於從遊記作家對不同民族底組織與氣
候之評論過渡到對由此抽繹出的通則之蒐集而言，第八卷開頭
的如下轉向是否太過於**像史詩**了：「對我來說，這就像是一個
人要從海濤裡航行到空中一樣，因為我現在就根據人底形態與
自然力量來探求其精神，而且膽敢在我們遼闊的地球上根據不
熟悉的、殘缺的且部分不可靠的報導來研究其精神之變動不居
的特質。」我們也不探究：其滔滔雄辯是否偶爾使他陷於矛盾？
例如，他在頁248提到：發明家必然會將其發現底好處留給後
世，而這往往甚於他們為自己而發明；這豈非一個新的例證，
證實了以下的命題：人之涉及其理性底運用的自然稟賦只會在

---

61 【譯注】「侯蘭」(Horen)是指古希臘神話裡的三位女神歐諾米亞
(Eunomia)、艾倫內(Eirene)、迪凱(Dike)。在赫西歐德(Hesiod)底詩裡，
她們分別掌管法律秩序、和平與正義。其後，她們成為掌管時序的女神。
「尤彼特」(Jupiter)則是古羅馬神話裡的眾神之王，相當於希臘神話中
的「宙斯」(Zeus)。

種屬之中、而非在個體之中得到完全的發展[62]？但作者在頁206
卻傾向於責怪這個命題，以及若干由此推論出（儘管並未十分正
確地被領會）的命題，認為它們近乎**侮辱自然底莊嚴**（其他人則
在散文中稱之為褻瀆神明）。對於這一切，由於篇幅所限，我們
在此必須置之不論。

有一件事，評論者不但寄望於我們的作者，也寄望於所有
其他從事於人底普遍自然史的哲學工作者，此即：有一個歷史
考證的頭腦為他們全體預先作好了準備工作，從不計其數的民
族誌或遊記及其所有可能關乎人性的報導中，特別摘錄出那些
互相矛盾的資料，並且將它們（但是附上關於每位敘述者底可信
程度的提示）加以排比。因為這樣就不會有人如此大膽地以片面
的報導為憑，而不事先仔細衡量別人底報告了。但如今，如果
我們願意的話，便能根據大量的風土誌去證明美洲人、西藏人
與其他地道的蒙古民族都沒有鬍鬚；但誰要是更有興致的話，
也可以證明他們天生都有鬍鬚，只不過將鬍鬚拔掉了。我們也
能證明：美洲人與黑人是一種在精神稟賦上低於其他人種的種
族；但是在另一方面，也能根據同樣似是而非的報導去證明：
就其自然稟賦而言，他們與世界上所有其他的居民都應得到同
等的評價。因此，哲學家究竟要假定本性上的差異呢？還是要
根據「一切都像我們這裡一樣」（tout comme chez nous）的原理
來評斷一切呢？這就有待於他的抉擇了。這樣一來，其所有建

62

---

62 【譯注】這是康德在〈世界公民底觀點下的普遍歷史之理念〉一文中所
列舉的「第二定律」（*KGS*, Bd. 8. S. 18）。

立於如此不穩固的基礎上之系統必然看起來都像是搖搖欲墜的假說。我們的作者不贊同將人類區分為**種族**，尤其是根據遺傳的膚色去區分，大概是由於「種族」底概念對他來說，尚未有明確的規定。在第七卷第三章裡，他將人在氣候上的差異之原因稱為一種**生發**力。評論者按照作者底意思為此詞底涵義形成以下的概念。作者一方面要拒絕演化系統，但另一方面又要拒絕外在原因之純然機械性的影響，視之為不恰當的解說根據，並且採納一項依外在環境之不同而在內部相應地**自我**調節的生命原則，當做它[63]的原因。在這一點上，評論者完全贊同他，只是有一項保留，即是：如果這個**自內部**從事組織的原因由於其本性，比如說在其受造物底發展中僅被局限於某一數量與程度上的差異（經此安排之後，它就不再有進一步的自由，能在環境改變時按照另一種類型去形塑了），我們或許也能將形塑的自然之這種自然決定稱為胚芽或原始稟賦，而毋須因此將這些差異視為自始就已稟受、而僅是偶爾開展的機器與蓓蕾（像是在演化系統中那樣），而是視同純屬一種自我形塑的能力之無法進一步解釋的局限，而這種能力我們也同樣難以解釋或闡明。

63

　　從**第八卷**起，便開始了一條新的思路，它一直延續到第二部底結尾，而且包括人（作為一種理性的與道德的受造物）底教育之起源，因而包括一切文化之肇端。按照作者底意思，這個開端不可在人類固有的能力之中，而是要完全在此之外，在其他存有者底教誨和指導之中去尋求。自此以往，文化中的一切

---

63 【譯注】這是指上文所說的「人在氣候上的差異」。

進步都不外乎是一個原始傳統之繼續傳播和偶然繁盛而已；人
應當將他之趨向於智慧完全歸功於這個傳統，而非他自己。既
然當評論者跨出自然界與理性底知識途徑一步時，他就無能為
力了，又既然他完全不精通學術性的語言研究與古文獻之知識
或鑑定，因而完全不懂得以哲學的方式去使用其中所陳述且同
時由此得到驗證的事實，那麼他自然安於在此不作判斷。然而，
從作者之博學多聞與他根據一個觀點去掌握零散資料的特殊才
能，我們或許能事先猜想到：至少對於人類事務底進程——就
這個進程能有助於進一步認識這個種屬底性格，而且可能的
話，甚至認識這個種屬底某些在種類上的差異而言——，我們
會讀到許多美妙的東西；即使對於那些對所有人類文化底最初
肇端另有見解的人來說，這也會有所開示。作者(在頁338-339
及註釋中)將其見解底基礎簡短地表達如下：「這個(摩西底)
教誨的歷史陳述說：最初創造出來的人與教導他們的諸神有所
交通；在諸神之引導下，他們藉由對動物的認識而獲得了語言
與支配性的理性；而且既然人還想以一種被禁止的方式在關於
『惡』的知識方面變得與諸神一樣，他便以其損失為代價，而
得到了這種知識，並且從此占據了另一個位置，開始了一種新
的更不自然的生活方式[64]。因此，假如神願意讓人行使理性和
先見的話，他一定也會以理性和先見來照顧人。⋯⋯但是，諸

---

64 【譯注】這段敘述涉及《舊約‧創世記》第3章底經文。康德在〈人類史
之臆測的開端〉一文中對這段經文也提出了他自己的哲學詮釋(*KGS*, Bd.
8, S. 111f.)；讀者可參看本書底譯文，加以比較。

神如何照顧人呢？也就是說，他們如何教誨、告誡並諭知人呢？假如提出這個問題並非像回答這個問題那樣放肆，則傳統本身 64 當會在另一個地方就此問題向我們提出說明。」

　　在一片杳無人跡的荒漠中，一個思想家必然像旅行者一樣，可以任意選擇其道路。我們必須等待，看他是如何走對路，以及，在他達到其目標之後，他是否安然而及時地回到家裡，亦即回到理性底安宅，且因此也能指望自己有追隨者。為此緣故，評論者對於作者所採取的獨特思路並沒有什麼話可說；只是他自認為有權為作者在這條道路上所攻擊的若干命題辯護，因為作者必然也擁有為自己預先規畫其路徑的那種自由。因為頁260上說：「關於人類史底哲學，有一項固然**簡易**、但卻**邪惡**的原理：人是一個動物，他需要有一個主人，並且將其終極分命底幸福寄望於這個主人或眾多主人之結合。」[65]這項原則可能始終是簡易的，因為所有時代與所有民族底經驗都證實了它；但何以邪惡呢？頁205上說：「神意(Vorsehung)宅心善良：相較於大社會底人為的終極目的，它更偏愛個別的人之較簡單的幸福，並且盡其所能地為時代省去那種昂貴的國家機器。」十分正確！但首先是一個動物底幸福，然後是一個孩子、一個青年底幸福，最後是一個成人底幸福。在人類底所有時代中，以及在同一個時代中的所有階層裡，都存在一種幸福，它正好相應於受造物底概念及他對於其出生與成長的環境之習慣。就

---

65 【譯注】這段文字顯然是針對康德在前一年(1784年)發表的〈在世界公民底觀點下的普遍歷史之理念〉一文之「第六定律」(*KGS*, Bd. 8, S. 23)。

這一點而論，比較幸福底程度，並且指出人底一個階級或一個世代對於另一個階級或世代之優越性，甚至是根本不可能的事。但如果神意底真正目的並非每個人為自己所勾勒的這種幸福影像，而是因此而啟動、且不斷前進與成長的活動與文化，而其最大可能的程度只能是一個依據人權底概念而安排的國家憲法之產物，因而是人本身底作品，則又如何呢？根據頁206所說，「每一個別的人自有其幸福底尺度」，而在幸福之享受方面，較諸任何一個後代人，均無遜色之處。但是論及其存在本身、而非其存在狀況底價值——亦即，他們究竟為何而存在——，則唯有在這一點上才會全幅呈顯出一種智慧的意圖。難道作者先生認為：如果從未有文明民族訪問過的大溪地島上的幸福居民，注定要在其寧靜閒散之中生活幾千個世紀，我們就能為以下的問題提出一個令人滿意的答案：他們究竟為何而存在？再者，讓幸福的牛羊居住在這個島上，與讓僅知享受的幸福的人居住在這個島上，是否一樣好呢？因此，那項原理並不如作者先生所以為的那麼**邪惡**。或許是一個**邪惡的人**道出了那項原理吧[66]！第二個要加以辯護的命題如下。頁212上說：「如果有人說：並非個別的人、而是人類這個種屬受教育，則其所說，對我而言，是不可理解的；因為類與種，除了它們存在於個別存有者當中之外，便只是普遍概念而已。……就像我們一般性地談起動物性、岩石性、金屬性，並且以最堂皇的、但在個別的個體中卻相互矛盾的屬性來裝飾它們一樣。……我們的歷史哲學不該走

65

---

66 【譯注】這是康德本人底自我嘲諷。

在這條阿維羅埃思哲學[67]底道路上。」當然，誰要是說：沒有任何一匹馬有角，但是馬這個種屬卻有角，他便是完全胡說八道。因為在這種情況下，「種屬」不過是意指一種特徵，而所有的個體正是在這種特徵上彼此一致。但如果人類是意指一個前進至無窮之境（無法確定之境）的繁衍系列之**整體**（這個意義可是十分平常），而且我們假定：這個血緣底系列不斷地接近其與之協同一致的分命，則我們可以毫無矛盾地說：這個系列底所有部分均逐漸接近此一分命，而且就整體而言，的確與之相合；換言之，並非人類底所有繁衍中的任何環節、而只是人類這個種屬完全達成其分命。數學家能對這個問題加以闡釋；哲學家則會說：人類全體之分命就是**無休止的前進**，而其完成則是一個純然的、但在各方面均極有用的理念，即關於我們必須按照神意底意圖努力追求的目標之理念。但是在上述爭論性的段落中之錯誤只是小事。更重要的是其結論：「（文中說）我們的歷史哲學不該走在這條阿維羅埃思哲學底道路上。」由此可以推斷：我們的作者過去經常對人們迄今冒充為哲學的一切東西感到厭惡，如今他會在這部詳細周備的著作裡，不以一種毫無成果的字面解釋、而是藉由實事與例證，向世界闡述一下一個真正的哲學思考方式之典範。

66

---

67 【譯注】阿維羅埃思(Mohammed ibn Rushd Averroës, 1126-1198)是中世紀出生於西班牙的阿拉伯哲學家。他主張：精神是不朽的，而且是非個人的，所有個別的心靈(靈魂)最後都合而為一；因此，唯有普遍的精神才是不朽的，個別的心靈則有生滅。

人類史之臆測的開端

譯者識

　　康德之撰寫本文，隱然是針對他早年的學生赫德爾(Johann Gottfried Herder, 1744-1830)之歷史觀。赫德爾於七十年代曾撰寫《人類最古老的文獻》(*Älteste Urkunde des Menschengeschlechts, 1774-1776*)一書，根據《舊約・創世記》來說明人類文化之起源。康德對赫德爾在此書中所提出的歷史觀很不同意。對此，康德在一則寫於1776年與1778年之間的札記中評論道：「赫德爾敗壞了人底思想，因為他鼓勵它們**不對原則思考透徹**，就單憑經驗的理性去下普遍的判斷。」[1] 此後，赫德爾在1785年出版的《人類史底哲學之理念》第二卷中，也討論到人類文化之起源問題。康德為此寫了一篇書評(參閱本書之譯文與〈譯者識〉)。在這個背景之下，康德撰寫了本文，從他自己的歷史哲學出發，對《舊約・創世記》第2-4章提出與赫德爾完全不同的詮釋。

1　【譯注】*Kant's handschriftlicher Nachlaß*, Bd. 2, in : *KGS*, Bd. 15.1, S. 399, Nr. 912.

詩人席勒(Friedrich Schiller, 1759-1805)在閱讀了本文之後,於
1790年在他自己所主編的文學刊物《塔麗亞》(*Thalia*)第11期
發表了〈略論最初的人類社會〉("Etwas über die erste Menschen-
gesellschaft")一文,介紹並發揮本文底思想。

　　本文最初發表於《柏林月刊》(*Berlinische Monatsschrift*)
第7卷(1786年)元月號。本譯文係根據普魯士王室學術院底《康
德全集》譯出(第8冊,頁107-123)。

在一部歷史底**進程**中**插入**臆測（Mutmaßungen），以填補報 109
導中的闕漏，的確是容許的；因為作為遠因而先行發生之事與
作為結果而隨後發生之事，能為居間原因之發現提供一條相當
可靠的線索，以使這種過渡可以理解。然而，讓一部歷史完全
由臆測**形成**，似乎比為一部小說擬定提綱好不了多少。甚至它
不能稱為一部**臆測的歷史**，而只能稱為一種純然的**虛構**
（Erdichtung）。不過，在人類行為底歷史**進程**中不可冒險嘗試之
事，對於其**最初的開端**──就自然造成這個開端而言──，卻
大可憑臆測去嘗試。因為這個開端不可虛構，而是只能得自經
驗──如果我們預設：自然在最初的開端，較諸我們目前所見
到的，並非更好，亦非更壞；這個預設合乎自然底類比[2]，並且
不具有任何冒險的成分。因此，一部出自人性中原始稟賦的自
由底最初發展之歷史完全不同於自由進展底歷史（這種歷史只
能以報導為根據）。

不過，既然臆測不可過高地要求為人所同意，而是充其量
只能宣稱自己是構想力（Einbildungskraft）被容許在理性底伴隨
下為心靈之休養與健康而從事的一種活動，而非一件嚴肅的工
作，那麼它們就不能與那種作為同樣一個事件底真實報導而建
立起來並且為人所相信的歷史──其檢驗有賴於與純然的自然

---

2 【譯注】所謂「自然底類比」當是指康德在《純粹理性批判》中所討論
的「經驗底類比」，即是：「唯有藉著知覺底必然聯結之表象，經驗始為
可能。」這是「純粹知性底原理」之一，其下包括「實體常住性原理」、
「依據因果性法則的時間繼起底原理」及「依據相互作用或交互性底法
則的同時性原理」。請參閱 *KrV*, A176/B218。

哲學完全不同之根據──相比。正因此故，並且也由於我敢於在此進行一場純然的旅遊，我或許可以期望得到恩准，讓我為此使用一份神聖的文獻作為地圖，同時想像我憑藉構想力底翅膀──儘管並非沒有一條透過理性而與經驗相聯結的線索──所進行的遊歷，正好採取那份文獻以歷史的方式勾勒出的同一路線。讀者可以打開那份文獻底卷頁（摩西第一經，第2-6章[3]），並且逐步檢查：哲學依據概念所採取的道路是否與歷史所標示的道路相吻合。 110

　　如果我們不想沉湎於臆測，就必須以人類理性無法從先前的自然原因推衍出來的東西作為開端，也就是以**人底存在**為開端；而且是以其**發展成人**為開端，因為他必須不靠母親底協助；他還得**匹配成對**，以便繁衍其種屬；並且這還得是**僅有的**一對，從而當人相互接近而又彼此陌生時，戰爭才不會立即發生，或者甚至自然才不會被指摘說：由於起源之不同，自然並未為社會性（作為人類分命底最偉大目的）作最恰當的安排──因為所有的人都出身於單一的家族，對這個目的而言，無疑是最佳的安排。我把這一對伴侶置於一個不會受到猛獸侵襲，並且由自然提供一切豐富食物的地點，因而彷彿在一座**園囿**裡，在一個終年溫暖的氣候帶。尤有甚者，我僅僅在這對伴侶已經在利用自己力量的技術方面有了重大進步之後，才來考察他們，且因此不是從他們的本性之全然粗野狀態開始；因為如果我想著手

3　【譯注】《舊約》前五卷合稱「摩西五經」，「摩西第一經」是指〈創世記〉。「第2-6章」恐有筆誤，當依舒柏爾特（F.W. Schubert）改為「第2-4章」。

填補這段可能包括一段極長時期的闕漏，讀者會很容易覺得臆測太多，而或然性卻太少。因此，最初的人能夠**站立**與**行走**；他能夠**說話**（摩西第一經，第2章第20節）[4]，甚至**談論**，也就是說，按照連貫的概念來說話（第23節[5]），因而能夠思考。這些純粹的技術他全都得自己去獲取（因為如果它們是天賦的，它們也會遺傳下去，但這與經驗相牴牾）。但是我如今假定他已具備了 111 這些技術，以便僅對其行止——它必然預設這種技術——中的道德性之發展加以考察。

　　起初，這種本能——這種為所有動物一體服從的**上帝之聲**——必然單獨引導這個新手。這種本能允許他以某些東西作為食物，禁止他以其他的東西作為食物（第3章第2及3節[6]）。但是我們並無必要為此緣故而假定一種如今業已喪失的特殊本能；這可能只是嗅覺及其與味覺器官間的親近關係、後者與消

---

4 **自我表達之衝動**必定曾促使依然獨處的人首度對他以外的生物，特別是 110 發出聲音的生物（他能模仿這種聲音，且隨後以之命名），宣告他自己的 111 存在。我們還在孩童與無思想的人們——他們藉著格格作響、喊叫、吹口哨、唱歌及其他喧囂的娛樂（往往還有這類的禱告）來騷擾共同體中有思想的那部分人——當中看到這種衝動底類似作用。因為除了他們想要四處宣告他們自己的存在之外，我看不出其中有任何其他的動因。
　　【譯者按】〈創世記〉第2章第20節：「他給牲畜、飛鳥和野獸起了名。〔……〕」（引文依據聯合聖經公會「現代中文譯本」，以下皆同。）

5 【譯注】〈創世記〉第2章第23節：「那人說：我終於找到我骨裡的骨、我肉中的肉。我要叫她做『女人』，因為她從男人出來。」

6 【譯注】〈創世記〉第3章第2-3節：「那女人回答：『園子裡任何樹的果子我們都可以吃；只有園子中間那棵樹的果子不可吃。上帝禁止我們吃那棵樹的果子，甚至禁止我們摸它；如果不聽從，我們一定死亡。』」

化器官間為人所知的交感，以及彷彿是對於一道菜餚適於或不適於享用的預感能力（我們目前仍察覺到這類的能力）。我們甚至可以假定：在第一對伴侶身上的這種感覺並不比它在目前來得更強烈；因為在僅關心其感覺的人與同時也關心其思想、因而逃避其感受的人之間，在知覺技巧上存有怎樣的差別，這是夠明白的了。

　　只要無經驗的人聽從自然底這種召喚，他就會安於其中。然而，**理性**立刻就開始活動，並且試圖將所享用的東西和另一種與本能不相聯屬的感覺（例如視覺）向他呈現為與往常所享用之物相類似的東西加以比較，藉此將他關於食物的知識擴展到本能底界限之外（第3章第6節 [7]）。只要本能不反對（儘管它並不建議），這種嘗試偶然還是能有不錯的結果。然而，理性卻具有一種特質，即是：它能借助於構想力來假造欲望，而不僅**沒有**一種以此為目標的自然衝動，甚至還**違背**這種衝動。這些欲望起初得到「**貪婪**」（Lüsternheit）之名，但是透過它們，卻逐漸有一大堆不必要的、甚至違反自然的愛好被編想出來，統稱為「**淫佚**」（Üppigkeit）。背棄自然衝動的機緣可能只是一椿小事；然而，這個首度的嘗試之效果——亦即，意識到自己的理性是一種能力，能使自己擴展到羈束所有動物的界限之外——卻是非常重要，並且對生活方式有關鍵性。因此，即使這只是一顆果

112

7　【譯注】〈創世記〉第3章第6節：「那女人看見那棵樹的果子好看、好吃，又能得智慧，就很羨慕。她摘下果子，自己吃了，又給她丈夫吃；她丈夫也吃了。」

實，由於其外貌類似於我們往常品嘗過的其他可口的果實，它會誘人去品嘗；此外，還有一種動物底例子：這樣一種享用適合於其本性，但對於人類卻反而有害，結果在人底身上便出現一種反抗這種享用的自然本能。這就能夠提供理性以最初的機緣，來刁難自然之聲（第3章第1節[8]），並且不顧自然底反對，首度嘗試去作一次自由的選擇——以首度的嘗試來說，其結果可能與預期不符。不論這種損失是如何微不足道，人卻對此打開了眼睛（第7節[9]）。他發現自己有一種能力，能為自己選擇一種生活方式，而不像其他動物一樣，被唯一的生活方式所拘束。在這種被察覺的優越性可能在他身上引發的瞬間欣悅之後，必然立刻繼之以恐懼和憂慮：他還不認識任何事物之隱蔽特質與長遠作用，要如何操作他這種新發現的能力呢？他彷彿站在一個深淵底邊緣；因為由於本能過去為他所指定的個別欲望對象，無窮的對象展現於他面前，而他根本還不知道如何去選擇這些對象；而從這種一度被體驗到的自由狀態，他如今卻不可能重新回到奴役狀態（在本能底支配下）。

自然藉以保存每個個體的，是飲食底本能；此外，最重要的是**性底本能**，自然藉此來照管所有種屬之保存。理性一旦活動起來，便不會猶豫也在這上面顯示其影響。人立刻就發現：性底吸引力在動物身上僅是基於一種短暫的、多半是周期性的

8　【譯注】〈創世記〉第3章第1節：「蛇問那女人：『上帝真的禁止你們吃園子裡任何果樹的果子嗎？』」

9　【譯注】〈創世記〉第3章第7節：「他們一吃那果子，眼睛開了，發現自己赤身露體；因此，他們用無花果樹的葉子編了裙子來遮蓋身體。」

衝動，但是對人而言，卻能夠憑藉構想力而延長，甚至增加；對象越是**脫離感覺**，構想力固然越是節制地、但也越是持久與一貫地進行其工作；由此便防止了因滿足一種純然的動物性欲望而產生的厭煩。因此，比起理性在其發展底初期階段所顯示的，無花果葉(第7節[10])是理性底一種更為重要得多的表現之結果。因為人藉著使其對象脫離感覺而使一種愛好更加熱切與持久一事，就顯示了理性多少能控制衝動的這種意識，而不是像前一步驟那樣，僅是一種在或大或小的範圍內為衝動服務的能力而已。**拒絕**是一種技巧，為的是將純然感受的吸引力轉為理想的吸引力，將純然動物性的欲望逐漸轉為愛，並且隨之將純然適意之情轉為對於美的品味(起初只是對於人之美，但其後也對於自然之美)。此外，**端莊**(Sittsamkeit)——藉良好的風度(對可能惹人輕視的東西加以掩飾)引發別人對我們的尊敬之一種愛好——是一切真實的社會性之真正基礎，它為作為一種道德性受造物的人之發展提出了最初的暗示。這是一個微小的開端，但由於它為思考方式提出了一個全新的方向，它開創了時代；它比繼之而來的一連串數不清的文化擴展還要重要。

在理性介入了這些直接感受到的最初需求之後，它的第三個步驟便是慎思地**期待於未來**。不單是享受眼前的生活片刻，而是想到未來(往往是極遙遠的未來)的這種能力，是人類優越性之最具關鍵性的標誌，為的是按照其分命為遙遠的目的作準備；但這也是不確定的未來所引起的憂慮和苦惱之無窮盡的根

113

---

10 【譯注】見上注。

源，而所有的動物均免於這些憂慮和苦惱(第13-19節[11])。男人
得供養自身和一個妻子、連同未來的孩子；他預見其工作越來
越辛勞。女人預見自然使女性承受的麻煩，此外還預見更有力
的男人加諸她的麻煩。雙方均在辛勞的一生之後，還在畫幅底
背景中，懷著恐懼預見所有動物固然不可避免地會遭遇、但卻
不會令它們憂慮的東西，即死亡；而且他們似乎責備自己運用
為他們帶來這一切災禍的理性，並且使這種運用成為犯罪。鼓
舞他們、安慰他們的唯一前景或許是：活在他們的後代之中，
這些後代或許會過得更好，或者身為一個家族底成員，還能減
輕其家族底勞苦(第16-20節[12])。

　　理性——它將人完全提升到不與動物為伍的地位——底第
四及最後步驟是：他理解到(儘管只是隱晦地)自己其實是**自然
底目的**，而且沒有任何生活於地球上的東西能在這方面能成為

114

---

11 【譯注】〈創世記〉第3章第13-20節：「主上帝問那女人：『你為甚麼這樣
　　做呢？』她回答：『那蛇誘騙我，所以我吃了。』於是，主上帝對那蛇說：
　　『你要為這件事受懲罰。在所有動物中，只有你受此咒詛：從現在起，
　　你要用肚子爬行，終生吃塵土。你跟那女人要彼此仇視；她的後代跟你
　　的後代要互相敵對。他們要打碎你的頭；你要咬傷他們的腳跟。』主上
　　帝對那女人說：『我要增加你懷孕的痛苦，生產的陣痛。雖然這樣，你對
　　丈夫仍然有強烈的欲望；他要管轄你。』主上帝對那男人說：『你既然聽
　　從妻子的話，吃了我禁止你吃的果子，土地要因你違背命令而受咒詛。
　　你要終生辛勞才能生產足夠的糧食。土地要長長出荊棘雜草，而你要吃
　　田間的野菜。你得汗流滿面才吃得飽。你要工作，直到你死了，歸於塵
　　土；因為你是用塵土造的，你要還原歸於塵土。』亞當給他妻子取名夏
　　娃，因為他是人類的母親。」
12 【譯注】見同上書。

其競爭者。當他第一次對著羊說：「**自然賜予你身上的皮，並不是為了你，而是為了我。**」並且把皮從羊身上剝下來，穿在自己身上時（第21節[13]），他認識到自己由於其本性，對所有動物擁有一項特權；如今他不再將動物視為他在造化中的同儕，而是視之為任由其意志支配、以達成其所欲目標的手段和工具。這個想法包含（儘管是隱晦地）其對立面底思想，即是：他不可以對任何人這麼說，而是得將人視為對於自然底賞賜的平等分享者；這是為理性未來應針對其同胞而加諸其意志的限制所作之一項長遠的準備，而這種準備對於社會之建立來說，是遠比好感和愛還要必要。

於是人便**與所有有理性者**處於一種**平等**之中，而不管他們有何地位（第3章第22節[14]），也就是要求：**他本身就是目的**，被其他每個人均尊為目的，而且不被任何人僅當做達成其他目的之手段來使用[15]。即使對於更高級的存有者——他們在自然稟賦上通常可能遠遠地優於人，但他們均不因此便有權恣意地去支配人——，人也擁有無限制的平等，其理由在此，而不在於理性——就理性僅被視為一個滿足各種各樣的愛好之工具而言。

---

13 【譯注】〈創世記〉第3章第21節：「主上帝用獸皮做衣服給亞當和他的妻子穿。」

14 【譯注】〈創世記〉第3章第22節：「主上帝說：『那人已經跟我們一樣，有了辨別善惡的知識。〔……〕』」

15 【譯注】康德在《道德底形上學之基礎》一書中提出「定言令式」底不同程式，其中一個程式如下：「**如此行動，即無論在你的人格還是其他每個人底人格中的『人』，你始終同時當做目的，決不只當做工具來使用！**」（*GMS, KGS*, Bd. 4, S. 429）

因此，這個步驟也與人之**脫離**自然底懷抱相聯繫：這種變化固然可敬，但也十分危險，因為自然將他逐出無害而安全的襁褓狀態，彷彿逐出一座不待其操勞而供養他的園囿（第23節[16]），並且將他趕進廣闊的世界中，在那裡有諸多煩惱、辛勞與未知的災禍在等待他。生活之辛勞未來往往會誘使他想望一個樂園，這是其構想力底創造物，在那裡他能在平靜無事與持久安寧之中虛度或消磨其生命。但是在他與那個想像的福地之間，卻橫踞著永不休止而又不可遏制地驅使他所稟受的能力去發展的理性，並且這種理性不容許人回到粗野與純真底狀態——它曾將人從這種狀態引出來（第24節[17]）。這種理性驅使人耐心地承受他所憎惡的辛勞，追求他所不屑的虛飾之物，並且由於他更擔心失去的那一切瑣物而忘卻他所恐懼的死亡本身。

115

解說

從對於人類最初歷史的這番描述可知：人之脫離這座樂園（理性使人將它視為其種屬底最初居留地），不外乎是從一個純動物性的受造物之粗野狀態過渡到「人」[18]，從本能底學步車

---

16 【譯注】〈創世記〉第3章第23節：「於是主上帝把他趕出伊甸園，讓他去耕種土地——就是那用來造他的原料。」

17 【譯注】〈創世記〉第3章第24節：「主上帝趕走那人以後，在伊甸園東邊安排了嗚路咍，又置了發出火焰、四面轉動的劍，為要防止人接近那棵生命樹。」

18 【譯注】引號中的「人」字，即德文的 Menschheit，在本文中意指就整

過渡到理性底指導，一言以蔽之，從自然底監護過渡到自由底
狀態。如果我們考慮到我們的種屬之分命，而這不外乎是向圓
滿性而**進展**——不論為達到此目標而作的最初嘗試（甚至是其
一長串的成員前後相繼的嘗試）有多麼不美滿的結果——，則人
經過了這場變化，究竟是有得還是有失，可能就不再是問題了。
然而，對於整個種屬來說，這個過程是由較壞的境地**進展**到較
好的境地，而對於個人來說，則並非同樣如此。在理性覺醒之
前，尚無誡命或禁令，且因此尚無違犯可言。但是當理性開始
它的工作，並且——不論它是多麼軟弱——與動物性及其全部
力量發生衝突時，就必然會產生災禍，以及更糟的是，隨著開
化的理性而來之罪惡，而對於無知、因而無辜底狀態而言，這
些事物是完全陌生的。因此，脫離這種狀態的第一步，在道德
方面是一種**墮落**；而在自然方面，這種墮落底後果是許多聞所
未聞的生命災禍，也就是懲罰。因此，**自然**底歷史始於「善」，
因為它是**上帝底作品**；**自由**底歷史始於「惡」，因為它是**人底
作品**。對個人——他在運用其自由時僅考慮自己——而言，這
樣的一種變化是損失；對自然——它使其關乎人的目的指向種 116
屬——而言，這樣的變化則是收穫。因此，個人有理由將他所
忍受的一切災禍和他所犯下的一切惡行都歸咎於自己，但同時
也以全體（一個種屬）底成員之身分讚賞且頌揚這種安排底智慧
與合目的性。藉著這種方式，我們還能使知名的**盧梭**極常被誤

（續）

　　體來看的人，而有別於個別的、具體的人（Mensch）。故以下翻譯此字
　　時，一概加上引號。

解而表面看來相互牴牾的主張彼此一致，並且與理性一致。在
其《論科學底影響》與《論人底不平等》[19]中，他極正確地指
出了文化與作為一個**自然種屬**(其中的每個個體都會完全達成
其分命)的人類底本性之間不可避免的衝突；但是在他的《**愛彌
兒**》、《**社會契約論**》及其他論著中，他又試圖解決以下的難
題：文化必須如何進展，才能使作為一個**道德種屬**的「人」底
稟賦得到恰如其分命的發展，從而使這個「人」不再與作為自
然種屬的人相牴牾。從這種牴牾(既然以人與公民底**教育**之真正
原則為依據的文化或許也仍未真正開始，遑論完成)就產生了一
切壓迫人生的真實災禍及一切玷辱人生的罪惡[20]。然而，引發

---

19 【譯注】《論科學底影響》即盧梭於1749年所撰的論文《論科學與藝術的
復興是否有助於淳化風俗？》(*Discours sur cette question: Le rétablisse-
ment des sciences et des arts a-t-il contribué à épurer les mœurs?*)，通常簡稱
《論科學與藝術》。《論人底不平等》即盧梭於1755年所撰的論文《論人
底不平等之起源與基礎》(*Discours sur l'origine et lesn fodements de
l'inégalité parmi les hommes*)。

20 一方面，「人」致力於其道德的分命；另一方面；它始終个渝地遵循為　116
其本性中之粗野的且獸性的狀態而設的法則。以下我為這兩者之間的牴
牾僅舉出若干例子。
自然將成年期——亦即，具有繁衍其種屬的衝動與能力之時期——定在
大約十六、七歲的年齡。在粗野的自然狀態中，少年到了這個年齡，不
折不扣就是個成人了，因為此時他具有養活自己、繁殖其種屬，並且還
養活其種屬及妻子的能力。需求之單純使他不難做到這點。反之，在開
化狀態中，這還需要許多掌握技巧及有利外在環境的手段，以致在文明
狀態中，成年期至少平均要延遲十年之久。然而，自然並不隨著社會優
雅化之進展而同時改變其成熟時刻，而是固執地遵守它為了維持作為獸
類的人類而設之法則。由此便產生了自然目的與道德間的一種無法避免
的相互損害。因為在某個年齡，當文明人(但他並不中止為自然人)只是　117

（續）──────────

少年，甚至可能只是兒童時，自然人就已是成人了。因為我們的確能如此稱呼那種由於其年紀(在文明狀態中)而根本無法養活自己，遑論養活其種屬的人──儘管他擁有了繁衍其種屬的衝動和能力，亦即自然底召喚。因為自然的確不曾讓生物稟有本能與能力，以便讓它們抗拒並壓制這類的召喚。因此，自然底稟賦決非為文明狀態而設的，而只是為作為獸類的人類之保存而設的；而且文明狀態便因此與自然稟賦產生了無法避免的衝突。唯有一個完美的公民憲法(這是文化底最終目標)才能消除這種衝突，而目前的這個中間地帶往往充斥著罪惡及其後果，即各種各樣的人禍。

另一個例子可證明以下命題之真實性：自然在我們身上為兩個不同的目的──即作為獸類的「人」與作為道德種屬的「人」──建立了兩種稟賦；這個例子就是希波克拉特斯所說的：藝術長久，生命短暫。一個科學與藝術底天才，一旦經由長期的練習與學得的知識而在判斷上達到了完全的成熟時，只要他憑藉上述精神上的青春力量度過歷代學者合在一起所享有的時間，就能夠使科學和藝術遠遠超出歷代學者前後相繼可能達到的成就。而自然在決定人底壽限時所依據的觀點，顯然不是科學推展底觀點。因為當最幸運的天才瀕臨於他因其技巧與歷練而可以期望的最重大發現時，老境卻來臨了；他變得遲鈍了，而且必須指望下一代(他們得再度從頭開始，並且重新經歷已走過的全部行程)在文化進展中再加上一段。因此，人類完成其全部分命的歷程似乎不停地中斷，並且始終有重新淪於先前的粗野狀態之虞；而希臘哲學家底悲嘆並非全無道理：**遺憾的是，正當我們開始了解自己該如何過真正的生活時，就得死了。**

第三個例子可以是人與人之間的**不平等**，但並非他們在天賦或財富方面的不平等，而是在普遍**人權**方面的不平等：這種不平等**盧梭**曾相當真切地悲嘆過，但只要文化彷彿是毫無計畫地進展(長期而言，這也是無法避免的)，這種不平等就無法與文化分開。再者，自然的確也未註定人去承受這種不平等，因為自然賦予人以自由，還有理性，以限制這種自由──所憑藉的不外乎是他們固有的普遍而外在的合法性，而這稱為**公民權**。人應當使自己擺脫其自然稟賦底粗野狀態，但在超越這些自然稟賦時，卻得留意不要違逆它們。人只有在經過許多次失敗的嘗試之後，才能遲遲地期待這種技巧；而在這期間，「人」在他因無經驗而加諸自己

118

這些罪惡的刺激（我們因此歸咎於這些刺激）本身卻是善的，而 　117
且就其為自然稟賦而言，是合乎目的的；但既然這些稟賦是為
純然的自然狀態而設，它們便受損於進展的文化，並且反過來
損害這種文化，直到完美的藝術重新成為本性為止；而這就是 　118
人類底道德分命之最終目標。

歷史底歸結

　　下一個時期底開端是：人從安佚與和平底時代過渡到**工作
與紛爭**底時代（作為社會統合之序幕）。在此，我們必須再作一
次大跳躍，讓人一下子擁有馴養動物及他自己能藉播種與栽植
而增殖以供其食用的植物（第4章第2節[21]）——儘管從粗野的狩
獵生活過渡到第一個狀態[22]，以及從不安定的掘根與採果過渡
到第二個狀態[23]，可能進行得極其緩慢。此時，在迄今為止尚
和平地共同生活的眾人之間必然開始有了齟齬，其後果是他們
因不同的生活方式而分離，並且分散到地球上。**放牧生活**不僅
是安佚的，而且也提供最有保障的生計，因為在一片廣闊而無

（續）
　　的災禍之中嘆息。
　　　【譯者按】希波克拉特斯（Hippokrates, 460?-377 B.C.）是古希臘醫學家與著
　　作家。「藝術長久，生命短暫」（Ars longa, vita brevis）一語見其 *Aphorisms*,
　　in: *Hippocratic Writings* (London: Penguin Books 1983), Sec. I , No. 1, p. 206。
　21　【譯注】〈創世記〉第4章第2節：「亞伯是牧羊人；該隱是農夫。」
　22　【譯注】「第一個狀態」指畜牧生活。
　23　【譯注】「第二個狀態」指農耕生產。

人居住的土地上，飼料是不會缺乏的。反之，**農耕**或栽植是非常辛勞的，受制於氣候之無常，因而是無保障的；它還需要固定的居所、地產與足以保衛土地的武力；但牧人卻憎恨這種限制其放牧自由的財產。就農耕而言，農人似乎會羨慕牧人之得天獨厚（第4節[24]）；但在事實上，只要牧人還是他的鄰居，就會使他感到非常厭惡；因為草食的牲畜並不顧惜他的莊稼。牧人 119 在造成了損失之後，不難帶著他的牧群遠去，並且逃避一切賠償，因為他並未留下來任何東西，是他無法隨處不打折扣地重新獲得的。既然如此，農人便可能會使用武力來對抗這類在另一方看來並非不容許的損害。再者，既然所以致此的機緣決不會完全停止，則當農人不願意喪失他長期勤奮底成果時，終究必須盡其可能地**遠離**那些以放牧為生的人（第16節[25]）。此一分離便造成了第三個時代。

當一塊土地之耕作與栽植（尤其是樹木之栽植）為生計之所繫時，這塊土地就需要有固定的居所；而要保衛這塊土地，以防止一切侵犯，就需要有一群相互扶持的人。於是人在這種生活方式之下無法再以家庭底形式分散而居，而是必須團結起來，並建立村落（若不依本義，則稱為**城市**），以便針對野蠻的

---

24 【譯注】〈創世記〉第4章第3-5節：「過了一些日子，該隱帶了一些土產，作祭物獻給上主；亞伯也從他的羊群中選出頭胎最好的小羊，作祭物獻給上主。上主喜歡亞伯，接受了和他的祭物，但是不喜歡該隱，拒絕了他的祭物；因此該隱非常生氣。」

25 【譯注】〈創世記〉第4章第16節：「於是該隱離開上主面前，來到伊甸園東邊名叫『流蕩』的地方居住。」

獵人及游牧部落來保護其財產。一種**不同的生活方式**要求備置之最初的生活必需品，如今能夠互相**交易**（第20節[26]）。由此必然會產生**文化**，以及**藝術**（不僅是消遣底藝術，還有勤勉底藝術）之濫觴（第21-22節[27]）。但最重要的還是為公民憲法與公共正義所作的若干部署，最初當然是僅針對最嚴重的暴行——對這些暴行的報復如今不再像在野蠻狀態中那樣，託付於個人，而是託付於一種將全體聚合起來的合法權力，亦即一種政府，而對於這種政府本身則無從施加強制力（第23-24節[28]）。從這種最初的且粗野的稟賦中，如今一切人類的藝術——其中最有用的是**社會性**與**公民安全**底藝術——能逐漸地、緩慢地發展起來；人類能繁殖，並且能藉著派遣受過教育的墾殖者，像蜂房一樣地從一個中心點散布到各地。隨著這個時代，人底**不平等**——這是如此多的「惡」、但也是一切「善」之豐富泉源——也開始了，並且繼續增長。

而今，只要游牧民族（他們僅認上帝為他們的主）、城市居民與農民（他們奉一個人——當權者——為主）（第6章第4節[29]）　120

26　【譯注】〈創世記〉第4章第20節：「雅八是游牧人的祖師。」

27　【譯注】〈創世記〉第4章第21-22節：「猶八是一切彈琴、吹笛的人的祖師。〔……〕土八該隱是鑄造鐵器銅器的人的祖師。」

28　【譯注】〈創世記〉第4章第23-24節：「拉麥對他兩個妻子說：亞大、洗拉，要聽我說；拉麥的妻子啊，要細心聽：我殺害那傷我的人；我殺死那擊傷我的少年。殺害該隱的人要賠上七條命；殺死我的人必須賠上七十七條命。」

29　【譯注】〈創世記〉第6章第4節：「從那時以後，地上有巨人出現。他們是『神子』跟人類的女子所傳下的後代；他們是古代的英雄和名人。」

[30] 仍麋集在一起，並且游牧民族作為一切土地所有權之死敵，仇視城市居民與農民，而又為他們所憎恨，則雙方之間固然有持續的戰爭，至少有無休止的戰爭危險，且因此雙方的民族至少能在內部歡享自由這個無價之寶。（因為即使在今天，戰爭底危險依然是唯一緩和獨裁制的東西。此係由於目前一個國家要成為強國，就需要有財富；但沒有**自由**，就不會有能夠創造財富的勤奮。在一個貧窮的民族中，必須代之以對於維持共同體的踴躍參與，而唯有這個民族在其中感受到自由時，這種參與才有可能。）但此時城市居民初萌的奢侈，尤其是討人歡心的本事（城市婦女藉此使醜齷齪的沙漠少女相形失色），對於那些牧人必然逐漸成為一個有力的誘餌（第2節[31]），使他們與城市居民發生聯繫，並且被引入城市裡硬裝的門面之中。此時由於過去相互敵對的兩個部族融合在一起，而結束了一切戰爭底危險，同時在一方面是一切自由之終結，因而是強橫暴君底獨裁——在文化幾乎剛肇端之際，無靈魂的淫佚卻在最可恥的奴役之中與粗野狀態底一切罪惡混雜在一起——；在另一方面，人類無法

---

30 阿拉伯的**貝督因人**依然自稱為一位先前的**酋長**（Schech）——即其部落底創立者（如**貝尼・哈雷德**〔Beni Haled〕之流）——之子孫。但是酋長決不是他們的**主人**，而且無法隨己意對他們施加強制力。因為在一個游牧民族裡，既然沒有任何人擁有他必須遺留下來的不動產，則每個家庭感到不順心時，都能十分輕易地脫離其部落，而加入另一個部落。 [120]

　【譯者按】貝督因人（die Beduinen）是生活於中東沙漠（尤其是阿拉伯、伊拉克、敘利亞、約旦等地）、說阿拉伯語的游牧民族。

31 【譯注】〈創世記〉第6章第2節：「那時有些『神子』看見人類的女子美麗，就隨自己所喜歡的娶她們作妻子。」

自持地偏離自然為他們所指定的那個發展其向善的稟賦之進程；職是之故，人類使自己不配作為一個註定要統治地球、而非像禽獸般地享受並且像奴隸般地服役的種屬而存在(第17節[32])。

結語

　　當有思想的人衡量極度壓迫人類、且(似乎)無望改善的災禍時，他感到一種憂慮，這種憂慮甚至可能會成為道德之淪喪，而無思想的人對此全無所知；這就是對統治整個宇宙行程的神意(Vorsehung)之不滿。但最重要的卻是**要滿意於神意**(儘管神意已經為我們在地球上的世界指定了一條極艱辛的道路)，一則是為了在艱困之中依然鼓起勇氣，再則是為了在我們將此事之罪責推諉於命運之際，不會因此無視於我們自己的罪責(這或許是這一切災禍之唯一原因)，並且在自我改善之中不會忽略防止這些災禍的助力。

　　我們必須承認：我們之所以招致壓迫文明民族的最大災禍，是由於**戰爭**，而且與其說是由於目前的或是過去的戰爭，不如說是由於對於未來戰爭之從未減少且甚至不斷增加的**準備**。國家底全部力量、其文化底全部成果(它們能被用來造成一個更偉大的文化)，都被用到這上面。自由在如此多的地方受到嚴重的損害，而且國家對於個別成員之母親般的照顧轉變為嚴

121

---

32 【譯注】〈創世記〉第6章第17節：「〔上帝對挪亞說：『〕我要使洪水氾濫大地，消滅所有的動物。地上的一切都要滅絕。〔……』〕」

峻的要求，而這種要求卻由於擔心外來的危險而被視為正當。
然而，若非這種始終令人擔憂的戰爭本身迫使國家元首表現這
種**對「人」的尊重**，會有這種文化嗎？共同體中的各階層會為
了相互促進他們的富裕而緊密地結合起來嗎？會有這麼多的人
口嗎？甚至儘管在極度限制性的法律之下，卻依然餘留下來的
那種程度的自由會出現嗎？我們只消看看**中國**：中國由於它的
位置，固然偶爾必須害怕一場意外的侵襲，但毋須害怕任何強
敵，且因此自由底一切痕跡在那裡都被滅絕。是故，在人類目
前所處的文化階段裡，戰爭是使文化繼續進展的一種不可或缺
的手段；唯有一種文化完成（上帝才知道是在什麼時候）之後，
持久的和平對我們才是有益的，而且也唯有通過這種文化，它
才是可能的。因此，就這點而論，對於那些令我們如此痛苦地
發出悲嘆的災禍，我們自己的確有責任；而且這部神聖的文獻
將諸民族之融合為一個社會，以及他們在其文化幾乎剛肇端之
際就完全擺脫了外來的危險，視為所有進一步發展的文化之一
種障礙，並且是向無可救藥的腐化而沉淪，這是極有道理的。

　　人底**第二種不滿**涉及自然底秩序，而關乎**生命之短促**。的　122
確，如果我們還會希望生命之延續比它的實際期限還要長，則
我們必然不懂得珍惜生命底價值；因為這不過是在延長一場純
然與艱苦不斷地奮鬥的遊戲罷了。但是我們決不可怪罪於一種
幼稚的判斷力，說它恐懼死亡而不愛惜生命，而且它要差強人
意地勉強度過每一天底生活尚有困難，卻還始終嫌沒有足夠的
日子去重複這種折磨。但只要我們想想，為了想辦法度過如此
短暫的一生，受到了多少憂慮之折磨，又由於期望一種未來的

（儘管是不甚持久的）享樂，做了多少不義之事，那麼，我們必然有理由相信：如果人能夠預見自己會活到八百歲以上[33]，則父親在兒子面前、一個兄弟在另一個兄弟面前，或者一個朋友在另一個朋友旁邊，其生命就幾乎不會再有保障了；再者，以人類活得如此之久，其罪惡必然會上達於一種高度，使得他們除了在一場氾濫各處的洪水中從地球上被滅絕之外，就不配享有更好的命運（第12-13節[34]）。

　　第三個希望，或者不如說是空洞的渴望（因為我們意識到：我們決無法得到所希望的東西），便是詩人所稱頌的**黃金時代**之景象：在那裡，人會擺脫浮伕加諸我們的一切想像的需求，會滿足於自然底單純需求，人會有普遍的平等，人與人之間會有一種持久的和平；一言以蔽之，人會單純地享受一種無憂無慮、在懶散中虛度或是以童騃的遊戲消磨的生活。這種渴望使得魯濱遜遊記[35]與南洋群島遊記極其迷人，但卻根本證明了當有思想的人僅在**享受**中尋求文明生活底價值時，他對這種生活感到的厭煩；它也在諸如理性提醒此人要藉**行為**來賦予生命以一項

---

33 【譯注】根據〈創世記〉第5章之記載，直到挪亞為止，亞當底子孫多半活到八百歲以上。

34 【譯注】〈創世記〉第6章第12-13節：「上帝俯視世界，看見世界非常腐敗，人的行為非常邪惡。上帝對挪亞說：『我決定要滅絕人類。世界充滿著他們的暴行，我要把他們跟世界一起消滅。〔……〕』」

35 【譯注】英國小說家笛福（Daniel Defoe, 1660?-1731）於1719年出版冒險小說《魯濱遜漂流記》（*The Life and Strange Adventures of Robinson Crusoe*）。其主角魯濱遜於船難之後，獨自飄流到一個荒島上，過著與世隔絕的生活。

價值之時，施展懶散在其中的平衡力量。如果我們從上述關於原始狀態的說法領悟到：由於人不滿足於原始狀態，他無法停留在這種狀態之中；他更不樂於有朝一日刻重回到這種狀態中；因此，他總是得把目前的艱困狀態歸諸自己及他自己的選擇——這便充分顯示了回返到那個純真無邪的時代之願望是無意義的。 123

因此，關於人底歷史的這樣一種闡述，對他是有用的，而且有益於教誨和遷善。它向人顯示：他不可為了壓迫他的災禍而歸咎於神意；他也沒有理由將他自己的犯過歸諸其祖先底一項原始的罪行，藉此使諸如後代子孫身上一種導致類似的違失之性癖成為遺傳的（因為任意的行為無法包含任何遺傳的東西）；而是他必須完全依理承認在祖先身上所發生的事是他自己所做的，並且將他因誤用其理性而產生的所有災禍完全歸咎於自己，因為他能十分清楚地意識到：在相同的情況下，他也會有完全相同的舉止，並且他在第一次使用理性時，就（甚至違背自然底指示）誤用了它。當由於道德災禍而產生的分數結算清楚時，依本義而言的自然災禍在功過相抵之中很難產生對我們有利的一份盈餘。

這便是一部藉哲學來嘗試的最古老的人類史之結果：要滿足於神意及人類事務底整個行程，這個行程並非由「善」開始而前進到「惡」，而是由「較壞」逐漸發展到「較好」；對於這種進步，自然本身召喚每一個人盡其最大的力量完成他的一份貢獻。

論俗語所謂：這在理論上可能是正確的，但不適於實踐

譯 者 識

關於康德撰寫此文的動機與背景、此文底要旨，以及它所引起的回響，佛蘭德爾 (Karl Vorländer) 與克雷梅 (Heiner F. Klemme) 曾有詳細的說明 [1]，以下的說明主要以此為根據。康德撰寫此文的直接動機是萊比錫大學哲學教授加爾維 (Christian Garve, 1742-1798) 於1792年出版的《試論道德學、文學與社會生活底各種對象》(*Versuche über verschiedene Gegenstände aus der Moral, der Litteratur und dem gesellschaftlichen Leben*, Breslau) 一書。加爾維深受蘇格蘭道德哲學之影響，是

1　【譯注】見 I. Kant: *Kleinere Schriften zur Geschichtsphilosophie, Ethik und Politik* (Hamburg: Meiner 1913), S. XXV-XXXIV; I. Kant: *Über den Gemeinspruch: Das mag in der Theorie richtig sein, taugt aber nicht für die Praxis. Zum ewigen Frieden* (Hamburg: Meiner 1992), S. VII-XXXV, ILf。

當時德國「通俗哲學」(Populärphilosophie)之代表。他在此書
中撰文批評康德底批判哲學及其方法論。康德對他的批評甚為
重視,感到有必要加以回應。但是康德並不單獨針對加爾維底
批評,而是在一個更大的問題脈絡(即理論與實踐底關係)中,
在本文底三節裡分別從道德學、國家法與國際法底層面來反駁
加爾維、霍布斯與孟德爾頌底觀點。本文首先發表於《柏林月
刊》(*Berlinische Monatsschrift*) 第 12 期 (1793 年 9 月) ,頁
201-284。本譯文係根據普魯士王室學術院底《康德全集》(第
8冊,頁273-313)譯出。

　　康德此文發表之後,引起了熱烈的討論。其中最重要的是
根茨(Friedrich Gentz, 1764-1832)與雷貝爾格(August Wilhelm
Rehberg, 1757-1836)之回應。1783年根茨十九歲時,曾在柯尼
希貝爾格(Königsberg)從學於康德,成為他的忠實門徒,並且
與他維持密切的關係。1789年法國大革命爆發後,他對這場革
命所褐櫫的自由思想極為傾心。為此,他撰寫了〈論法權底根
源與最高原則〉("Über den Ursprung und die obersten Prinzipien
des Rechts") 一文,發表於《柏林月刊》1791年4月號。在文中,
他根據康德底法權理論,將由純粹理性推衍出來的自然權利
(即理性與自由)視為一切公民權之來源,而為之辯護。康德此
文發表之後,根茨於《柏林月刊》1793年12月號發表了〈附論
康德教授先生關於理論與實踐底關係之思考〉("Nachtrag zu
dem Räsonnement des Hrn. Professor Kant über das Verhältnis von
Theorie und Praxis") 一文。在此文中,根茨表面上雖然對康德
推崇如故,但實際上卻對康德底基本觀點提出了不少質疑。此

後，根茨與康德漸行漸遠，終至成為反對革命的保守派政治家，並且成為以精於權謀著稱的奧地利首相梅特涅(Klemens Wenzel Metternich, 1773-1859)之親信。雷貝爾格則是出身於漢諾威(Hannover)的保守派政治家，一度也是康德思想底追隨者。他在《柏林月刊》1794年2月號發表了〈論理論對於實踐的關係〉("Über das Verhältnis der Theorie zur Praxis")一文，對康德此文提出了批評[2]。儘管《柏林月刊》主編畢斯特(Johann Erich Biester)請求康德回應這兩篇文章，但為康德所婉拒。

2　【譯注】這兩篇文章均收入Dieter Henrich (Hg.): *Kant. Gentz. Rehberg. Über Theorie und Praxis* (Frankfurt/M.: Suhrkamp 1967)。編者在此書底〈導論〉中詳細說明了此一爭論之來龍去脈及其要點。

如果實踐規則在某種程度的普遍性中被當做原則，並且在 275
此從對其履行必然有所影響的諸多條件中抽離出來，我們就甚
至把這些規則底總合稱為**理論**。反之，並非所有的操作都稱為
實踐，而是只有一項目的之促成——而這被視為對某些普遍設
想的程序原則之遵循——才稱為實踐。

無論理論是如何完備，在理論與實踐之間仍然需要有一個
中間環節，以聯結兩者，並且從一者過渡到另一者，這是顯而
易見的。因為包含規則的知性概念必須再加上判斷力底一種活
動，讓實踐者藉此分辨：某件事物是否為這個規則之事例。再
者，既然對於判斷力，我們無法始終再提供規律，使它在涵攝[3]
時有所依循（因為這將是無窮無盡的），則可能會有些理論家，
終其一生都決無法成為實踐的，因為他們欠缺判斷力；例如，
有些醫生或法學家曾有良好的課業，但是當他們必須提供建議
時，卻不知道該怎麼辦。但即使有這種天賦存在，卻仍可能欠
缺前提；也就是說，理論可能是不完備的，而且理論補充或許
只能透過尚待進行的試驗與經驗才能達成——從這些試驗與經
驗，出身學院的醫生、農學家或財政學家能夠且應該為自己抽
取出新規則，並且使其理論完備。然則，如果理論仍然不太適
合於實踐的話，問題並不在於理論，而是在於**無足夠的**理論存
在；此人當會從經驗學得這種理論，而且這是真正的理論——
縱使他沒辦法自行提出這種理論，並且以教師底身分用普遍的

3　【譯注】「涵攝」（Subsumtion）意謂將殊相（個別對象、特殊概念）歸諸共
　　相（原則、規則、普遍概念）之下，這是判斷力之功能。

命題有系統地闡述它，因而無法要求一個理論的醫師、農學家之類底名號。因此，沒有人能冒充在實踐上精通一門學問，卻 276 又輕視理論，而不會暴露出他對於這門學科的無知。蓋他相信：憑著在試驗和經驗中到處摸索，而不為自己蒐集某些原則（其實，這就是我們稱為理論的東西），也不曾對其工作設想一個整體（如果這個整體在此經過有條理的處理，就稱為系統），他能夠比理論所能引導他的，還要走得更遠。

然而，較諸一個無知的人冒稱理論在他所臆想的實踐中是不必要且可有可無的，更不可容忍的是，一個自命聰明的人承認理論及其對於教學的價值（像是僅僅為了訓練頭腦），但同時又斷言：這在實踐上完全是另一回事；當我們從學院走入世界時，就會領略到我們是在追求空洞的理想與哲學的夢幻；一言以蔽之，在理論上聽起來不錯的東西，對於實踐是無效的。（我們經常也將此義表達為：這個或那個命題在學理上〔in thesi〕固然有效，但在實際上〔in hypothesi〕則不然。）而今，經驗的機械師想要貶低一般機械學，或是炮手想要貶低關於彈道的數學理論，而說：有關的理論固然構思精巧，但在實踐上卻是完全無效的，因為在執行時，經驗提供與理論全然不同的結果；對於他們，我們只會加以嘲笑（因為如果對前一套理論再補上摩擦理論，對後一套理論再補上空氣阻力理論，因此一般而言，只要再補上更多的理論，這些理論就會和經驗協調無間）。然而，對於一種涉及直觀對象的理論而言，其情況迥然不同於對象在其中僅透過概念而呈現之理論（分別關乎數學底對象與哲學底對象）。後一種對象或許能十分妥當且無可疵議地（從理性

方面)**被設想**，但或許根本無法**被給與**，而是極可能僅為空洞的理念，而這些理念若非在實踐中完全無法運用，就是甚至會有一種不利於實踐的運用。因此，在這類的情況下，上述的俗語就可能有極大的正確性。

然而，在一套以**義務底概念**為基礎的理論中，對於這個概念底空洞的觀念性之憂慮完全消失了。因為如果我們的意志底某項作用連在經驗中（不論經驗被設想為已完成的，還是被設想為不斷趨近於完成）都是不可能的，那麼，追求這項作用就不會是義務；而在本文中所談的只是這類的理論。因為令哲學蒙羞的是，這類的理論經常被當做藉口說：在其中可能是正確的東西，對於實踐卻是無效的；而且是以一種高傲而輕蔑的口氣，充滿自負，想要在理性寄託其最高榮譽的領域中以經驗來改造理性本身，且自以為擁有智慧，憑其死盯住經驗的鼠目，能比天生昂首直立、凝視天際的存有者 [4] 所稟有的眼睛還看得更遠、更準。

在我們這個言論充斥而無行動的時代裡已十分常見的這項格律，當它涉及道德之事（德行義務或法律義務）時，造成極大的危害。因為此處所關切的是理性底法規（在實踐領域中），而在這裡，實踐底價值完全建立於它對於作為其基礎的理論之合宜性；再者，如果法則底履行之經驗的、且因此偶然的條件被當成法則本身底條件，而且這樣一來，以按照**過去的**經驗而可能的結果為考量之一種實踐就變得有權去主宰自身獨立的理論，那麼一切都完了。

227

4　【譯注】「天生昂首直立、凝視天際的存有者」當是指人類。

　　我根據三項不同的觀點來為本文分節——那位極大膽地否定理論與系統的可敬人士，也經常根據這三項觀點來評斷其對象[5]——，也就是根據三重資格來分節：1)作為私人，但卻是**職務人**；2)作為**政治人**；3)作為**世界人**(或是一般而言的世界公民)。而今這三種人都一致攻擊為他們全體並針對其福祉探討理論的**學術人**，以便——既然他們自以為對此懂得更多——將他趕進其學院裡(「讓他在其庭院裡賣弄吧！」[6])，作一個學究，而他不適合於實踐，只是在妨礙他們的歷練智慧而已。

　　因此，我們將分三節來闡述理論對於實踐的關係：**首先**是在一般而言的**道德**中(著眼於每個**人**底福祉)，**其次**是在**政治**中(關乎**國家**底福祉)，**第三**是在**世界主義的**觀點中(著眼於**人類整體**底福祉，並且是就人類置身於在未來所有時代底繁衍系列裡朝向這種福祉的進程之中而論)。但基於來自本文自身的理由，我們將這三節底標題分別表述為在**道德**、**國家法**與**國際法**中理論對於實踐的關係。

278

5　【譯注】「那位極大膽地否定理論與系統的可敬人士」，當是指英國思想家柏克(Edmund Burke, 1729-1797)。柏克在其名著《對法國大革命的省思》(*Reflections on the Revolution in France*, 1790)中嚴厲抨擊那些空談政治理論而不顧實際的人。此書由根茨(Friedrich Gentz)譯成德文，於1792年出版。康德可能讀過此譯本。

6　【譯注】illa se iactet in aula，語出羅馬詩人維吉爾(Vergil, 即 Publius Vergilius Maro, 70-19 B.C.)底史詩《艾內伊斯》(*Aeneis*, I ,140)。

I.論在一般而言的道德中理論對於實踐的關係

（敬答**加爾維**教授先生底若干異議[7]）

在我開始討論關於在使用同一個概念時可能僅對理論有效或者對實踐有效的事物之真正爭論點以前，我必須將我的理論（如同我在他處對它作過的表述），與**加爾維**先生對它所作的表述擺在一起，以便事先看看：我們是否也互相了解。

A. 我曾暫且將道德學解釋為教導我們如何才會配得幸福，而非如何才會得到幸福的一門學問之引介[8]。在此，我並未忘記

---

7 **加爾維**著：《試論道德學與文學底各種對象》，第1部，頁111-116。我把 278
這位可敬人士對我的命題之辯駁稱為他對於他希望(一如我所希望)與我達成共識的看法之**異議**，而非作為否定性論斷而會引起對方底辯護之攻擊。對於這類的攻擊，既不宜在此討論，我也沒有興致去討論。
【譯者按】此書底全名為《試論道德學、文學與社會生活底各種對象》
(*Versuche über verschiedene Gegenstände aus der Moral, der Litteratur und dem gesellschaftlichen Leben*, Breslau: Wilhelm Gottlieb Korn 1792-1800)；收入 *Christian Garve: Gesammelte Werke* (Hildesheim: Georg Olms 1985), 1. Abteilung, Bde. 1/2. 其中與本文相關的文字亦收入 Dieter Henrich (Hg.): *Kant. Gentz. Rehberg. Über Theorie und Praxis*, S. 134-138。

8 「配得幸福」是一個人格基於主體本身的意志而有的資格，根據這種資 278
格，一種普遍地(不但為自然，也為自由意志)立法的理性才會與這個人格底所有目的相協調。因此，這與獲取一種幸福的技巧截然不同。因為如果他所擁有的意志無法與唯一適合於理性之普遍立法的那種意志相協調，並且無法被包含於其中(也就是說，它與道德性相牴牾)的話，則他連這種技巧及自然為此而賦予他的才能都不配擁有。

指出：人並不因此被要求在攸關義務之遵循時，應當**放棄**其自
然目的，即幸福；因為就像任何有限的有理性者一樣，他根本
做不到這點。而是他必須在義務底命令出現時，完全**排除**這種
考慮；他必須完全不使這種考慮成為「遵從理性為他所規定的
法則」一事之**條件**，甚至盡其所能地設法留意，不讓任何由這　279
種考慮衍生出來的**動機**不知不覺地混入，來決定義務。之所以
如此，係由於我們寧可將義務設想為與因遵從它（德行）而付出
的犧牲相聯結，而非與因遵從它而為我們帶來的好處相聯結，
以便就義務底命令之要求無條件服從的、自足的、且不需要任
何其他影響的全部威望去設想它。

　　a. 而今加爾維先生將我這個命題表述如下：「我曾斷言：
遵守道德法則而完全不考慮幸福，是人**唯一的終極目的**；它必
須被視為造物主底唯一目的。」（按照我的理論，創造主底唯一
目的，既非人底道德性本身，亦不單是幸福本身，而是在世間
可能的最高善──它是這兩者之統一與協調。）

　　B. 我還曾進一步指出：這個「義務」概念不需要以任何特
殊的目的為基礎，反倒是為人底意志**帶來**另一項目的，亦即盡
一切能力去謀求在世間可能的**最高善**（即在宇宙整體中與最純
粹的道德也相結合且與之相稱的普遍幸福）。既然我們的力量雖
能及於其中的一面，卻無法兩面兼顧，這便使理性不得不**在實
踐方面**相信有一個道德的世界主宰及一個來世的生命。並非彷
彿唯有預設這兩者，普遍的「義務」概念才會取得「支撐與穩
固性」，亦即取得一個穩當的基礎與一個**動機**所需要的強度；

而是唯有這樣，這個概念才會為那個純粹理性底理想[9]也取得一
個**對象**[10]。因為義務本身不外乎是將意志**限制**於一種由於一個　280
被採納的格律而成為可能的普遍立法之條件下，無論意志底對
象或目的為何(因而也包括幸福)；但是這種對象與甚至我們可

9　【譯注】「那個純粹理性底理想」指最高善。
10　要在世間假定一種因我們的共同參贊而成為可能的**最高善**、以作為萬物　279
　　底終極目的之這種需求，並非由於欠缺道德動機而有的需求，而是由於
　　欠缺外在境況而有的需求——唯有在這種外在境況中，才能按照這些動
　　機產生一個作為目的自身(作為道德的**終極目的**)的對象。因為沒有**意志**
　　能完全不具目的——雖然當問題僅關乎依法則來強制行為時，我們必須
　　不考慮目的，而且唯有法則才是意志底決定根據。但並非每項目的都是
　　道德的(例如，「自身的幸福」這項目的就不是)，而是道德的目的必須　280
　　是無私的。再者，對於一個由純粹理性所交付、將所有目的底整體都包
　　攝在一項原則之下的終極目的(作為因我們的共同參贊而成為可能的最
　　高善之一個世界)之需求是對於無私的意志之一種需求，這種意志還**擴展**
　　到對形式法則的遵循之外，而產生一個對象(最高善)。這是一種特殊的
　　意志決定，亦即由所有目的底整體之理念來決定意志，而其基礎在於：
　　如果我們與世間的事物處於某些道德的關係之中，我們就得隨處都服從
　　道德法則；並且在此之外還要再加上一種義務，即盡一切能力去促成**一**
　　事，即這樣一種關係(一個合乎最高道德目的之世界)之存在。在此，人
　　按照與神之間的類比來設想自己，而儘管神在主觀方面不需要任何外在
　　的事物，我們卻無法設想他將自己封閉在自身之內，而是甚至其完全自
　　足性底意識就決定了他要在自身之外產生最高善：就最高存有者而言的
　　這種必然性(就人而言，它是義務)只能**被我們**設想為道德的需求。因此，
　　就人而言，存在於因其參贊而在世間成為可能的最高善底理念當中之動
　　機，亦非在世間所企望的自身幸福，而僅是這個作為目的自身的理念，
　　亦即以遵循這個理念為義務。因為這個動機絕對不包含對於幸福的指
　　望，而僅包含對於幸福與主體之配得幸福兩者間的一種比例之指望，無
　　論主體為何。但如果一種意志底決定將自己及它想要歸屬於這樣一種整
　　體的意圖加上這種條件之限制，它就**不是自私的**。

能有的任何目的在此都完全不予以考慮。因此，在道德底**原則**之問題上，最高善（作為一種由道德所決定、並且符合其法則的意志之最後目的）底學說能被（當做附帶之物）完全略過，且撇開不論；如下文還會說明的，在事關真正的爭論點時，我們根本不考慮這點，而是僅考慮普遍的道德。

b. 加爾維先生將這些命題表述如下：「有德者決無法、也不可無視於那項（自身幸福底）觀點，因為否則的話，他就會完全喪失通往無形世界、通往對於上帝存在及〔靈魂〕不朽的信念之通道；但是根據這套理論，這種信念是絕對必要的，以便 **為道德系統提供支撐與穩固性。**」最後，他把他歸諸我的全部主張總括如下：「有德者依循那些原則，不斷地致力於使自己配得幸福，但**只要**（in so fern）他是真正有德的，就決不會致力於使自己幸福。」（「只要」一詞在此造成一種歧義，這種歧義必須事先予以消弭。此詞可以意指：**在**他作為有德者而服從其義務的**行動中**；而在這種情況下，這個命題完全符合我的理論。或者它意指：只要他一般而言是有德的，且因此即使是在問題不涉及義務，且與義務不相牴牾的情況下，有德者也根本不該考慮到幸福；而在這種情況下，這與我的主張完全相矛盾。）

因此，這些異議無非是誤解（因為我不願視之為曲解）。人類有一種癖好，就連在評斷他人底思想時，都要依循其過去習慣的思路，且因此把這種思路帶進他人底思想中；如果這種癖好不足以說明這樣一種現象的話，上述誤解底可能性必然會令人詫異。

在以這種爭辯的方式討論過上述的道德原則之後，而今繼

281

之以一個反面的獨斷主張。加爾維先生分析地推斷說：「在排列**概念**時，對狀態加以察覺與分辨，從而使一種狀態對於另一種狀態具有**優先性**，這必須先於從其中選擇一者，且因此先於預先決定某一項目的。但是對於一個有才能意識到自己及其狀態的存有者，當這種狀態當下呈現，且為他所察覺時，他相較於其他的存在方式而**更為偏好**的狀態便是一種**良好的**狀態；而一系列這類的良好狀態，便是『**幸福**』一詞所表示的最普遍的概念。」又說：「一項法則預設動機，而動機則預設一種事先察覺到的關於較壞狀態與較好狀態之區別。這種察覺到的區別是『幸福』概念之要素云云。」又說：「**由幸福——**就此詞之最普遍意義而言**——產生一切努力之動機**，因此也產生遵循道德法則之動機。在我能探問，履行道德義務是否屬於『善』之類別以前，我必須先一般性地知道某物是善的；**在我們能為人設定一項其活動應當歸趨的目標之前**[11]，他必須有一項**動機**使他活動。」

282

這種論證不過是在玩弄「**善**」這個詞底歧義而已：這個詞或是意指就自身而言的且無條件的「善」，而相反於就自身而言的「惡」；或是與更好或更壞的「善」相比較，而意指始終只是有條件的「善」；在後一情況下所選擇的狀態可能只是一

---

11 這一點正是我所堅持的：在我們為人設定一項目標(目的)之前，他事先 282
所能懷有的動機顯然不外乎是法則本身，但藉由法則(不論我們可能懷有什麼目的，並且可能由於遵守法則而達到什麼目的)所引發的敬畏。因為就意念底形式面而言，法則就是我排除掉意念底質料(加爾維先生所說的「目標」)之後唯一餘留下來的東西。

種比較好的狀態，但自身卻是惡的。「無條件地遵從自由意念之一項定言地發出命令的法則，而根本不考慮任何被置為基礎的目的」之格律（亦即義務底格律），與「追求自然本身加諸我們而作為某種行為方式底動機的目的（這一般稱為幸福）」之格律，兩者在本質上，也就是說，**在種類上**，是不同的。因為前一格律本身是善的；後一格律根本不是善的，在與義務衝突的情況下，它可能是極惡的。反之，若是某一項目的被置為基礎，因而沒有任何法則無條件地（而是僅這在此項目的底條件之下）發出命令，則兩個相對立的行為便可能都是有條件地善的，只不過是一者比另一者更好而已（後者因此就稱為比較惡的）；因為它們並非在**種類**上、而僅是**在程度上**彼此不同。凡是不以無條件的理性法則（義務）為動機、而是以我們任意置為基礎的一項目的為動機之行為，其情況都是如此。因為這項目的是全體目的之一，而全體目的之達成就稱為幸福；再者，對於我的幸福，一個行為能貢獻較多，另一個行為則貢獻較少，因而一個行為能比另一個行為更好或更壞。但是在意志底決定中**偏好**一種狀態，甚於另一種狀態，這僅是自由底一種活動而已（就像法學家所說的，純屬機緣之事〔res merae facultatis〕）；在這種活動中，此事（意志底決定）本身究竟是善是惡，完全不予以考慮，因而對於雙方是等價的。

　　與某項**既定的目的**相聯繫，而我偏好這項目的，甚於任何其他**同類**的目的，這種狀態是一種比較好的狀態，亦即屬於幸福底領域（除非僅在「我們配得幸福」之條件下，否則**理性**決不承認幸福為**善的**）。但是當我的某些目的與義務底道德法則衝突 283

之際，我意識到自己偏好道德法則，這種狀態就不僅是一種更好的狀態，而是單就自身而言即是良好的狀態：這是出自一個完全不同的領域之「善」；在這個領域裡，可能供我選擇的目的（因而這些目的之總合，即幸福）根本不予以考慮，而且並非意念底質料（一個被置為基礎的對象）、而是其格律底普遍合法則性之純然形式構成其決定根據。因此，我們決不能說：我相較於任何其他存在方式而**更為偏好**的所有狀態，都被我歸入幸福之列。因為首先我必須確定：我的行為並未違反我的義務；然後我才獲准在我能將幸福與我在道德方面（而非在自然方面）的良好狀態統一起來的範圍內去尋求幸福[12]。

意志誠然必須具有**動機**；但這些動機並非某些作為目的而涉及**自然情感**的預定對象，而不外乎是無條件的法則本身──意志對於這種法則的感受性，即感覺受到其無條件的強制，稱為**道德情感**。因此，道德情感並非意志底決定之原因，而是其結果。如果這種強制不先出現於我們的心中，我們在心中根本就不會察覺到道德情感。因此，主張說這種感情，亦即我們當成自己的目的之一種愉快，是意志底決定之最初原因，是故幸

284

---

12 幸福包含（而且也僅包含）自然為我們所取得的一切東西；德行則包含除了人自己之外，無人能給與或取走的東西。若是有人要針對這點而說：由於偏離了德行，人至少會招致譴責與純粹的道德自責，亦即招致不滿足，因而使自己不幸福，則這點或許可以承認。但是唯有有德者或是在成德之途中的人才能有這種純粹的道德上的不滿足（並非由於行為為他帶來的不利後果，而是由於其違背法則本身）。是故，這種不滿足並非他之所以為有德者的原因，而是其結果；而且成為有德者的動因無法得自這種不幸福（如果我們願意如此稱呼由一樁罪行而來的痛苦的話）。

283

福（這種愉快是其要素）本就是行為底一切客觀必要性之根據，從而是一切義務之根據，這種陳腔濫調便屬於詭辯的**把戲**。因為如果我們在為某項結果提出一項原因時能不停地追問下去，我們終究會使結果成為其自身的原因。

現在我要談到我們在此真正要考慮的要點，即是藉事例來證明並檢查哲學中所謂理論與實踐之相互牴牾的興趣。加爾維先生在其上述的論著中，為此提供了最佳的證明。首先，他說（當他談到我在關於「我們要如何才會**幸福**」與「我們要如何才會**配得**幸福」的這兩種學說之間發現的區別時）：「就我來說，我承認：在我的**腦**中，我很能理解對於理念的這種畫分，但是在我的**心**中，我卻找不到對於願望和志向的這種畫分；我甚至無法理解，任何人如何能意識到自己已將其對幸福本身的期望清除殆盡，且因此完全無私地履行了義務。」

首先我回答後一問題。就是我願意承認：沒有人能確切地意識到自己完全無私地**履行**了他的義務。因為這屬於內在的經驗，而且要對其心靈狀態具有這種意識，就需要對一切透過構想力、習慣與愛好而與義務概念相伴而生的附帶表象與考慮，具有一種透徹明晰的表象，而這是決無法去要求的事；而某物（因而也包括一項暗中懷想的好處）之不存在也根本無法成為經驗底對象。但是，人**應當**完全無私地**履行**他的義務，並且**必須**將他對幸福的期望同義務底概念全然分離開來，以便完全純粹地保有這個概念，這卻是他以最大的清晰性所意識到的。否則，若他不相信自己是這樣，我們可以要求他盡其所能地去做到；因為道德底真正價值正是見諸這種純粹性之中，且因此他必定

也做得到。或許從未有一個人完全無私地（無其他動機之摻入）
履行了他所認識並且也尊崇的義務；或許也決不會有一個人在　285
經過最大的努力之後，達到這個地步。但是，他在最審慎的自
我省察當中能在自己心中察覺到，自己不但未意識到任何這類
共同發生作用的動機，反倒是在許多與義務底理念相對立的動
機方面意識到自我否定，因而意識到「力求這種純粹性」的格
律，這卻是他做得到的；而這對於他之奉行義務也足夠了。反
之，若是他以人性不容許這類的純粹性（但他也無法確切地作此
斷言）為藉口，使「助長這類動機之影響」成為自己的格律，這
便是一切道德之淪亡。

　　至於加爾維先生方才的告白，說在他的**心**中找不到那種畫
分（其實是分辨），則我毫不猶豫地直接反駁他的自我譴責，並
且為他的心辯護，而反對他的腦。實際上，他這位正直的人始
終在他的心中（在其意志之決定中）發現這種畫分。但是這種畫
分可不會為了思辨底緣故，且為了理解無法理解（無法解釋）的
事物，即定言令式（義務底令式即屬於此類）之可能性，就在他
的腦中與心理學解釋底通常原則（這些解釋一概以自然底必然
性之機械作用為基礎）相協調[13]。

---

13 加爾維教授先生（在他對於**西塞羅**論義務之書的注釋，1783年版，頁69）　285
　提出以下值得注意且與其洞察力相稱的告白：「按照其最真切的信念，自
　由永遠是解不開的，也決不會得到解釋。」關於其現實性的證明，無論
　是在直接的還是間接的經驗中，都絕對找不到；而若無任何證明，我們
　也無法假定它。如今，既然自由底證明無法得自純然理論性的根據（因為
　這些根據必須在經驗中去尋求），因而是得自純然實踐性的理性命題，但

　　但是加爾維先生最後說：「在我們**思索**特殊對象時，對於理念的這類精微區分就已變得**隱晦**了；但若這類區分應用到欲望與意圖上，而事涉**行動**時，它們就**完全消失了**。我們由考察 286 動機過渡到實際行動的步驟越是簡單、迅速而欠缺清楚的表象，我們就越不可能確切而可靠地辨識每一個以此種而非其他方式主導這個步驟的動機所添加之特定分量。」此時我卻必須大聲而強烈地反對他。

　　「義務」底概念在其完全的純粹性之中，較諸任何得自幸福或者與幸福及對幸福的考慮相混雜的動機（這總是需要有許多技藝與思慮），不單是無可比擬地更為簡單、更為清楚、對每個人底實踐運用都更易把握且更為自然，而是甚至在最通常的人類理性之判斷中──只要這個概念被提到人類理性之前，並且在擺脫這些動機，甚至與之對立的情況下，被提到人底意志之前──，較諸一切來自後一種自私原則的動因，都遠遠**更為有力**、更為強勢，且更有成功的希望。例如，有這樣的情況：某人手中持有一筆他人信託的財產（depositum），其所有人已經去世，而其繼承人對此一無所知，也決不會有所知悉。我們甚

（續）──────────────

　　亦非得自技術性的實踐命題（因為這些命題也需要有經驗底根據），因此僅是得自道德性的實踐命題，則我們一定會感到奇怪：何以加爾維先生不託庇於自由底概念，以便至少挽救這類令式之可能性。

　　【譯者按】西塞羅（Marcus Tullius Cicero, 106-43 B.C.）是古羅馬的政治家與作家，著有《論義務》（*De officiis*）。加爾維曾為此書撰寫《對西塞羅論義務之書的哲學注釋與論文》（*Philosophische Anmerkungen und Abhandlungen zu Ciceros Büchern von den Pflichten*, Breslau 1783），收入 Christian Garve: *Gesammelte Werke*, 3. Abteilung, Bd. 10。

至向一個約莫八、九歲的孩子說明這種情形;而同時,這筆財產底持有人(並非由於其過錯)正好在此時完全喪失了其優渥的處境,而環顧其悲慘的家庭中為匱乏所苦的妻小;只要他侵占這筆信託物,就會立即擺脫這個困境。同時,他是博愛而慈善的;而那些繼承人卻是為富不仁且又極度奢侈浪費,以致他們這筆額外的財富若是被丟入海中,也不會更糟。如今我們問道:在這種情況下,我們是否能認為,將這筆財產據為己用是容許之事。毫無疑問,被詢問的人會回答道:不可;而且撇開千萬理由,他只能說:**這是不公道的**,也就是說,這與義務相牴牾。這是最清楚不過的事了;但這的確不是說:由於他交還這筆財產,他會促進他自己的**幸福**。因為如果他指望由他對於幸福的希冀來決定其決心,他可能譬如會這麼想:「如果你將他人存放在你那裡的財產主動歸還給真正的所有人,他們可能會為你的誠實而酬謝你;或者如其不然,你也會贏得一個廣為人知的好名聲,這可能會對你十分有利。但這一切都是極不確定的。在另一方面,當然也會有若干顧慮:如果你為了一舉擺脫你的窘境,而想侵吞這項信託物,則當你迅速地運用它時,你就會引起別人對你的懷疑,你是如何且用什麼辦法這麼快就改善了你的處境;但如果你想慢慢地利用它,困境就會在這期間加劇到根本無法再補救的地步。」因此,意志根據幸福底格律,搖擺於其各種動機之間,不知它應當做何決定;因為他考慮到功效,而功效是極不確定的;要從成堆的正反理由中掙脫出來,而又不在總結算時自欺,就需要有一副好頭腦。反之,如果他自問:在這種情況下的義務是什麼,則他對於他必須給自己的

287

答案，決不會不知所措，而是當場就確知他應該做什麼。的確，如果「義務」底概念對他多少還起作用的話，即使他僅是著手估算他由違犯義務所能得到的利益，他甚至會感到一種厭惡，彷彿他在此還作了這項選擇似的。

因此，加爾維先生說：**當事涉行動時**，這些區分（如上文所示，這些區分並非如他所想的那樣精微，而是以最粗俗且最易懂的文字寫在人底心靈中）**就完全消失了**，這甚至與他自己的經驗相牴牾；更確切地說，並非與出自一項或另一項原則的格律底**歷史**所闡述之經驗相牴牾，因為這種經驗不幸證明了這些格律多半來自後一項原則（自私底原則）；而是與只能見於內心的經驗相牴牾，這種經驗即是：提升人類心靈並鼓舞其熱情的理念莫過於一種純粹的道德存心之理念——這種存心將義務推崇到超乎一切，並與生命中的無數災咎、甚且其最惑人的引誘鬥爭，而仍然戰勝它們（我們有理由假定：人做得到這點）。人意識到：由於他應當這麼做，他就能夠做到；這在其內心開啟了神性稟賦底一個縱深，這個縱深使他對其真正分命之偉大與崇高彷彿感覺到一種神聖的顫怖。如果我們經常提醒人，並且使 288 他習慣於將德行從其由於遵循義務而能獲取的利益之全部財富中完全脫卸出來，並且就其完全的純粹性來設想它，又如果在私人教學與公共教學中，我們以「經常運用這個辦法」為原則（這是一種使人牢記義務的方法，幾乎總是為人所忽略），則人底道德一定會迅速改善。迄今為止，歷史底經驗尚未能證明德行論之良好成效，這或許正要歸咎於以下的錯誤預設：源於義務底理念本身的動機，對於一般人底理解而言，是太過精微了；反

之，源於因遵循法則(但不把它當做動機而加以留意)而能在此世、甚至也在一個來世期待的某些利益之較為粗俗的動機，卻會更有力地影響心靈；再者，迄今為止，我們都使對幸福的追求優先於理性當成最高條件的東西，即「配得幸福」，而以此為教育與授課底原理。因為關於「我們如何能使自己幸福，至少防止對自己的不利」的**準則**(Vorschriften) 並非**命令**(Gebote)。它們絕對約束不了任何人；而且在一個人受到警告之後，如果他願意忍受其遭遇，他可以選擇他認為恰當的事。在這種情況下，由於他忽視他所受到的勸告而可能招致的災禍，他就無理由視為懲罰：因為懲罰僅關乎自由的、但違反法則的意志；但是，自然與愛好卻無法為自由制定法則。對於義務底理念而言，情況就完全不同了：對義務的違犯——即使不考慮由此而對他產生的不利——直接影響心靈，並且使人在他自己的心目中成為卑鄙而應受懲罰的。

在此就清楚地證明了：凡是在道德中對於理論是正確的東西，對於實踐也必然有效。因此，以一個人底資格，作為一個由於其自身的理性而受到某些義務底約束的存有者，每個人都是一個**職務人**；再者，既然作為人，他決不會因成長而至於不需要智慧底學校，則他決不能自以為從經驗得到了有關「人是什麼」及「我們能要求他什麼」的更佳指導，而以傲慢的輕視將理論底擁護者趕回學院裡去。因為所有的這些經驗均無法使 289 他可以迴避理論底準則，而是至多只能在我們已將理論納入我們的原理中時，使他學會如何能更妥善而普遍地來應用理論；但是這裡所談的，卻不是這種實用的技巧，而只是上述的原理。

II.論在國家法中理論對於實踐的關係

（反駁**霍布斯**[14]）

在眾人藉以組成一個社會的所有契約（社會契約〔pactum sociale〕）當中，要在他們之中建立一部**公民憲法**的契約（公民聯合契約〔pactum unionis civilis〕）是極其獨特的，以致儘管在**執行**方面，它與其他的每項契約（它同樣是針對隨便任何一種必須共同促成的目的）之間都有許多共同之處，但是在其成立底（公民憲法底〔constitutionis civilis〕）原則上，它與其他所有的契約卻有本質上的區別。在所有的社會契約當中，都可見到許多人為了任何一項（共同的）目的（它是全體所**擁有**的）而結合起來；但是若他們的結合本身就是目的（它是每一個人都**應該擁有**的），因而是在彼此無法不相互影響的人之每一種 一般而言的外在關係中無條件的且首要的義務，則這樣一種結合只能見諸一個處於公民狀態，亦即形成一個共同體[15]的社會之中。而在這樣的外在關係中本身就是義務，甚且是其餘一切外在義務底最高形式條件（必要條件〔conditio sine qua non〕）的目的，是人**在**

---

14 【譯注】霍布斯（Thomas Hobbes, 1588-1677）是英國政治思想家。康德在本文對他的批評主要是針對他在《公民論》（*De cive*, 1642）與《利維坦》（*Leviathan*, 1651）中所提出的社會契約論。

15 【譯注】在康德底用法裡，「共同體」（gemeines Wesen）與「國家」（Staat）二詞可以互換。

公開的強制性法則之下的**權利**，這些法則能為每個人決定其應得之分，並且保障它免於受到其他任何人之侵犯。

但是，一般而言的外在法權底概念完全出自人在相互的外在關係中之**自由**底概念，而且與所有人自然懷有的目的（對於幸福的希冀）及達到幸福的手段之準則完全無關；也因此，這種目的絕對不可混入上述的法則[16]之中，作為其決定根據。**法權**（Recht）是將每個人底自由局限於它與所有人底自由相協調之條件下——就這種協調根據一項普遍的法則是可能的而言；而**公法**（das öffentliche Recht）則是使這樣一種普遍的協調成為可能之**外在法則**底總合。如今，既然凡是他人底意念對於自由的限制，均稱為**強制**，則可知公民憲法是**自由**人底一種關係，但這些自由人（儘管在他們與別人結合成的整體中，他們是自由的）卻受拘於強制性法則。因為理性本身意願如此，更確切地說，是不考慮任何經驗目的（這類的目的全都可以包括於「幸福」底共名之下）之先天立法的純粹理性意願如此。對於經驗的目的，以及每個人想要將它置於何處，人有完全不同的想法，以致他們的意志無法被歸於一項共同的原則之下，因此也無法被歸於一項與所有人底自由相協調的外在法則之下。

因此，公民狀態僅當做法律狀態來看，係建立於以下的先天原則之上：

1. 社會中作為**人**的每個成員之**自由**；

---

16 【譯注】這是指上文所謂「公開的強制性法則」。

2. 社會中作為**臣民**的每個成員與其他成員間的**平等**；

3. 一個共同體中作為**公民**的每個成員之**獨立**。

這些原則並不就是已建立的國家所制定的法律，而是唯有依據它們，一個國家才有可能按照一般而言的外在人權底純粹理性原則而建立起來。因此：

1. 作為人的**自由**：對於一個共同體底憲法而言，我以下列的程式來表達這種自由底原則：無人能強迫我按照他的方式（他設想其他人底福祉的方式）去獲取幸福，而是每個人都可以依循他自己認為恰當的途徑去尋求其幸福——只要他不損害他人追求一項類似目的的自由（亦即他人底這項權利），而這種自由能按照一項可能的普遍法則而與每個人底自由並存。若一個政府建立在對於人民的仁愛（就像一個**父親**對於其子女那樣）底原則上，就是**父權的政府**（väterliche Regierung; imperium paternale）。因此，臣民在這裡有如無法分辨什麼對自己真正有利或有害的未成年子女，不得不僅採取被動的態度，以便對於他們**應當**如 291
何才會幸福，僅期待於國家元首底判斷，而對於國家元首之亦有此意願，則僅期待於其善意。這種政府是可設想的最大的獨裁主義（這種憲法取消臣民底一切自由，臣民因之完全不擁有任何權利）。唯一能為能夠擁有權利的人、且亦針對統治者底仁愛而設想的政府，並非一個**父權的**政府，而是一個**祖國的**（vaterländische）政府（imperium non paternala, sed patrioticum）。因為如果國家中的每個人（其元首亦不例外）都將共同體視為母親底懷抱，或是將國土視為父親底土地——他自己生於斯，長於斯，

並且還得將它當做珍貴的信物傳下去——，只是為了藉共同意志底法律來保衛共同體底權利，而非自以為有權使共同體供其無條件的願望所運用，這種思考方式便是**愛國主義的**。這種自由底權利應屬於作為人的共同體成員——就這個成員是一個畢竟能夠擁有權利的存有者而言。

2. 作為臣民的**平等**：其程式可以如下所述：共同體底每個成員對其他每個人都擁有強制權，只有共同體底元首是例外（因為他並不是共同體底一個成員，而是其開創者或維持者），唯獨他有權去強制，而本身不居於一項強制性法則之下。但是在一個國家裡，凡是居於法律**之下**者，均是臣民，因而就像共同體中的其他所有成員一樣，受制於強制性法律；唯一例外的（自然人格或道德人格）是國家元首，一切法律上的強制唯有通過他才能執行。因為如果他也會受到強制的話，他就不是國家元首了，而隸屬關係底系列就會無限地向上延伸。但如果他們有兩個（不受強制的人格），就沒有任何一者會受拘於強制性法則，而且一者也不會對另一者做出不公之事，而這不可能的。

但是，在一個國家裡作為其臣民的人底這種一體平等，卻與他們在財產底數量與等級方面的最大不平等——不論是在身體或精神上對於他人的優越性方面，還是在身外的財物方面，以及在對於他人之一般而言的權利（這種權利可能有許多種）方 292面——配合得很好。於是，一個人底福利就非常仰賴於另一個人底意志（窮人底福利仰賴於富人），以致一個人必須服從（像是子女服從父母，或妻子服從丈夫），另一個人則命令他，一個人服務（作為臨時雇工），另一個人則付酬等等。但是就法權而言

（作為普遍意志之表示，法權只能有一種，並且它涉及權利底形式，而不涉及我對它擁有一項權利的質料或對象），他們作為臣民，卻都是彼此平等的。因為除非藉由公法（及其執行者，即國家元首），否則沒有任何一個人能強制某人，但是其他的每個人也同樣藉由公法來抗拒他。但是除非由於他自己的罪行，否則沒有人能喪失這種強制的權限（亦即對他人擁有一項權利的權限），並且也無法自行放棄這項權利，也就是說，藉由一項契約，因而藉由一項法律行動，使得自己不具有權利，而僅具有義務。因為這樣一來，他就會剝奪自己訂立一項契約的權利，因而這項契約就會取消自己。

如今，從「共同體中作為臣民的人底平等」這個理念也得出以下的程式：共同體中的每個成員都得能夠達到他憑其才幹、辛勤與幸運而能在其中達到的每一層級底地位（這個層級是一個臣民所能擁有的）；而其同為臣民的同胞不可憑藉一種**世襲的特權**（對於某一地位的特殊優待）來妨礙他，而將他及其後代永遠壓制在這種特權之下。

因為既然一切法權均僅在於將其他每個人底自由局限在「其自由與我的自由能按照一項普遍的法則而並存」這項條件之下，而且公法（在一個共同體中）僅是一種合乎這項原則且與權力相結合的現實立法之狀態，而由於這種立法，同屬一個民族的所有臣民處於一種一般而言的法律狀態（status iuridicus）中，即是依普遍的自由法則相互限制的意念在作用和反作用上的平等（這稱為公民狀態）。既然如此，則就每個人強制其他的每個人，使之始終停留於「其自由底運用與我的自由相協調」

的界限以內之權限而言，每個人在這種狀態中之**天生的權利**(亦 293
即在其一切法律行動之先)是一體**平等的**。如今，既然出生並非
出生者底一個**行動**(Tat)，因而這不會為此人招來法律狀態之不
平等與對強制性法律之屈從，唯獨他作為唯一最高的立法權力
之臣民而與其他所有人共有的那種屈從除外，則共同體中同為
臣民的一個成員對於另一個成員就無法擁有天生的優先權，而
且沒有人能將他在共同體中所占有的**地位**之優先權傳給其子
孫，因而彷彿是出生使他有資格占有統治者底地位，也不能強
行阻止其子孫憑自己的功績去達到隸屬關係(是上級〔superior〕
與下級〔inferior〕之隸屬關係，而非其中一者為統治者
〔imperans〕，另一者為臣屬〔subiectus〕)中的更高層級。凡
是其他屬於「物」(不涉及人格性)，並且作為財產而能被取得、
也能被他轉讓的東西，他都可以傳下去，且因此經過數代子孫
之後，他可以在一個共同體底成員當中造成一種財富狀況上的
顯著不平等(傭兵與雇主、地主與農奴等之不平等)；但是他不
可妨礙這些成員躋升到同樣狀況之權限(如果其才幹、辛勤與幸
運使他們有此可能的話)。因為如其不然，他就可以強制，而又
能不受他人底反制，並且逾越了一個臣民同胞底層級。生活在
一個共同體底一種法律狀態中的人，除非由於其自己的罪行，
否則也決無法藉由契約或是藉由戰爭底強占(occupatio bellica)
而喪失這種平等。因為他無法藉由任何法律行動(無論是他自己
的，還是另一個人的)而停止作他自己的主人，並且加入家畜之
列，而我們任意使用家畜來從事各種勞役，並且只要我們願意，
甚至不經其同意，便讓它一直保持在這種狀態中——即使有不

得殘害或殺戮它的限制（這種限制有時甚至可能得到宗教之認
可，像是在印度人那裡）。只要此人意識到：他之所以未躋升於
與他人同等的層級，只是緣於他自己（其能力或真誠的意志），
或是緣於他無法歸咎於其他任何人的情勢，而非緣於他人之無
法抗拒的意志，而他人與他同為共同體中的臣民，在法權方面並
無優於他之處，則我們能假定他在任何狀態中都是幸福的[17]。　294

　　3. 共同體中作為**公民**——亦即，作為共同立法者——的一

---

17 如果我們想要將一個特定的（與「善良的」、「慈善的」、「保護的」之類　294
仍然有區別的）概念與「慈惠的」（gnädig）一詞聯繫起來，則它只能加諸
不受到強制性法律約束的人。因此，只有**國家行政機構**底元首——他產
生並分配一切依公法而可能的善的事物（因為制定公法的**主權體**彷彿是
無形的；它是人格化的法律本身，而非代理人）——才能被冠以「**慈惠的**
主人」之頭銜，而作為唯一不受到強制性法律約束的人。所以，甚至在
一個貴族政體中，例如在威尼斯，**元老院**（Senat）才是唯一的慈惠的主
人；而構成元老院的貴族（Nobili），連**大公**（Doge）也不例外（因為只有**大**
參議會才是主權體），都是臣民，而且就權利底行使而言，他們與其他所
有人都是平等的，亦即，臣民對於其中的每個貴族都擁有一項強制權。
而今，王儲（亦即對政府擁有一項繼承權的人）固然由於對他們將來繼位
的指望，並且基於他們繼位的資格，也（按照宮廷禮儀〔par courtoisie〕）
被稱為慈惠的主人；但是以他們的財產狀況而論，他們卻同為臣民，連
他們最卑微的僕人藉由國家元首，也必然對他們擁有一項強制權。因此，
在一個國家中只能有唯一的一位慈惠的主人。而至於慈惠的（究實而言，
高貴的）夫人，則我們可以如此看待她們：她們的地位連同其**性別**（因此
僅是針對**男**性而言）使她們有權得到這項頭銜；而且這是緣於道德之精緻
化（所謂的「殷勤」）——男性相信：較諸他承認優美的性別有優於自己
之處，這樣的方式更加令他感到自豪。
　　【譯者按】康德常將女性稱為「優美的性別」（das schöne Geschlecht），
將男性稱為「崇高的性別」（das erhabene Geschlecht）。

個成員之**獨立**(sibisufficientia)：在立法本身底問題上，所有在現有的公法之下自由而平等的人，就**制定**這些法律的權利而言，卻無法都被視為平等的。那些無法擁有這項權利的人，作為共同體底成員，仍然得服從這些法律，而且，因此根據這些法律而受到保護——但並非作為**公民**，而是作為**受保護的夥伴**(Schutzgenossen)。因為一切權利均取決於法律。但是，一項公法——它為所有人決定他們在法律上，可容許或不可容許去做的事——是一種公共意志底活動，而一切權利均由這種意志開始，且因此這種意志本身必然無法對任何人不公。但是除了全體人民底意志（既然所有人為所有人作決定，因而每個人為自己作決定）之外，沒有任何其他的意志有可能做到這點，因為只有對於自己，一個人才無法有所不公。但如果這涉及另一個人，則單是一個與他不同的人底意志無法為他決定任何不可能不公的事；因此，這另一個人底法律還需要有另一種法律來限制他的立法，故無任何特殊的意志能為一個共同體立法。（其實，「外在自由」、「平等」與「**全體**底意志之**統一**」底概念共同構成「共同體」這個概念；如果前兩者合併起來，則既然最後一者需要投票，其條件便是獨立。）我們將這個只能由人民底普遍的（聯合的）意志所產生的基本法稱為**原始契約**。

　　如今，在這種立法中擁有投票權的人，稱為一個**公民**(citoyen，亦即**國民**〔Staatsbürger〕，而非市民〔Stadtbürger〕，即bourgeois)。除了**自然的**資格（即他不是孩童，不是婦女）之外，公民所需要的資格只有一項：他是**他自己的**（自身權利底〔sui iuris〕）**主人**，因而擁有某種**財產**（甚至任何技藝、手藝、美術

或科學都能算在內）來維持生計。這就是說，在他必須從他人那
裡賺取生活之資的情形下，他僅藉由**轉讓其所有物**[18]來賺取，
而非藉由他同意他人運用他的力量來賺取；因此，除了為共同
體服務之外，他不為任何人**服務**（依此詞底本義而言）。而在這
一點上，藝匠與大的（或小的）地主均彼此平等，亦即，每個人　296
均僅有權投一票。因為論及地主，姑且不考慮以下的問題：某
人所占有的土地多過他自己憑雙手所能利用的土地，這如何可
能依法權發生呢（因為藉戰爭之掠奪而取得並非原初的取得）？
再者，許多原本都能取得一份固定資產的人，為了要能生活下
去，而淪於僅為地主服務的地步，這如何發生呢？如果有一種
法律賦與地主一種地位上的優先權，使他們的子孫或者永遠都
會是（封地底）大地主，而這些封地不得出售或藉繼承而分割，
且因此不得為更多人民所利用，或者即使加以分割，但除了屬
於某個為此而任意設定的人類族群之外，無人能取得其中的任

---

18 製造一件作品（opus）的人，能藉由**轉讓**將把它移交給另一個人，彷彿它　295
　是自己的財產。但是勞力之付出（praestatio operae）卻非轉讓。家僕、店
　員、臨時雇工、甚至理髮匠均僅是勞動者（operarii），而非藝匠
　（artifices）（就此詞底廣義而言），而且不是國家成員，因而也沒有資格成
　為公民。儘管將我交付的柴火加以清理的人與將我交付的布料縫製成一
　件衣服的裁縫，這兩個人與我的關係似乎十分類似，但是前者卻不同於
　後者，正如理髮匠不同於假髮製造者（我也可能為此將頭髮交付給他），
　因而正如臨時雇工不同於藝術家或工匠──藝術家或工匠製造一件作
　品，而只要他尚未得到酬勞，這件作品便屬於他。因此，作為行業從事
　者的後一種人與他人交換自己的財產（作品〔opus〕），而前一種人則同
　意另一個人來使用他的力量（勞力〔operam〕），以為交換。我承認，要
　為擁有「一個作為自己主人的人」底地位之資格定出要求，是有些困難。

何東西，這就牴觸了上述的平等原理。因為大地主消滅了許多原本能占有其位置的較小的地主，連同其選票；所以，他不以他們的名義投票，且因而只有一票。因此，既然要使共同體中的每個成員分別取得其中的一部分，而全體取得全部，必須僅取決於每個成員底能力、辛勤與幸運，但是這種區別在普遍的立法中無法加以考慮，則對立法有資格投票者底數目就必須按照擁有財產者底人數，而非按照財產底多寡來判定。

但是，**所有擁**有這種投票權的人也必須同意這種公共正義底法律；因為如其不然，在那些不同意它的人與前一種人[19]之間就會有一場法律爭執，而這場爭執本身還需要有一項更高的法權原則，才能加以裁決。如果我們無法期待全體人民都是前一種人，因而在我們的預期中唯一可以達到的，只是選票之多數，更確切地說，並非(在眾多人民中)直接投票者之多數，而只是受委託去投票的人民代表之多數，則甚至「讓這種多數得到滿足」的原理——我們假定它得到了普遍的同意，且因而基於一項契約——也必須是建立一部公民憲法的最高依據。

結論

297

這便是一種**原始契約**，而唯有在這個基礎上，一部公民的、因而完全合乎法權的憲法才能在人與人之間成立，而且一個共同體才能建立起來。然而，這種契約(名為原始契約〔contractus

---

19 【譯注】這是指同意這種公共正義底法律的人。

originarius〕或社會契約〔pactum sociale〕）作為一個民族中所有特殊而私己的意志之聯合為一個共同而公共的意志（為了一種純然合乎法權的立法之故），決不需要被預設為一項**事實**（甚至根本不可能成為一項事實），彷彿我們首先得從歷史上去證明：一個民族（我們作為其子孫，繼承了其權利與責任）曾經實際上完成了這樣一個行動，並且必然曾以口頭或書面留給我們關於此事的一份可靠的報導或是一份文件，以使我們認為自己受到一部既存的公民憲法之約束。它反倒是理性底一個**純然的理念**，但是它卻具有無可置疑的（實踐的）實在性，亦即，約束每個立法者，使他制定的法律彷彿**能夠**從整個民族底聯合意志中產生出來，並且將每個臣民（只要他願意成為公民）都視同彷彿也同意了這樣的一種意志。因為這是一切公法底合法性之試金石。因為如果公法之性質使整個民族**不可能會**贊同它（例如說，某一階級底**臣民**應當憑世襲而優先擁有**統治者底地位**），它就不是公正的；但**只要**一個民族**有可能**同意它，他們便有義務將法律視為公正的——即使假定這個民族底思想態度目前處於某種狀況或氣氛中，以致當他們被詢及此事時，他們或許會拒絕同意[20]。

---

20 例如，當一種對所有臣民按比例攤派的戰爭稅被公布時，他們不能因為這種稅是強制的，就說：由於比方說，這場戰爭在他們看來是不必要的，故這種稅是不公正的。因為他們無權作此判斷；反倒是由於戰爭之不可避免與這種稅之不可或缺始終是**可能的**，則在臣民底判斷中，這種稅必須被視為合法的。但如果在這樣的一場戰爭中，某些地主被課以捐輸之負擔，但是同一地位底其他地主卻得以豁免，則我們不難看出：全體人   297

298

　　但是這項限制顯然只是針對立法者底判斷，而非針對臣民底判斷。因此，假如一個民族判斷在某種現行的立法之中極有可能會喪失其幸福，他們該怎麼辦呢？他們不該反抗嗎？答案　298只能是：除了服從之外，他們什麼都不能做。因為這裡所談的，並非臣民從共同體之建立或治理可以期待的幸福，而首先只是「每個人應當由此而得到保障」的權利：這是最高的原則，凡是涉及一個共同體的格律都得由此出發，而且這項原則不受任何其他原則之限制。對於前者（幸福），我們根本無法提出任何普遍有效的立法原理。因為不但時勢，而且有人寄託其幸福於其中的那種極度相互牴牾而又始終變動不居的妄想（但是，沒有人能為他規定，他應該寄託其幸福於何處），都使一切穩固的原理成為不可能，並且使幸福不適合單獨作為立法底原則。「公共福祉是國家底最高法律」（Salus publica suprema civitatis lex est.）這個命題底價值與威信依然無損；但是**首先**要考慮的公共福祉正是藉法律來保障每個人底自由的那種法律上的憲章：在此情況下，只要他不損害上述普遍的合法的自由，因而不損害其他臣民同胞底權利，他就可以任意以一切他認為最佳的方式去尋求其幸福。

　　如果最高權力所制定的法律首先著眼於幸福（公民底富裕、人口等等），則這種做法並非建立一部公民憲法的目的，而僅是**保障法律狀態**的手段，特別是針對人民底外敵。在這方面，

（續）────────────────

　　　民不會同意這樣一種法律，並且由於對捐稅的這種不平等攤派無法被視為公正的，他們有權至少對這種法律提出異議。

國家元首必然有權自行判斷：這類的事情是否屬於為求在內部
且針對外敵以確保共同體底勢力與穩固而必要有的繁榮？但
是，這並非彷彿要違逆人民底意志而使他們幸福，而只是要使　　299
他們作為共同體而存在[21]。而在判斷「採取上述的措施是否**明
智**」時，立法者固然會犯錯，但是若他自問：這種法律是否也
符合於法權原則，則在這項判斷上他卻不會犯錯。因為在此他
掌握有「原始契約」底理念，作為可靠無誤的準繩，而且是先
天地掌握(而且不可像在涉及幸福原則時那樣，期望於經驗，而
經驗必須先就其手段之合宜性來教導他)。因為只要整個民族之
同意這樣一種法律並不自相矛盾，則不論他們感到多麼艱苦，
這種法律還是合乎法權的。但如果一種公法是合乎法權的，因
而在法權方面是無可疵議的(irreprehensibel)，則它也與強制底
權限，並且在另一方面，與「切不可以暴力來反抗立法者底意
志」之禁令聯繫起來。這就是說，在國家中使法律生效的權力
也是不可抗拒的(irresistibel)，而且若無這樣一種強制力來鎮壓
一切內部的反抗，就不會有任何依法權成立的共同體存在。因
為這種抵抗會依一項格律來進行，而這項格律若成為普遍的，
就會摧毀一切公民憲法，並且消滅唯一能讓人一般地擁有法權
的狀態。

　　由此可知：對於最高立法權力的一切反抗、使臣民之不滿

---

21 這包括某些對於進口的禁令，以便為臣民之福利、而非為外國人之利　　299
　　益，且為鼓勵他人底勤奮而促進謀生手段；因為若無人民底富裕，國家
　　就不會擁有足夠的力量，來抵抗外敵，或是作為共同體而維持下去。

釀成暴力的一切煽動、爆發為叛亂的一切起義，都是共同體中
最大的且最應受懲罰的罪行，因為它摧毀共同體底基礎。再者，
這項禁令是**無條件的**，故即使這項權力或者其代理人（即國家元
首），因授權政府極度殘暴地（像暴君一樣地）行事，而甚至違反
了原始契約，並且依臣民底看法，使自己因此喪失了作為立法
者的權利，臣民仍然不得以暴制暴，加以反抗。其理由在於：
在這樣一部既存的公民憲法之下，人民不再有權經常提出判斷，   300
以決定這種憲政應該如何去治理。因為假定人民有權提出這樣
一種判斷，並且還違逆當前國家元首底判斷，那麼該由誰來決
定權利歸於何方呢？雙方均無法在他自己的案件中充當法官來
作裁決。因此，在元首之上還必須有一位元首，在他與人民之
間作裁決，而這是自相矛盾的。在此也決無法動用一種緊急避
難權（Notrecht; ius in casu necessitatis）——作為在最高度的（自
然的）急難中行**不公之事**的一項所謂的**權利**，這本來就一個子虛
烏有之物[22]——，並且為打開限制人民底專橫的橫欄提供鑰

---

22 除非是在義務相互衝突——亦即，**無條件的**與（雖則或許是重要的，但   300
　　仍然是）**有條件的義務**相互衝突——的情況下，否則並無緊急情況（casus
　　necessitatis）；例如，當一個人要藉由出賣另一個與他有諸如父子關係的
　　人，來防止國家之不幸時。防止國家底災禍是無條件的義務，而防止這
　　另一個人底不幸卻只是有條件的義務（只要他並未犯有叛國之罪）。當這
　　個人向當局告發另一個人底舉動時，他或許極其不情願去做，而是迫於
　　必要性（即道德的必要性）。但是當一個人為了保全他自己的生命而搶走
　　另一個遭遇船難者底木板時，我們說他由於其必要性（自然的必要性）而
　　有權這樣做，這完全錯誤的。因為保全我的生命僅是有條件的義務（如果
　　能不犯罪而做到的話）；但是對於另一個並未冒犯我、甚至從未**陷**我於喪
　　失生命之危險的人，不剝奪其生命卻是無條件的義務。但一般民法底教

匙。因為正如臣民認為，對其無端苦難的怨尤使他們有理由反叛元首，國家元首同樣也能認為，臣民之桀傲不馴使他有理由嚴厲地對付他們；而在此該由誰來作裁決呢？唯獨擁有公法底最高執行權的人——而這正是國家元首——才能作裁決；且因此，共同體中無人擁有一項權利，可否定他擁有這項執行權。

　　但我還是發現有些值得尊敬的人士主張臣民在某些情況下有權對其上司以暴制暴；在這些人士當中，我在此只想舉出那位在其自然法學說中極其謹慎、明確且謙遜的**阿亨瓦爾**[23]。他說：「當由於長期忍受元首底不公而致威脅共同體之危險甚於因拿起武器反抗他而能使人擔憂之危險時，人民就可以反抗他，基於這項權利而廢除他們的服從契約，並且將他當做暴君而加以罷黜。」他又推斷說：「以這種方式，人民（對於其原先的統治者）便回到自然狀態之中。」

　　我願意相信：無論是**阿亨瓦爾**，還是任何一位曾與他一致地對此作過理性思考的正直人士，在任何一種情況發生時，都不會建議或贊同如此危險的舉動。我們幾乎也不用懷疑：如果

301

（續）

　　師還是非常一貫地處理他們所承認的這種緊急救助底合法權限。因為當局無法將任何**懲罰**與這項禁令聯繫起來，因為這種懲罰必然是死刑。但是，當某人在危險的情勢中不願讓自己死亡時，以死刑來威脅他，是一種荒謬的法律。

23 《自然法》，第5版，下卷，第203-206節。

　　【譯者按】阿亨瓦爾（Gottfried Achenwall, 1719-1772）是德國哥廷根大學教授。康德於1767-1788年間講授「自然法」課程時，曾使用其《自然法教本》（*Ius Naturae in usum auditorum*, Göttingen 1755/ 1756）一書作為教本。

使瑞士、尼德蘭聯省共和國、甚或大不列顛贏得它們現今令人稱羨的憲法之那些起義[24]失敗了，則這些國家底歷史之讀者就只會將其現今極受推崇的開創者之受到處決視為重大叛國者應受到的懲罰。因為結局經常會介入我們對於法理的判斷——儘管前者是不確定的，而後者卻是確定的。但清楚的是，就法理而論——即使我們承認：這樣一種起義並未對君主（他破壞了諸如「歡樂進軍」[25]那樣一種與人民簽訂的實際的基礎性契約）有所不公——，人民以這種方式追求其權利時，卻在最大程度上做了不公之事。因為這種方式（被採納為格律的話）會使一切合乎法權的憲法成為不確定的，並且導致一種法律蕩然的狀態（自然狀態〔status naturalis〕），而在這種狀態中，一切法權至少不再有效。面對這麼多心懷善意的作家支持人民（去毀滅自己）之這種傾向，我只想說明：其原因部分在於一種常見的混淆，即他們在談及法權原則時，以幸福原則來支持他們的判斷；部分

---

24 【譯注】1291年瑞士聯邦初步成立，經過與哈布斯堡王朝的長期抗爭，而於1499年的許瓦本戰役後獲得獨立。尼德蘭自1556年起成為西班牙屬國。由於西班牙國王腓力二世之橫徵暴斂，尼德蘭各階層人民紛起反抗。至1609年，西班牙於一連串的軍事失利後，承認由尼德蘭北方七省組成的聯省共和國之獨立地位。英國於1688年爆發「光榮革命」，議會罷黜國王詹姆士二世，推舉其女瑪麗與荷蘭的奧倫治親王威廉共主英國，並通過限制國王權力的「權利法案」，奠定了英國憲政之基礎。

25 【譯注】「歡樂進軍」（joyeuse entrée）是指布拉邦（Brabant）公爵約翰三世於1356年率軍進入首都布魯塞爾之前宣誓遵守的約法；憲章規定公爵必須維持國土之完整，且未經徵詢市議會，不得宣戰、締約及徵稅。布拉邦位於今日的荷蘭南部及比利時東部、北部地區。這份約法後來成為類似約法之範本。

還在於：當他們無法找到任何有關一項實際上向共同體提出、
為其元首所接受、且由雙方批准的契約之文件時，他們卻將一
項始終是在理性中植根的原始契約之理念假定為某種**實際上**必
然發生過的事物，且因此總想要為人民保有一項權限，即在人
民判定這項契約受到嚴重侵犯時，可以任意撤銷它[26]。　302

　　在此我們明顯地見到：幸福原則（其實，幸福根本無法有任
何確定的原則）在國家法中也造成的惡果，正如它在道德中所造
成的一樣——即使幸福原則底導師有最良好的意圖。主權體想
要按照自己的想法使人民幸福，而成為獨裁者；人民不想放棄
人類對於自身幸福的普遍要求，而成為反叛者。如果我們一開
頭就問道：什麼是合乎法權的（在這個問題上，原則是先天確定
的，而且任何經驗論者均無法隨便插手其事），則社會契約底理
念就會始終保有其無可置疑的威望，但並非作為事實（如**丹東**所
想要主張的那樣，除非有這項事實，否則他就宣稱在實際存在
的公民憲法中出現的一切法權及一切所有制均屬無效[27]），而是

---

26 即使人民與統治者間的實際契約受到侵犯，人民此時也無法立即**以共同**　302
　體之身分、而是只能藉由結黨來加以反制。因為過去存在的憲法已為人
　民所撕毀，而一個新的共同體尚有待首先組織起來。在此便出現**無政府**
　狀態，以及至少有可能因此而產生的一切暴行；這樣一來，在此所發生
　的不公是由人民當中的每個黨派加諸另一個黨派——這點也可以由下述
　的事例得知：該國造反的臣民最後彼此都想要以暴力強迫對方接受一部
　憲法，而這部憲法變得遠比他們所拋棄的憲法還要有壓迫性；也就是說，
　他們被教士與貴族剝奪殆盡，而無法在一個統治全民的元首之下期待在
　國家負擔底分攤上有更大的平等。

　　【譯者按】最後這幾句話顯然是影射法國大革命時期所發生的政治現象。
27 【譯注】「丹東」（Georges Jacques Danton, 1759-1794）是法國大革命底主

僅作為對所有一般而言的合乎公法的憲法加以評斷之理性原則。而且我們會了解：在公共意志存在之前，人民對其統治者根本未擁有任何強制權，因為唯有藉由統治者，人民才能依法權行使強制；但若有了公共意志，人民同樣無從對統治者施加強制，因為不然的話，人民本身就會成為最高的統治者；因此，人民對國家元首決無任何強制權（在言辭或行動上的反抗）。

我們也見到這套理論在實踐中得到了充分的證實。在大不列顛——那裡的人民吹捧他們的憲法，彷彿它是全世界之楷模——底憲法中，我們卻發現：對於君主違反1688年的約法[28]時人民應有的權限，它絕口不談；因此，當君主要違背憲法時，由於不存在與此有關的法律，人民就秘密地保留反叛他的權利。因為若憲法針對這種情況而包含一項法律，使人民有權去推翻所有特殊法律所從出的現行憲法（假定契約也遭到破壞），這便是一種顯然的矛盾。因為這樣一來，憲法也必須包含一種**公開建立**[29]的反對力量，因而還得有第二個國家元首，針對第

（續）———

要領袖之一。據學術院本《康德全集》此文底編者麥爾(Heinrich Maier)所言，這句話無法證實為丹東所說，而丹東本人也不太可能說這樣的話；因此麥爾推測：這很可能是出於康德底記憶混清。

28 【譯注】所謂的「1688年的約法」是指英國議會於「光榮革命」後通過的「權利法案」，法案規定此後的英國君王須為英國教會之教徒，君王不得任意改變法律效力，非經議會同意不得課稅或建立軍隊，議員底行動與言論自由受到保障，人民應受到陪審制度之公平審判等。

29 國家中沒有任何權利能藉由一項秘密的保留而彷彿狡猾地被隱瞞起來；至少人民聲稱屬於憲法的那種權利不得如此，因為憲法底一切法律都得被設想為出自一種公開的意志。因此，如果憲法允許起義，它就得公開宣告這種權利，以及如何去行使這種權利。

一個元首來保衛人民底權利，但接著還得有第三個元首，在前兩個元首之間來裁決法權歸於何方。連那些人民領袖(如果我們願意的話，可稱之為監護人)也擔心比方說在他們的行動失敗時，會遭到這樣的一種指控，故寧可**杜撰**說他們所逼退的君主自願遜位，而非自命有權廢黜他——若是這樣做的話，他們就會使憲法陷入顯然的自相矛盾之中。

　　而今，如果大家的確不會由於我這些主張而指摘我藉這種不可侵犯性來過分討好君主，則我也希望避免另一項指摘，即是：當我說人民同樣也有其無可喪失的權利，來反對國家元首(儘管這些權利不可能是強制權)時，我的主張過分偏袒人民。

　　霍布斯持相反的看法。依他的看法(《公民論》第7章第14節)，國家元首並不因契約而受到人民底任何約束，而且不可能對公民行不公之事(他可以任意驅使公民)。如果我們將「不公」(Unrecht)理解為一種損害，它允許受傷害者對於待他不公者有一種**強制權**，這個命題就完全正確；但若是將它普遍化，這個命題就可怕了。 304

　　不反抗的臣民必得能夠假定：其統治者並不**想要**待他們不公。因此，每個人的確都有其無可喪失的權利，而即使他願意，也決無法放棄這些權利，並且他自己有權對這些權利加以判斷；但是根據上述的預設，他自以為遭遇到的不公只是出於對最高權力底法律所產生的某些後果之誤判或無知：既然如此，國民就得擁有權限(而且得到統治者本人之許可)，對於統治者底措施當中在他看來似乎對共同體不公之處公開發表他的意見。因為假定元首永遠都不會犯錯，或是能無事不知，就是將

他設想為稟有得天獨厚的靈感，並且超乎人類之上。因此，**言論自由**是人民權利之唯一的守護神——保持在「尊重並熱愛我們生活於其中的憲政」之範圍內，而這要憑藉憲政本身在臣民當中連帶地引發之自由的思考方式（而且各種言論也自行相互限制，使它們不致喪失其自由）。因為若是連臣民底這種自由都想要否定，這就不僅等於（依霍布斯之說）剝奪他們對於最高統帥的一切權利要求，而是也使最高統帥（只因其意志代表人民底普遍意志，它才能對作為公民的臣民發號施令）失去有關某類事情——如果他知道這類事情，他就會自行修正——的全部知識，並且使他陷於自相矛盾。但是，引發元首去擔憂獨立而公然的思考可能會在國內引起不安，就等於是激發他對其自身力量的不信任，以及對其人民的仇恨。

一個民族若要**消極地**判斷其權利，也就是說，僅是判斷：在最高的立法當中，什麼可以被視為**並非**以立法之至善意志**加以規定**者，則他們必須依據的普遍原則包含於以下的命題中：**一個民族無法為自己作成決議的事，立法者也無法為他們作成決議。**

因此，如果問題是例如：將過去訂定的某種教會憲章規定為永遠持續不變的一種法律，是否能被視為出自立法者底真正 305
意志（其意圖），則我們首先自問：一個民族是否**可以**為自己定下法律，使外在宗教之某些曾被採用過的信條與形式永遠保持不變？因而，這個民族是否可以阻止其後代子孫在對宗教的理解上繼續進步，或者糾正過去可能存在的錯誤？在此顯而易見的是：人民底一項原始契約若是將這一點定為法律，它本身就

會失效。因為它與人底分命和目的相牴牾；因此，一部據此而制定的法律不能被視為君主底真正意志，故人民對君主可以提出反對意見。但凡是在最高立法依然對某事作如此規定之情況下，人民固然能對此提出普遍而公開的評斷，但決不能呼籲大眾對此進行口頭上或行動上的反抗。

在每個共同體之中，都得有一種依據強制性法律(這些法律涉及全體)而對於國家憲法底機制之**服從**，但同時還得有一種**自由底精神**，因為每個人在涉及人底普遍義務之事務上，都需要基於理性而相信這種強制是合法的，以免使自己陷於自相矛盾。有服從而無自由底精神，是造成一切**秘密結社**的原因。因為彼此相互溝通(特別是在關乎一般而言的人之事務上)，是人底一項天職。因此，如果這種自由得到支持，秘密結社就會消失。再者，政府除了讓在其起源與結果方面均極值得尊重的自由精神表現出來之外，還能用什麼別的辦法獲致有助於其本身的根本目標之知識呢？

※　　　※　　　※

忽略所有純粹理性原則的一種實踐在貶低理論時，從未比在關於一部優良的國家憲法所需要之條件的問題上更為狂妄。其原因在於：一部長期存在的法律憲章使人民逐漸習慣於一種規則，即按照迄今為止一切均平靜地進展的狀態來評斷其幸福及其權利，而非反過來，根據理性為幸福與權利二者所提供的概念來評估上述的狀態；亦即，還是寧可偏好上述的消極狀態，也不要在充滿危險的處境中追求一個更佳的狀態。(在這種情況

306

下，希波克拉特斯要醫生銘記於心的話是適用的：「判斷不可靠，實驗危險。」[30]）而今，既然一切存在得夠久的憲法，不論它們可能有什麼缺陷，也不管它們之間的一切差異，在這方面都會產生相同的結果，即是：人們滿足於其現存的憲法，則在考慮**人民底安樂**時，其實根本沒有任何理論適用，而是一切均以一種吻合於經驗的實踐為依據。

但如果在理性之中存在某種可以藉「**國家法**」（Staatsrecht）一詞來表達的東西，又如果這個概念對於各以其自由相互對抗的人具有約束力，因而具有客觀的（實踐的）實在性，而不再考慮由此可能對他們產生的福禍（關於這種福禍的知識僅以經驗為依據），則國家法便是以先天原則為基礎（因為經驗無法使人知道法權是什麼），並且還存在一種國家法底**理論**，任何與這種理論不一致的實踐都是無效的。

針對這點，如今唯一能提出的反對理由是：儘管人在腦中具有其應有的權利之理念，但由於其硬心腸，他們無緣且不配受到這樣的待遇，且因此一種僅依明哲底規則運作的最高權力可以且必須維持他們的秩序。但是這種不顧一切的跳躍（salto mortale）卻具有以下的性質，即是：一旦我們所談的不是權利，而僅是強制力時，人民也可以試用他們自己的強制力，且因此使一切法律憲章都成為不可靠。如果並無某個由於理性而使人

---

30 【譯注】希波克拉特斯（Hippokrates, 460?-377 B.C.）是古希臘醫學家與著作家。「判斷不可靠，實驗危險。」（iudicium anceps, experimentum periculosum）一語見其 *Aphorisms*, in: *Hippocratic Writings* (London: Penguin Books 1983), Sec. I, No. 1, p. 206。

不得不直接心生敬畏的東西（像是人權）存在，則對人底意念的
一切影響均無法抑制這種意念底自由；但如果在善意之旁，權
利也大聲說話，人性便顯示自己並未墮落到不會懷著敬意去傾
聽權利底聲音。（維吉爾：「當他們偶爾瞥見一個由於虔敬與功
績而受到尊敬的人時，他們沉默，並且站著傾聽。」[31]）

III. 論在國際法中理論對於實踐的關係——　　307　　從普遍仁愛的、亦即世界主義的觀點來考察[32]

（反駁摩瑟斯・孟德爾頌[33]）

　　人類全體值得愛嗎？抑或人類是一種我們必須懷著厭惡去
觀察的對象，而我們固然（為了不成為厭棄人類者）期望他們一
切都美好，卻必然從不指望他們如此，因而寧可將我們的目光
從他們身上移開？對這個問題的答覆有賴於我們將對另一個問

---

31 【譯注】語出羅馬詩人維吉爾（Virgil，本作 Publius Vergilius Maro）底
　　史詩《艾內伊斯》（*Aeneis*, I, 151- 152）："Tum, pietate gravem ac meritis si
　　forte virum quem Conspexere, silent arrectisque auribus adstant." 康德底引文
　　與原文略有出入。

32 一個普遍**仁愛的**預設如何指向一部**世界公民的**憲章，而這部憲章又如何　307
　　指向一種**國際法**之建立，而作為唯一能讓人類之令自己值得愛的稟賦得
　　到適當發展的狀態，這無法一眼看出來。本節底結論將說明這種關聯。

33 【譯注】孟德爾頌（Moses Mendelssohn, 1729-1786）是猶太裔的德國啟蒙
　　哲學家，其重要著作有《費東，亦名論靈魂之不朽》（*Phädon, oder Über
　　die Unsterblichkeit der Seele*, 1767）、《黎明，亦名關於上帝存在之演講錄》
　　（*Morgenstunden, oder Vorlesungen über das Dasein Gottes*, 1785）。

題所給予的答案：在人性之中是否有一些稟賦，使我們能據以
推斷，人類會不斷進至更佳的境地，而且當前與先前時代之「惡」
會消失於未來時代之「善」中？因為這樣的話，我們至少還能
由於這個種屬之不斷趨向於「善」而愛他們，否則我們必然憎
恨或輕視他們──不論以普遍的人類之愛為標榜的人（在此情
況下，這種愛充其量也只會是一種善意之愛，而非愜意之愛）
可能會提出什麼反對的說辭。因為凡是惡的、且始終是惡的東
西，尤其是在故意相互侵犯最神聖的人權時的「惡」，我們──
即使我們盡最大的努力，勉強自己去愛──的確無法避免去憎
恨它：並非偏要使人遭受不幸之事，而是要盡可能地少與他們
打交道。

摩瑟斯・孟德爾頌持後一種看法（見《**耶路撒冷**》[34]，第2
節，頁44-47），以此來反對其友**雷辛**關於人類底神性教育之假
說[35]。對他而言，以下的說法是幻想：「在塵世間的全體人類
會在時代底序列中不斷向前推進，並使自己完善。」他說：「我
們見到，人類全體小幅地擺動；他們只要前進幾步，接著一定
立即以加倍的速度滑回到其先前的狀態。」（這正是西西佛斯底

---

34 【譯注】此書之全名為《耶路撒冷，亦名論宗教力量與猶太教》（*Jerusalem,
  oder Über religiöse Macht und Judentum*, Berlin 1783），收入 *Moses Men-
  delssohn: Gesammelte Schriften* (Stuttgart-Bad Cannstatt: Frommann-Holz-
  boog 1983), Bd. 8。

35 【譯注】雷辛（Gotthold Ephraim Lessing, 1729-1781）是德國劇作家與評論
  家。此處所提到的假說見於其〈人類教育〉（"Die Erziehung des Men-
  schengeschlechts", 1780）一文。

石頭[36]；而且我們像印度人一樣，以這種方式將地球當做對於　308
如今已不復記得的古老罪惡之贖罪場。）「人繼續前進，但是人
類卻不斷地在確定的範圍內上下擺盪；但整體而觀，人類在所
有的時期裡大致都維持同樣的道德等級，同樣程度的宗教與無
宗教、德行與罪惡、幸福（？）與不幸。」[37]他提出這些主張時（頁
46），開宗明義地說：「你們想要猜測神意對人類有何種意圖嗎？
不要編造假說吧！」（以往他稱這些假說為理論）「你們只消環
顧實際上發生的事，而若你們能對所有時代底歷史加以鳥瞰的
話，也環顧自古以來發生的事。這就是事實；這必然屬於其意
圖，必然已在智慧底計畫中得到了同意，或至少一起被接納了。」
　　我有不同的看法。如果說目睹一個有德的人與可厭之事及
「惡」之誘惑鬥爭，而依然堅持不讓，這是一幕足以與神明相
配的景象，那麼，看到人類從一個時期到另一個時期向上邁向
德行，而隨即又在同樣的程度上重新墜回到罪惡與不幸之中，
這便是一幕且不說與神明、就連與最通常但心懷善意的人都極
其不相配的景象。觀賞這齣悲劇片刻，或許能感動人，並且有
所啟發；但是到最後，幕還是得落下來。因為長期下來，這就
成了滑稽劇；而且縱使演員樂此不疲（因為他們都是傻子），觀
眾卻厭煩了——如果他從劇中有理由推斷，這齣永無終場的戲
總是千篇一律，則他看一幕或另一幕也就夠了。如果它純屬一

---

36 【譯注】西西佛斯(Sisyphus)是古希臘神話中科林多的國王。據荷馬史詩
　　《奧德賽》底記載，他因作惡多端而於死後被罰推巨石上山，到了山頂，
　　巨石又滾下來，如此周而復始，永無止息。

37 【譯注】這段引文中的問號係康德所加。

齣戲，則在終場時隨之而來的懲罰的確能再度以結局來彌補不
愉快的感受。但若是讓無數的罪惡（縱使其間出現德行）在現實
中重疊累積，以便有朝一日能大肆懲罰，則至少依我們的看法，
這甚至違反了一個智慧的宇宙創造者與統治者之道德。

因此，我就可以假定：既然人類在文化方面不斷地向前推
進，以之為其自然目的，則這種推進也包含於他們在其存在底　309
道德目的方面之向更佳的境地而前進；而且儘管這種前進偶爾
會**中斷**，但決不會**斷絕**。我不必證明這項預設；其反對者才必
須證明。因為我依據的是我天生的義務，即繁衍系列——我（作
為一般而言的人）身處於這個系列之中，而在我被要求具有的道
德特質方面卻不像我應該、因而也能夠具有的那麼好——中的
每個成員都要影響後代子孫，使他們不斷地變得更好（因此，我
們也必須假定此事之可能性），並且使這項義務能依法權從繁衍
中的一個成員傳給另一個成員。而今，我的希望可能還會由於
歷史而受到不少懷疑，而如果這些懷疑信而有據，就能促使我
放棄一件表面看來徒勞無功的工作。但只要這點無法完全被確
定，我就不能以這項義務（作為「明確之事」〔liquidum〕）來換
取「不為做不到的事而努力」的明哲規則（作為「不明確之事」
〔illiquidum〕，因為它純屬假說）。再者，無論我對於「更佳的
境地是否可以期望於人類」這個問題是、而且始終是多麼不確
定，這卻無損於這項格律，因而也無損於它在實踐方面的必要
預設，即是：此事是做得到的。

若無這種對於更佳時代之期望，想要做對公共福祉有益之
事的一份真誠渴望決不會使人心溫暖，而這種期望也始終都影

響了心懷善意的人底工作；而且當善良的**孟德爾頌**如此熱切地
為他所屬的國族之啟蒙與福利盡力時，必然也曾寄望於此。因
為若非他人也跟著他繼續走上同一條路，他就無法理性地期望
自己單獨促成啟蒙與福利。在目睹人自己互相造成的災禍、而
非人類由於自然原因而承受的災禍之可悲景象時，心靈卻由於
「人類將來能變得更好」的這個遠景而開朗起來，而且是出於
無私的善意——如果我們早已在墳墓中，而收穫不到我們自己
曾參與播種的果實。在此想要以經驗的證據來否定這種基於希
望而作的決定之成功，是徒勞無功的。因為若是說一事因迄今
尚未成功，它也決不會成功，這種說法根本無法讓人有理由去放
棄一項實用的或技術的目標(例如，以空氣靜力的氣球去飛行的　310
這項目標)，而更不可能去放棄一項道德的目標——只要這項目
標並非明顯地不可能實現，它便成為義務。此外，我們還能為
以下的事實提出許多證明，此即：相較於過去的所有時代，人
類全體在我們的時代裡實際上已顯著地甚至朝向道德上更佳的
境地而前進[38](短暫的阻礙無法提供任何反證)；再者，關於人
類不斷增長的墮落之呼喊，正是起源於：當人類站在一個更高
的道德等級時，他們對前面看得更遠，而且我們在我們已知的
宇宙歷程之整體中攀登了越多的道德等級，他們對我們的實際
情況之判斷，在與我們應有的情況相較之下，就越發嚴厲，而

---

38 【譯注】此句採取埃賓豪斯(Julius Ebbinghaus)之校改，將原文中的
　　ansehnlich moralisch zum selbst改為ansehnlich selbst zum moralisch；見其所
　　編Immanuel Kant: *Über den Gemeinspruch: Das mag in der Theorie richtig
　　sein, taugt aber nicht für die Praxis* (Frankfurt/M.: Klostermann 1982), S. 21。

我們的自責也因之越發嚴厲。

　　而今如果我們問道：要用什麼辦法，這種朝向更佳境地的持續進步才得以維持，甚且或許加速呢？我們立刻看出：這種遙遙無期的成果將不取決於**我們**做什麼（例如，我們為更年輕的世代提供之教育），以及**我們**應當採用什麼方法來促成此事，而是取決於人類**本性**將在我們身上藉由我們做什麼，以**強迫**我們進入一條我們不易自然地嵌入的軌道中。因為唯有從人類本性，或者不如說（因為要完成這項目的，就需要最高的智慧）從**神意**，我們才能期待一種成果——這種成果涉及全體，再由此而涉及部分；反之，人連同其**規畫**卻僅由部分出發，或許甚至始終僅停留於部分之中，而且儘管能將其理念、但卻無法將其影響延伸到全體（像全體這樣的一種東西，對人來說，是太巨大了）；特別是由於他們對於其規畫彼此反感，難以出於自己的自由決斷而為此目的聯合起來。

　　全面的殘暴及由此產生的危難最後必然使一個民族下決心去服從理性本身為他們規定為手段的強制，即公法，並且採行一部**國民的**憲法。同樣地，由持續戰爭（在這些戰爭中，各國又企圖相互併吞或征服）而來的危難最後必然也使他們甚至違背己意而採行一部**世界公民的**憲法，或者如果這樣一種普遍和平底狀態（這的確在過分龐大的國家中甚至多次發生過）在另一方面對自由更加危險的話（因為它導致最可怕的獨裁制），這種危難必然迫使他們進入一種狀態，這種狀態固然不是在一個元首之下的世界公民共同體，但卻是一種以共同約定的**國際法**為依據的**聯盟**之法律狀態。 311

因為各國向前推進的文化，加上其同時增長的一種傾向，即以其他國家為代價，藉詭計或武力去擴張自己之傾向，必然使戰爭倍增，而且由於（若薪餉不變）日益擴充的、保持備戰與訓練的、且以不斷增加的作戰工具來裝備的軍隊，必定使花費越來越高；而一切必需品底價格持續增長，卻無法期望與這些價格等值的金屬會按其比例繼續增加；也沒有任何和平能如此持久，致使和平期間的積蓄趕得上下一場戰爭之耗費，而針對這點，國債之發明固然是一種巧妙的輔助工具，但最後卻會毀滅自己。既然如此，無力感最後必然促成善的意志應當去做、但卻未做的事，即是：每個國家在其內部被組織起來，使得本身為戰爭付出代價的人民，而非根本未為戰爭付出絲毫代價的國家元首（因為他是以他人，即人民為代價，來從事戰爭）對於戰爭是否應當進行有決定權（為此，我們當然必得預設上述原始契約底理念之實現）。因為人民可不會僅由於擴張欲，或是為了純屬口頭上的所謂的侮辱，便讓自己陷於個人的匱乏之中，而這種匱乏與元首不相干。所以，後代子孫（沒有任何非由他們所虧欠的債務被轉嫁到他們身上）也能甚至依道德的意義，始終朝向更佳的境地而前進，而毋須以對後代子孫的愛，而只消以每個時代之我愛為其原因。因為當每個共同體沒有能力以武力去傷害另一個共同體時，便只好遵守法權，並且能有理由期待其他以同樣方式形成的共同體會在這方面幫助它。

然而，這只是意見，而且純屬假說：其不確定如同想要為一個並非完全受我們支配的預期結果指出唯一適合於它的自然原因之一切判斷一樣；而且即使作為這樣的一種東西，這個假 312

說在一個現存的國家裡也不包含一項原則，以便讓臣民去強制其實現（如上文已指出的），而是只讓不受強制的元首去這樣做。儘管就常態而言，人底本性正好不會使人隨便放棄其支配力，但在緊急情況下這仍然不是不可能的；因此，期待**神意**產生為此而必要的情勢，能被視為一種與人（他們意識到自己的無能）底道德願望與期望並非不相稱的表現：神意為「**人**」(Menschheit)底整個種屬之目的——即盡可能地憑藉對其力量的自由運用來達成其最終的分命——提供了一條出路，而分別觀之，**人**(Menschen)底目的正好與這條出路背道而馳。因為正是產生「惡」的各種愛好之相互對抗使理性有餘裕將它們悉數制伏，並且使「善」（它一旦存在，就自行維持下去）取代「惡」（它毀滅自己），而居於統治地位。

人性表現得不可愛之處，莫過於在所有民族底相互關係之中。沒有任何國家在面對其他國家時，在其獨立或財產方面得到片刻的保障。相互征服或掠奪財物的意志始終存在；而且為自衛而進行的備戰——這往往使和平甚至比戰爭還更有壓迫性，對於內部福祉還更有摧毀性——決不可鬆懈。而今，要對治這種情況，除了一部以每個國家都得服從、且有權力作後盾的公法為基礎之國際法（類比於個別的人底公民法或國家法）以外，不可能有其他的辦法。因為藉由所謂**歐洲的勢力均衡**而達成的一種持久的普遍和平僅是一種幻覺而已，就像**史威夫特底**房子一樣，它由一位建築師根據所有均衡法則建造得極為完

美，以致當一隻麻雀棲止於其上時，它便立刻倒塌[39]。但是有人會說：各國決不會服從這種強制性法律；而且若是建議組成一個普遍的國際國（Völkerstaat），所有個別的國家都應當自願順從其支配，而遵從其法律，則這種建議不論在**聖皮耶**教士或**盧梭**[40]底理論中聽起來是多麼美好，它卻不適合於實踐——連大政治家、尤其是國家元首都始終將它當做一種出於學院的迂腐而幼稚的理念而加以嘲笑。

反之，在我而言，我卻信賴一種理論，這種理論從關於「人與人之間、國家與國家之間的關係**應當是**如何」的法權原則出發，而且向地球上的諸神[41]推薦以下的格律：始終要如此處理

313

---

39 【譯注】史威夫特（Jonathan Swift, 1667-1745）是英國作家。這段典故之出處不詳。但根據克雷梅(Heiner F. Klemme)之見，它出自史威夫特《格列佛遊記》第3部第5章中所載格列佛訪問拉加多(Lagado)學院時的見聞：「那裡有一位極有創意的建築師。他設計了一種建造房屋的新方法，即從屋頂開始，向下施工，而到地基。他以兩種最聰明的昆蟲——蜜蜂與蜘蛛——之類似工作為依據，向我說明這種方法之合理。」可備一說；其說見其所編 I. Kant: *Über den Gemeinspruch: Das mag in der Theorie richtig sein, taugt aber nicht für die Praxis. Zum ewigen Frieden* (Hamburg: Meiner 1992), S. 109。此段出處則見J. Swift: *Gulliver's Travels*, edited by Paul Turner (Oxford: Oxford University Press 1998), p. 172。

40 【譯注】聖皮耶教士(Abbé Charles-Irenée Castel de Saint Pierre, 1658-1743)是法國政治家，曾撰《重建歐洲永久和平的方案》（*Projet pour rendre la paix perpétuelle en Europe,* Utrecht 1713/Paris 1716）一書，倡議成立一個維護和平的國際組織。盧梭(Jean Jacques Rousseau, 1712-1778)是法國哲學家，曾撰《聖皮耶教士先生底永久和平方案之節要》（*Extrait de projet de paix perpétuelle de M. l'Abbé de St. Pierre,* 1761）及《永久和平之評論》（*Jugement sur la paix perpétuelle,* 1798）二書。

41 【譯注】這是指人類。

他們的爭論，即由此開創這樣一個普遍的國際國，且因此假定
這種國家是可能的（在實踐上〔in praxi〕），而且**能存在**；然而
同時我也（附帶地〔in subsidium〕）信賴事物底本性，它迫使我
們到我們不情願去的地方（「命運引導情願的人，拖曳不情願的
人」[42]）。於是在後面這一點上，人性也要一併加以考慮：既然
在人性之中，對法權與義務的敬畏始終在躍動，則我無法、也
不願認為人性如此沉溺於「惡」，以致道德的、實踐的理性在
經過多次失敗的嘗試之後，終究不會戰勝「惡」，並且還顯示
人性是可愛的。因此，從世界主義的觀點來看，我還是主張：
凡是基於理性底理由而適合於理論者，也適合於實踐。

---

42 【譯注】康德引文作fata voluntem ducunt, nolentem trahunt，語出羅馬哲學
家塞內加（Lucius Annaeus Seneca, 4 B.C.?-65 A.D.）底《致魯齊利伍斯的
道德書簡》（*Epistulae morales ad Lucilium*,XVIII, 4），但略有變更。此句
原作："ducunt volentem fata, nolentem trahunt"。康德在《論永久和平》中
也引用過這句話，見 *KGS*, Bd. 8, S. 365。

萬物之終結

譯者識

　　此文最初於1794年發表於《柏林月刊》(*Berlinische Monatsschrift*)第23卷6月號。康德在此文討論《新約‧啟示錄》中有關末日及最後審判之說。此文發表之後兩個月，普魯士當局即禁止康德發表有關宗教問題的言論。本譯文係根據普魯士王室學術院底《康德全集》譯出(第8冊，頁325-339)。

有一種流行的說法（特別是在虔誠的談話中）是讓一個臨死 327
的人說：他要**從時間進入永恆**了。

如果「**永恆**」（Ewigkeit）一詞在此被理解為一種無止盡地前
進的時間，那麼這種說法事實上什麼都沒有說；因為人決不會
脫離時間，而只是不斷地從一段時間進入另一段時間。因此，
「永恆」必然意謂在人之綿延不絕中**一切時間之終結**，而這種
延續（人底存在被視為量）卻又必然意謂一種完全無法以時間去
比擬的量（duratio noumenon［理體之綿延］）——對於這種量，我
們當然無法形成任何概念（除非是純然消極的概念）。這種想法
有令人害怕之處，因為它彷彿把人帶到一個深淵底邊緣，而沉
入其中的人不可能再回來。（**哈勒**：「永恆以強壯的臂膀／將他
拘留在最森嚴的地方／他沒有留下任何東西。」[1]）可是它也有
吸引人之處，因為人們禁不住一再將其畏縮的眼光投注到那裡
（**維吉爾**：「他們無法饜足地凝視［⋯⋯］」[2]）。它是可怖而**崇高
的**，部分是由於它的隱晦，而在隱晦之中，構想力往往比在光
天化日之下有更強烈的作用。最後，它還必然以奇特的方式與

1　【譯注】這三行詩句出自瑞士詩人哈勒（Albrecht von Haller, 1708-1777）
　　於1736年所作的〈論永恆的未完成詩〉（"Unvollkommenes Gedicht über die
　　Ewigkeit"），收入 *Hallers Gedichte,* hrsg. von Ludwig Hirzel *(Bibliothek
　　älterer Schriftwerke der deutschen Schweiz*, Bd. 3, 1882) , S. 151。康德在〈對
　　馮克先生底早逝之所思〉（"Gedanken bei dem frühzeitigen Ableben des
　　Herrn Johann Friedrich von Funk"）一文中也引用了這三行詩句；見*KGS*,
　　Bd. 2, S. 40。

2　【譯注】nequeunt expleri corda tuendo，語出羅馬詩人維吉爾（Vergil，即
　　Publius Vergilius Maro, 70-19 B.C.)底史詩《艾內伊斯》（*Aeneis*, VIII, 265）。

普遍的人類理性糾結在一起，因為在一切以理性思考的民族當中，在一切時代裡，它都會以一種或另一種面貌出現。而當我們探索從時間到永恆的這種過渡（不論這個理念是否在理論上被視為知識底擴展而有客觀實在性）──如同理性在道德方面為自己所作的過渡一樣──時，我們就遇上作為時間之物且作為可能經驗底對象的**萬物之終結**；但是在諸目的底道德秩序中，這種終結也是作為**超感性的**、因而不受制於時間條件的存有者之萬物底綿延之開始。因此，這種綿延及其狀態就只能從道德上去決定其特質。

　　日子有如時間底孩子，因為後來的日子連同它所包含的東 328
西都是前面的日子之產兒。如同父母最後的孩子被稱為么兒（jüngstes Kind）一樣，我們的語言樂於將最後的日子（結束一切時間的時刻）稱為**末日**（den jüngsten Tag）。因此，末日仍然屬於時間；因為在末日仍然有某件事情**發生**（這件事情不屬於永恆，因為時間還繼續存在，而在永恆之中不再有任何事情發生），亦即對人一生中的行止加以結算。這便是**審判日**；因此，世界審判者之赦免或詛咒底判決是時間中的萬物之真正的終結，也是（有福或無福的）永恆底開始，而在永恆之中，歸屬於每個人的命運就始終如他在宣判（判決）底那一刻所分得的那樣。因此，末日也包括**最後的審判**（das jüngste Gericht）[3]。而如果**最後的事物**還包括以目前的形態呈現的世界之終結，亦即諸星從天頂下

3　【譯注】關於末日及最後的審判，見《新約・啟示錄》。

墜，天本身倒塌（或者說，天像書卷被捲起來而消失了[4]），兩者均被焚，一個新天和一個新地被創造出來，作為有福者底住所，而地獄被創造出來，作為受詛者底住所，那麼這個審判日當然不是末日，而是還會有其他不同的日子隨之而來。然而，「萬物底終結」之理念並非起源於對世間萬物底**自然**進程的推論，而起源於對其道德進程的推論，並且唯獨由此產生；這種道德進程也和「永恆」底理念一樣，只能關聯於超感性之物（唯有在道德方面，超感性之物才是可理解的）。既然如此，關於那些在末日之後會來臨的最後事物之想法，便只能被視為末日連同其道德的、但在理論上無法為我們所理解的後果之一種具象化。

但必須說明的是：自遠古以來，關於未來的永恆已有兩種系統：一種是**單一論者**（Unitarier）底系統，它將永恆的至福判給所有人（透過時間或長或短的懺悔而被淨化）；另一種是**二元論者**（Dualisten）底系統[5]，它將至福僅判給**若干選民**，但將永恆的詛　329

4　【譯注】《新約·啟示錄》第6章第14節：「天空像像書卷被捲起來，不見了。」

5　在古代波斯（瑣羅亞斯特）底宗教裡，這樣一種系統係建立於兩個在永恆　328
　　鬥爭中互涵的原始存有者——善的原則**歐爾穆茲德**與惡的原則**阿里曼**　329
　　——底預設之上。奇怪的是：兩個相距極遠、而與目前的德語區相距更
　　遠之國家底語言，在稱呼這兩個原始存有者時，均使用德語。我想到曾
　　在**松內拉特**底書中讀過：在**阿瓦**（緬甸人底國家），善的原則被稱為
　　Godeman（這個字似乎也出現在Darius Codomannus底名字中）；而且既然
　　「阿里曼」（Ahriman）這個字聽起來很像「**惡人**」（arge Mann）一詞，而
　　現在的波斯語也包含大量源於德語的字，那麼古代底研究者可以有一項
　　課題，即以**語言**底類似性為線索，去追溯一些民族目前的宗教概念之根
　　源。（見松內拉特底《遊記》第4卷第2章B）

咒判給**其餘的**所有人。因為一個主張所有人都註定要**受詛咒**的系統決無法占有一席之地，因為不然的話，就沒有任何理由可以辯解，他們到底為什麼被創造出來。但是將所有人**消滅**就顯示一種顛倒的智慧，它對於自己的作品不滿，除了將之毀滅以外，不知有別的辦法來彌補其缺陷。然而，二元論者也總是遭遇到同樣的困難，這種困難使人很難設想對所有人的永恆詛咒；因為我們會問：假如就算是少數人，甚至只有一個人存在的目的，只是為了受到永恆的譴責（這比根本不存在還要糟糕），那麼他們為什麼被創造出來呢？

誠然，在我們所能理解的範圍之內，且在我們對自己所能探知的範圍之內，二元論的系統（但唯在有一個至善的原始存有者之下）在**實踐**方面就每個人必須評斷自己而言（儘管不是就他有權評斷他人而言），具有一個占優勢的理由：因為就他對自己的認識而言，除了他自己的良心根據他至今所表現的品行而在他生命結束時為他所開啟的那種展望之外，理性並不留給他任何其他對於永恆的展望。但若要建立**教條**，也就是說，要由此得出一個本身（客觀地）有效的理論性命題，則單憑理性判斷是

（續）

【譯者按】瑣羅亞斯特(Zoroaster)即查拉圖斯特拉(Zarathustra)，為波斯拜火教(祆教)底創立者。其生卒年不詳，約在西元前六世紀。松內拉特(Pierre Sonnerat, 1749-1814)為法國自然學家兼旅行家。Darius Codomannus為西元前四世紀的波斯國王。康德在此提到的《遊記》底德譯本於1783年出版，題為《1774-1781年奉御旨而進行的東印度及中國之旅》(*Reise nach Ostindien und China auf Befehl des Königs unternommen v. Jahr 1774 bis 1781*)。Godeman與德語「善人」(guter Mann)發音近似。

極為不足的。因為有什麼人認識自己、認識別人到極透徹的地
步，而能斷定：如果他將我們稱為「幸運底功績」(Verdienst des
Glücks)的一切東西，像是他天生的善良氣質、他自然而有的更
強的高級能力(知性與理性，以克制其衝動)、此外還有由於偶 330
然而倖免於他人所受到的諸般試煉之機運，與他所謂的良好品
行之原因分別開來，又如果他把這一切與他的真實性格分別開
來(為了恰如其分地評價其真實性格，他必須將這一切予以扣
除，因為他不能將幸運所賜的這一切歸諸他自己的功績)，那麼
我說，有誰能斷定：在一位世界審判者全知的眼中，一個人在
其內在的道德價值方面，是否比他人畢竟還是略勝一籌？且因
此，以這種膚淺的自我認識而要對他自己或他人底道德價值(以
及應得的命運)之優越性作個裁斷，是否可能是一種荒謬的自
負？因此，不但單一論者底系統，而且二元論者底系統，兩者
當做教條來看，似乎都完全超出人類理性底思辨能力之外；並
且一切似乎都使我們回頭將這些理性底理念完全僅局限於實踐
運用底條件之下。因為我們眼前見不到任何東西，現在就能將
我們在來世的命運告訴我們，除了我們自己的良心之裁斷——
亦即，我們目前的道德境界(就我們所知而言)容我們理性地加
以裁斷者——以外；這就是說，我們發現直到我們生命結束時
都在支配我們的那些品行原則(無論它們是「善」底原則還是
「惡」底原則)，甚至在死後也會繼續這樣下去，而我們並無絲
毫理由假定：這些原則在來世會有所改變。是故，我們也必得
對於永恆預期在善的或惡的原則之支配下，會得到與某種功績
或罪責相稱的後果；因此，基於這種考慮，我們要如此行為，

彷彿另一個生命，以及我們結束此生時的道德境界連同其後果，在我們展開另一個生命時不會改變，這才是明智之舉。在實踐方面，我們所能接受的系統必然是二元論的系統，卻毋須確定這兩者中何者在理論與純然思辨的方面該具有優越性——特別是因為單一論的系統似乎使人太過沉醉於輕率的安全感。

但是，人**究竟**為什麼期待**世界底終結**呢？再者，即使他們承認這點，何以正好是一種（對於絕大多數人類而言）恐怖的終結呢？……**前一個問題**底理由似乎在於：理性告訴他們說，唯有當世間的有理性者合乎其存在底終極目的（Endzweck）[6] 時，世界之綿延才有價值；但如果這項目的無法達成，則造化本身對於他們而言，似乎是無目的的，有如一齣戲，它根本沒有結局，也看不出有任何理性的目標。**後一個問題**則建立在「人類底特質墮落到無望的地步」此一看法之上[7]；而給這種情況一個

6　【譯注】在《判斷力批判》中，康德就人創造文化的能力，將人視為自然底「最後目的」（letzter Zweck）。「最後目的」底概念具有相對性，它必須預設無條件的「終極目的」，此即「被視為理體（Noumenon）的人」，亦即作為「道德底主體」的人。請參閱 *KU, KGS*, Bd. 5, §§ 82-84, S. 425-436。

7　在所有的時代都有自命的智者（或哲學家），他們並不認為人性中向善的稟賦值得一顧，而竭力以令人厭惡的、有時令人噁心的比喻將我們的地球世界（人類的住所）極其輕蔑地表述為：(1)一個**客棧**（沙漠商隊旅社），如回教僧侶的看法一樣：在那裡，每個在其生命之旅中投宿的人都必須準備立刻被一個後繼者所取代。(2)一座**監獄**，婆羅門教、西藏及其他東方的智者（甚至柏拉圖）偏好這種見解：這是墮落的、從天上被放逐而如今成為人魂或獸魂的精靈受罰與淨化之處所。(3)一座**瘋人院**，在這裡不僅是每個人自己摧毀自己的目標，而是一個人將一切想得到的悲痛加諸

331

331

終結，而是一個可怖的終結，是（在絕大多數人看來）與最高的
智慧與正義相稱之唯一手段。因此，連**末日底預兆**（因為由偉大
的期望所激發之想像力怎麼會缺乏徵兆和奇蹟呢？）都具有恐怖
的性質。有些人在劇增的不義、富人底縱情享樂對窮人造成的壓
迫，及忠誠與信任之廣泛淪喪，或者是在全球各角落爆發的流　332
血戰爭等等之中，一言以蔽之，在道德淪喪與各種罪惡之急增，
連同伴隨這些罪惡而起的禍害，這類他們相信是前所從未見的東
西之中──看到這些預兆。反之，其他人則是在異常的自然災
異、地震、風暴與洪水，或是彗星與天象之中，看到這些預兆。

　　事實上，人（並非無緣故）感到其存在底負擔，儘管他們自
己就是這種負擔底原因。在我看來，此其原因似乎在於以下之
所述：在人類底進步中，才能、技巧與品味（連同其後果，即淫
逸）之陶冶自然地搶先於道德之發展；而這種狀況不但對於道
德，而且對於自然的福祉，偏偏都是最麻煩且最危險的，因為
需求之滋長比滿足需求的手段還要強烈得多。但人底道德稟賦

（續）

　　他人，而且還將能夠做出這種事的技巧和力量當做莫大的光榮。最後是
　　(4)一個**陰溝**，其他世界底所有廢物都被袪除到其中。最後一種奇想在某
　　種方式上是獨創的，並且要歸功於一位波斯的詼諧者，他把樂園（最初一
　　對人類底居所）放在天上。在這座花園裡可以見到許多樹，樹上長滿了豐
　　美的果實，它們被享用過之後，剩下的果實就悄悄地因蒸發而消失掉。
　　花園裡唯獨有一棵樹是例外，它雖然也有一顆誘人的果實，但這顆果實
　　卻不會被蒸發掉。可是我們最初的祖先卻不顧禁令而想嘗一嘗它。故為
　　了使他們不污染天上，唯一的的辦法是有一位天使對他們指著遙遠的地
　　球說：「這是全宇宙底廁所」，然後把他們帶到那裡，以完成必須做的事，
　　並且將他們留在那裡，而後飛回天上。地球上的人類據說便是起源於此。

（如荷拉茲所說：「懲罰跛足而行」[8]）儘管往往趕不上這種陶冶，但總有一天會（如我們在一個智慧的宇宙統治者之下或許可以期望的）趕上它（這種陶冶在其倉促的進程中絆住自己，並且經常失足）。再者，由於經驗證明了我們的時代相較於以往的所有時代在道德上的優越性，我們甚至可能會懷有一種期望，即是：末日會以一種以利亞升天的方式[9]，而非以一種類乎可拉一夥人下地獄的方式[10]而來臨，並且導致世間萬物底終結。然而，對於德行的這種英雄式的信仰，似乎不如被設想為在最後事物之前出現的、伴隨著恐怖的場景，在主觀上對心靈之皈依具有更廣泛有力的影響。

※　　　※　　　※

附釋：我們在此僅涉及（或者說玩弄）理性為它自己創造的理念，而其對象（如果這些理念有對象的話）完全落在我們的視野之外。然而，儘管這些理念對於思辨知識而言是超越的，卻

8　【譯注】poena pede claudo，語出古羅馬詩人荷拉修斯（Horaz, 即Quintus Horatius Flaccus, 65-8 B.C.）底《頌歌集》（*Odes,* III, 2.32）。

9　【譯注】以利亞（Elia）是以色列先知，其升天底事蹟見於《舊約・列王紀下》第2章第11節：「他們〔指以利亞和以利沙〕一面走一面談；忽然，一輛火馬拉的火車來到他們中間，以利亞被一陣旋風接上天去了。」（引文據聯合聖經公會「現代中文譯本」，以下皆同。）

10　【譯注】可拉（Korah）是以色列利未支族人。他與大坍、亞比蘭等人一起背叛摩西，因而受到上帝底懲罰。《舊約・民數記》第16章第31-33節：「摩西剛說完話，大坍和亞比蘭腳下的地就裂開，把他們和他們的家人，以及所有跟從可拉的人和他們的東西，都吞了下去。他們活活地跟他們的東西一起掉落陰間。地在他們上頭又合攏起來，他們就不見了。」

不能因此而在所有方面都被視為空洞的，而是在實踐方面由立
法的理性本身提交給我們；這決非要去思索：它們的對象自身就
其本性而言是什麼[11]，而是要去思索：為了道德的（以萬物底終
極目的為目標的）原則，我們應如何設想它們（透過這種方式，
這些在其他情況下完全空洞的理念就獲得了客觀的實踐的實在
性）。既然如此，我們眼前就有了一片**開放的**場域，得以區分我
們自己的理性底這個產物，即萬物底終結之普遍概念（根據此一
概念與我們的認識能力之關係去區分），並且將隸屬於此一概念
者加以分類。

　　依此，整個概念被區分且表述為三部分：(1)萬物之**自然的**[12]
終結：根據神性智慧底道德目的之秩序，因此我們能（在實踐方
面）**正確理解**這種終結；(2)萬物之**神秘的**（超自然的）終結：在
我們**毫無理解**的致動因底秩序中；(3)萬物之**反自然的**（顛倒的）
終結：這種終結是由於我們**誤解**終極目的而自行造成的。這三
者之中，第一種終結剛才已探討過了，底下將探討其餘的兩種。

※　　　※　　　※

　　〈啟示錄〉（第10章第5-6節）中說：「有一位天使舉手朝天，

11　【譯注】這是指這些理念作為「物自身」（Ding an sich）的對象。

12　「**自然的**」（就形式而言）一詞意指依某種秩序（無論是何種）──因而也
　　包括道德秩序（故不一定只是物理秩序）──底法則而必然產生的東
　　西。與此相對立的是「**非自然的**」，這可以是「超自然的」，或是「反自
　　然的」。由**自然原因**而產生的必然之物也會被設想為實質上自然的（物理
　　上必然的）。

333

333

並且指著那位創造了天……等等的永恆存在者發誓道：**此後不會再有時間了。**」[13]

如果我們不假定這位天使「以其七個雷底聲音」(第三節)[14] 所要呼喊的是廢話，那麼他的意思必然是：此後不會再有**變化**了。蓋如果宇宙中仍有變化，那麼也就有時間，因為變化只能在時間中發生，而不預設時間，變化就決無法設想。

在此，萬物底終結被設想為感覺底對象，而我們對它根本無法形成任何概念；因為如果我們想要從感性世界踏入智思世界一步，我們就無可避免地使自己陷於矛盾。此事之所以發生，是因為構成感性世界底終結的那一瞬間也應當就是智思世界底開始，因而智思世界被帶入感性世界所屬的同一個時間序列中，而這是自相矛盾的。

但是我們也說：我們把綿延設想為**無限的**(設想為永恆)；這決不是由於我們對其量值有任何可確定的概念——既然這種綿延完全欠缺時間作為其尺度，所以這是不可能的——，而是由於該概念僅是對於永恆綿延的一個消極概念(因為在沒有時間之處，也**沒有終結**發生)。由此，我們在我們的知識上並未前

334

---

13 【譯注】為了保留「永恆」與「時間」之對比，此處據康德底引文直譯。
   「現代中文譯本」之譯文略有出入，其文如下：「這事以後，我所見過站
   在海上和地上的那天使，向天舉起右手，指著那創造天、地、海，和其
   中萬物的永生上帝發誓說：『不會再遲延了！〔……〕』」

14 【譯注】《新約·啟示錄》第10章第1-3節：「我又看見一個大力的天使從
   天下降。〔……〕他高聲呼喊，好像獅子吼叫。他一呼喊，就有七個雷發
   出回聲。」

進寸步，而是必須說：在終極目的底(實踐的)方面，理性無法
在持續變化底道路上得到滿足——儘管若理性憑藉宇宙存有者
底狀態之靜止與不變性底原則而嘗試為之，它在其**理論性**運用
方面也同樣得不到滿足，而毋寧會陷於完全無思想的狀態。這
樣一來，理性只剩下一途，即是在不斷趨向終極目的的進步中
設想一種(在時間中)無止盡地前進的變化，而在這種進步中，
存心(它不像這種進步一樣，是一事相[15]，而是超感性的某物，
因而不是在時間中可變化的)保持不變，且始終如一。因此，依
此理念而對理性作實踐性運用的規則不過是表示：我們必須如
此看待我們的格律，彷彿在一切由「善」趨向於「益善」的無
止盡的變化中，我們的道德境界就存心而言(作為理體的人[16]，
「他周遊於天上」[17])，根本不受制於任何時間底更迭[18]。

---

15 【譯注】在康德哲學中，「事相」(Phänomen/Phänomenon)一詞，係相對
於「理體」(Noumenon)而言。此一區分大體相當於「現象」(Erscheinung)
與「物自身」(Ding an sich)之區分。關於這些術語底涵義，請參閱拙作：
〈牟宗三哲學中的「物自身」概念〉，收入拙著：《當代儒學之自我轉化》
(臺北：中央研究院中國文哲研究所，1994年)。

16 原文作*homo noumenon*。

17 【譯注】原文為 "dessen Wandel im Himmel ist"，出處不詳。但《聖經》
中有類似的語句，如《舊約‧約伯記》第22章第14節、《新約‧馬太福音》
第24章第30節、《新約‧馬可福音》第13章第26節、《新約‧路加福音》
第21章第27節。康德在此可能不是嚴格地引證《聖經》底文句。

18 【譯注】康德在《純粹理性批判》(A187ff./B230ff.)中討論「實體」
(Substanz)與「附質」(Akzidens)這對範疇時，特別強調「變化」(Ver-
änderung)與「更迭」(Wechsel)之區別。根據他的解釋，「變化」是指同
一對象(作為實體)由一種存在方式過渡到另一種存在方式；「更迭」則是
指此一對象底狀態(作為附質)之改變。因此，當我們說「實體底變化」

　　但是，有一個時刻終會到臨，屆時一切變化（連同時間本身）均將終止，這卻是一個令想像力反感的表象。因為這樣一來，整個自然界就會僵化，且彷彿變成化石；那麼，最後的思想、最後的感情就會停頓在思想的主體中，並且始終如一而無更迭。對於一個只能在時間中意識到其存在及其存在底量值（作為綿延）的存有者，這樣一種生命，如果還可稱為生命的話，似乎形同消滅了。因為為了要設想自己處於這樣一種狀態中，它畢竟還得思想些什麼；但**思想**包含一種反省（Reflektieren），而反省本身只能在時間中進行。因此，其他世界底居民就被設想為：他們依其居處之不同（在天上或地獄），或者始終唱著同一首歌，即他們的哈利路亞[19]，或者永遠唱著同一首悲嘆調（第19章第1-6節；第20章第15節[20]）——由此就顯示了在他們的狀態中完全沒有

335

（續）

　　時，這並不是說：實體本身有所變化，而是說：其附質（如生、滅）有所更迭。既然時間不是實體，則它只有更迭，而無變化。

19　【譯注】「哈利路亞」（Hallelujah）源自希伯來文。耶教徒在歌詠頌歌時以此表示歡樂之意，意謂「讚美上帝」。

20　【譯注】《新約·啟示錄》第19章第1節：「這以後，我聽見有大聲音，好像天上有一大群人在呼喊：『讚美上帝！救恩、榮耀、權能都是從我們的上帝來的！他的審判是真實公義的！因為他審判了那以淫行敗壞世界的大淫婦，懲罰了她殺害上帝僕人的罪。』他們又一次呼喊：『讚美上帝！焚燒那大城的煙不斷地往上冒，永不停止。』於是，二十四個長老和四個活物俯伏敬拜那坐在寶座上的上帝，說：『阿們！讚美上帝！』接著有聲音從寶座發出，說：『所有上帝的僕人，凡敬畏他的，不論尊貴卑微，都要讚美我們的上帝！』我又聽見好像是一大群人的聲音，像大瀑布和雷轟的響聲，說：『讚美上帝！因為我們的主——全能的上帝——作王了。〔……〕』」第20章第15節：「凡是名字沒有記錄在生命冊上的，都被扔進火湖裡。」

任何更迭。

不論這個理念超出我們的領悟力多遠,它在實踐方面仍然與理性密切地相關聯。即使我們假定人在此生最佳的道德上的自然狀態,亦即不斷地進步並趨近於(被定為其目標的)最高善之狀態,他(即使意識到其存心之恆常不變)還是無法將**滿足**與對其(不僅是道德的,而且是自然的)狀態底永恆持續的變化之展望聯結起來。因為他目前所處的狀態,相較於他準備要進入的更佳狀態而言,始終是一種不幸;並且「朝向終極目的無止盡地前進」這個想法也是對一連串無止盡的不幸之一種展望,而儘管這些不幸被更大的「善」所壓制,它們卻不會帶來滿足。唯有**終極目的**最後一旦**達成**之際,人才能設想這種滿足。

於是,苦思冥想的人就陷入了**神秘思想**(因為既然理性不易滿足於其內在的——亦即實踐的——運用,而是寧願在超越界冒險[21],則它也有其秘密);在這種情況下,他的理性並不理解它自己及它想要的東西,而是寧可耽於幻想,卻不願像一個感性世界中的智性居民理所當為的那樣,將自己局限在感性世界

---

21 【譯注】在康德哲學中,「內在的」(immanent)與「超越的」(transzendent)這組概念涵有雙重意義。在知識論的脈絡中,「超越的」意謂:超出我們的某種認知能力(通常是指經驗),「內在的」則意謂:停留在這種能力所及的範圍內。例如,他在《純粹理性批判》中寫道:「有些原理底應用完全保持在可能經驗底限度內,我們想把這些原理稱為內在的原理,而把據稱踰越這些界限的原理稱為超越的原理。」(A295f./B352)而在存有論的脈絡中,「超越的」意謂:超出感性世界或現象底界限,而進入「智思世界」(intelligible Welt)或物自身底領域,「內在的」則意謂:停留在感性世界或現象界底範圍內。此處的用法即是其例。

底界限之內。 因此便產生了**老君**[22]關於**最高善**的怪誕系統；此最高善據稱存在於**虛無**中，亦即存在於「**感覺到**自己藉由與神靈相融合且因此藉由消除自己的人格而被吞沒於神靈底深淵裡」之意識中。為了取得對於這種狀態的預感，中國的哲學家在暗室裡閉著眼睛，努力去思考和感受他們的這種**虛無**。因此便產生了(西藏人與其他東方民族底)**泛神論**，以及由泛神論底形上昇華而引生的**斯賓諾莎主義**，這兩者均與遠古的**流衍系統**(Emanationssystem)——所有人底靈魂均自神靈流衍出來(而它們最後會被吸入同一神靈中)——緊密地相關聯。這一切僅是為了讓人最後可能享有一種**永恆的安寧**，而這種安寧就構成了人所臆想的「萬物之至福的終結」——這根本是這樣一種概念：   336
隨著它，人底知性同時消失，而且一切的思考本身也告終結。

※　　　※　　　※

萬物經由人手而導致的終結，縱使人底目的良善，也是**愚昧**；這就是說，人為了達成其目的而運用正好與這些目的背道而馳的手段。唯有在上帝那裡才會有**智慧**，亦即實踐理性之恰當地採用其完全符合於萬物底終極目的(即最高善)之措施；只要不明顯地違反智慧底理念而行，便是我們或可稱為人類智慧的東西了。但是對於愚昧的防制——人唯有藉由嘗試與不時改變計畫才可期望做到——更是「一個珠寶，即使是最好的人**想**

---

22 【譯注】由康德底敘述看來，「老君」(Laokiun)當是指中國的老子。

要取得它，也只能去追求」[23]。對此，他決不可產生虛榮的想法，更不可依此行事，彷彿他已取得了此物。由此也產生了隨時變更且往往無意義的策畫，以便尋求巧計，使宗教在整個民族中成為純潔而又有力；於是人們或許能高喊：可憐的有死之人！你們除了反覆無常之外，沒有任何恆常的東西[24]！

但如果這些嘗試最後一旦進展到一個地步，以致共同體[25]能夠且願意不僅聆聽傳統的虔誠學說，也聆聽受到這些學說所啟發的實踐理性（對於一種宗教而言，這甚至是絕對必要的）；又如果（以人的方式表現的）智者在人民當中並非藉著他們之間所作的協定（像一個教士團那樣），而是以同為公民的身分來從事規畫，並在此事上取得絕大多數人底同意，而這無可置疑地證明了這些智者係以真理為懷；再者，人民或許由於普遍感覺到、但非基於權威的需求，認為有必要擴充自己的道德稟賦，因而在大體上（縱使尚未在最微小的細節上）也對這些規畫感到興趣——在此情況下，既然這些智者在他們所追求的理念方面

---

23 【譯注】這段文字可能不是《聖經》的嚴格引文，其義似出自《新約‧腓利比書》第3章第12-14節：「這不是說我已經成功，或已經完全了。我繼續奔跑，只求贏得那獎賞；其實，為要使我達到這目標，基督耶穌已經先贏得了我。兄弟們，我並不以為我已經達到這目標；我只專心一件事：就是忘記背後，全力追求前面的事。因此，我向著目標直跑，為要得到獎賞；這獎賞就是屬天的新生命，是上帝藉著基督耶穌呼召我去領受的。」

24 【譯注】這段話可能是出自法國耶穌會士柯葉（Gabriel François Coyer, 1707-1782）底著作，此著作之德譯本題為《道德瑣事》（*Moralische Kleinigkeiten*），於1761年在柏林出版。

25 【譯注】在康德底時代，「共同體」（Gemeinwesen）一詞當係指國家而言。

曾有良好的進展，則讓智者僅是去從事並繼續他們的進程，似乎是最合理不過了。但是就為達到最佳終極目的而選擇的手段之成效而言，既然這種成效就像它按照自然底過程可能出現的情況那樣，始終是不確定的，所以最好將它委諸**神意**[26]。因為無論我們如何**不輕於信仰**，但只要我們決無可能確切地預見依一切人類智慧（如果它要名實相稱，就得僅涉及道德界）而採取的某些手段之後果，我們就得以實踐的方式相信上帝底智慧對自然過程的配合（假如我們不願完全放棄我們的終極目的）。固然有人會反對說：早就時常有人說過，目前的計畫是最好的計畫；從現在起，這個計畫必須永遠不變；這就是永恆底狀態。「誰（符合此概念而）是善的，就始終是善的；誰（違反此概念而）是惡的，就始終是惡的。」（〈啟示錄〉第22章第11節[27]）彷彿永恆——連同萬物底終結——現在已經能出現了。然而，此後總是有新的計畫被提出來，而其中最新的計畫往往只是重提一項舊計畫，並且今後也不乏**更多最後的**規畫。

我太清楚地意識到自己無能力在這方面進行一項新的成功的嘗試，因此我願意提出忠告（這當然不需要偉大的發明能

337

---

26 【譯注】康德在《論永久和平》中解釋道：「若我們考慮到自然在宇宙進程中的合目的性，把它當做一個以人類底客觀終極目的為目標、並且預先決定這個宇宙進程的更高原因之深邃智慧，便稱之為**神意**（Vorsehung）。」（*KGS*, Bd. 8, S. 361）簡言之，「神意」是在目的論觀點下所理解的「自然」。

27 【譯注】《新約‧啟示錄》第22章第11節：「作惡的人必然繼續作惡；污穢的仍然污穢。好人必然繼續行善；聖潔的仍然聖潔。」

力）：讓事情保持於它們最後所處的情況，保持於它們幾近一個世代以來已證明在後果方面還差強人意的情況！但既然具有偉大精神或是進取精神的人可能不認為如此，那麼容我謙卑地提示，他們得小心提防自己違反什麼，而非他們得做什麼，因為不然的話，他們的行為就會違背他們自己的意圖（即使這是最佳的意圖）。

耶教[28] 除了其法則底神聖性必然會引發的最大敬畏之外，其自身還具有某種**可愛**之物（etwas Liebenswürdiges）[29]。（在此我指的並非那位以極大犧牲為我們取得該物的人[30]之可愛，而是指該物本身──即他所造成的道德境界──之可愛；因為前者只能由後者推衍出來。）這種敬畏無疑是首出的，因為若沒有它，也不會有真實的愛發生──儘管我們沒有愛，仍可對某人懷有極大的敬畏。但是如果問題不僅在於義務底表象，而是也在於對義務的遵從，又如果我們追問行為底**主觀**根據（如果我們可以預設此根據，我們便能自始憑它去期待人**將會做**的事），而不 338

---

28 【譯注】康德所謂的「耶教」（Christentum）涵蓋舊教（習稱「天主教」）與新教（習稱「基督教」）。為避免與新教混淆，此處不譯為「基督教」，而譯為「耶教」。

29 【譯注】此段以下到篇末共七段，顯然意在回應席勒於前一年(1793年)發表於 *Neue Thalia* 的〈論魅力與尊嚴〉("Über Anmut und Würde")一文。在此文中，席勒一方面肯定康德對於「道德」概念的基本觀點，另一方面又批評康德將「義務」(Pflicht)與「愛好」(Neigung)完全對立起來，而有陷於禁欲主義之嫌。因此，席勒將「德行」(Tugend)界定為一種「對義務的愛好」(Neigung zu der Pflicht)。

30 【譯注】這是指耶穌。

僅追問客觀根據(即**他應當做的事**),則愛(亦即,將他人底意志自由地納入自己的格律中)還是人性底不圓滿(即人性必須被強制去做理性藉法則所規定的事)之一項必要的補充物。因為一個人很少做他不情願做的事,甚至可能以詭辯來規避義務底命令,以致若無愛底參與,我們便不可能對義務(作為動機)有太大的指望。

如果現在我們為了使耶教極盡完善,而再為它附加任何一種權威(即使這是神性的),則不論這種權威底意圖是如何善良,也不論其目的事實上是如何良好,耶教底可愛性卻消失了。因為**命令**某人不僅做某事,還應當**自願**做它,這是一項矛盾。

耶教底目標在於:為了遂行對其一般而言的義務之遵從而促進愛,並且也產生愛。因為其創立者並非以一個司令——它請其同儕留心**其要求服從的意志**——底資格發言,而是以一個愛人者——他請其同儕留心他們自己正確地被理解的意志;也就是說,如果他們徹底地省察自己,自然會自願依此意志而行——底資格發言。

因此,這是**自由的**心態(liberale Denkungsart),它距離奴役感與放任同樣遙遠。耶教期望這種心態為其教義帶來**效果**。藉由教義,耶教能為自己贏得人底心,而人底知性已受到其義務底法則之表象所啟發。在終極目的之選擇中的自由底情感使人感到這項立法之可愛。因此,縱使耶教底導師也預示**懲罰**,但我們不可將此理解為:懲罰應當成為遵從耶教誡命之動機——至少這樣的說明不合於耶教底真正特質——;因為倘若如此,耶教便不再可愛了。倒是我們只能將此詮釋為出於立法者底仁

愛的慈悲警告，以防止因違犯法則而必然會造成的傷害。(因為
李維伍士有言：法則是冷漠無情之物[31]。)因為並非耶教(作為自
願採納的生命格律)、而是法則在此施加威嚇。作為存在於事物 339
底本性之中而不可改變的秩序，法則甚至不任由造物主隨意決
定這種秩序底結果為如此或如彼。

當耶教以**報酬**相許諾時(例如：「你們要歡喜而自信！你們
將在天上得到一切報償。」[32])，依據自由的心態，我們不可將
此詮釋為：這是一種出價，以便藉此彷彿**收買**人，使他有良好
的品行；因為在此情形下，耶教本身也不再可愛了。唯有對於
那種出於無私動機的行為之要求能使人對作此要求者產生敬
畏；但沒有敬畏，就沒有真實的愛。因此，我們不可賦予這種
許諾以一種意義，即這些報酬應被當做行為底動機。將一種自
由的心態聯繫於一個施惠者的那種愛，並不取決於窮困者所接
受的「善」，而僅取決於願意施予「善」的人底**意志**之善良——
即使他或許無能力做到這點，或是其執行受阻於其他考慮到普
遍公益的動機。

這便是耶教本身所具有的道德上的可愛性。這種可愛性從
許多自外加諸耶教的強制裡，在經常改變的意見當中，仍然透

---

31 【譯注】康德底引文是lex est res surda et inexorabilis。此句當係出自羅馬
史學家李維伍士(Titus Livius, 59 B.C. - 17 A.D.)底《羅馬史》："leges rem
surdam, inexorabilem esse, salubriolem melioremque inopi quam potenti."(II.
3.4)

32 【譯注】《新約‧馬太福音》第5章第12節：「你們要歡喜快樂，因為在天
上將有豐富的獎賞為你們保存著。〔……〕」

現出來，並且使耶教免於它通常必定會遭遇到的嫌惡；而且值得注意的是，在人類之中曾有過的最偉大的啟蒙時代，這種可愛性越來越顯得光輝。

如果耶教一旦到了不再可愛的地步（若它不是被其溫柔的精神所武裝，而是被專橫的權威所武裝，這種情況便可能會發生），則由於在道德事務中並無中立性可言（遑論相互對立的原則之聯合），對於耶教的嫌惡與反抗必然會成為人底主導心態，而且原本就被視為末日底先驅的**反基督者**[33]將開始其（大概以恐怖和自利為基礎的）統治（儘管是短暫的）。但這樣一來，由於耶教雖**註定**要成為普遍的世界宗教，但並非由於命運之**厚愛**而成為如此，則在道德方面，**萬物之**（顛倒的）**終結**就會來臨。

---

33 【譯注】原文為 Antichrist，或譯為「敵對基督者」。《新約・約翰一書》第2章第18節：「孩子們，世界的終局就要到了！你們曾聽說那敵對基督者要來；現在基督的許多仇敵已經出現，因此我們知道終局就要到了。」

論永久和平

——一項哲學性規畫

譯者識

由於法國大革命所造成的混亂及其對當時歐洲君主政體的威脅，奧地利與普魯士於1791年簽訂皮爾尼茲(Pillnitz)協定，公開要求干涉法國內政，以恢復法國底君主政體。這項協定引起法國人底極大反感，法國國民會議乃於次年4月決議對奧、普兩國宣戰。奧、普聯軍遂於同年8月進逼巴黎，但於瓦爾米(Valmy)會戰失利後撤軍。最後，雙方於1795年4月5日簽訂巴塞爾(Basel)和約，結束了這場戰爭，奧地利失去尼德蘭，普魯士則必須放棄萊茵河左岸之地。康德對這項和約之簽訂極感欣慰，便在這個背景之下撰寫了《論永久和平——一項哲學性規畫》(*Zum ewigen Frieden. Ein philosophischer Entwurf*)。他於同年8月13日寫信給科尼希貝爾格(Königsberg)底出版商尼可洛維伍斯(Friedrich Nicolovius)，表示願意讓他出版此書。尼氏立即答應其要求，並且於同年秋天出版此書。

此書第一次印了1500本，不久即銷售一空，遂又加印。次年，此書以增訂版底形式再版。在第二版中，除了一些字句上的小修正之外，主要增加了第二章底第二項附釋〈永久和平底秘密條款〉。此書出版後，立刻引起熱烈的討論，撰文評論此書者包括加爾維（Christian Garve）、徐次（Friedrich Wilhelm von Schütz）、菲希特（Johann Gottlieb Fichte）、許雷格爾（Friedrich Schlegel）、格雷斯（Joseph Görres）等人[1]。次年，此書便出現了法文、英文及丹麥文譯本。

本譯文係根據第二版譯出，原文見於普魯士王室學術院版《康德全集》第8冊，頁341-386。

1　【譯注】有關的評論收入A. u. W. Dietze (Hg.): *Ewiger Friede? Dokumente einer deutschen Diskussion um 1800.* München: C.H. Beck 1989。

論永久和平 (Zum ewigen Frieden)

343

　　某位荷蘭旅館主人在其繪有一個教堂墓園的店招上寫上這個諷刺性的題辭 [2]。這個題辭到底是針對一般而言的人，還是特別針對國家元首（他們決無法饜足於戰爭），或者甚至僅針對哲學家（他們懷有這個甜美的夢想），我們可以不論。但本文作者要求保留一項條件。現實政治家以極為自負的態度將理論政治家貶視為一個學究。這種學究憑其空洞的理念，不致危害國家（國家必須以經驗原理為依據）；而且人們總能任他去做不可能做到的事，而**老於世故的**政治家可以不將此事放在心上。既然如此，現實政治家縱然在與理論政治家發生爭執時，也得保持一貫的做法，而不會在後者貿然提出且公開表達的意見背後預感到其對國家的危險。藉著這項**保留條款**（Clausula salvatoria），本文作者想以最佳方式明確地使自己此後免於一切惡意的解釋。

2　【譯注】在德文中，Zum ewigen Frieden一詞還有「進入永恆安息」之意。康德運用此語底雙關涵義，略帶諷刺地點出主題。

第一章
國家之間的永久和平底臨時條款

1.「任何和約之締結在進行時，若是秘密地為一場未來的戰爭
保留物資，它就不該被視為和約之締結。」

　　因為這樣一來，這種和約之締結便只是一次停火、敵對行
為之延緩，而非**和平**。和平表示一切敵對行為之終結，而將「**永
久的**」這個修飾語加諸其上，是一種大可懷疑的堆砌。導致未
來戰爭的現存原因（儘管締約者本身目前可能還不知道這些原
因）均因和約之締結而消滅，而不論這些原因被人以多麼敏銳的
探求技巧從檔案文卷中挑出來。締約者若是保留原來的要求（這
些要求未來才可加以策畫，但目前沒有一方願意提及它們，因
為雙方均太過疲殆，而無法繼續從事戰爭），並且懷有邪惡的意
志，想利用第一個有利的時機，來達到這個目的，這項保留（秘
密的保留）[3]便該成為耶穌會會士底個案鑑別法[4]之對象，並且有

344

3　【譯注】「秘密的保留」（reservatio mentalis）一詞係耶穌會會士布森包姆
　　（Hermann Busenbaum, 1600-1668）於1645年首度使用，以後成為法律
　　學術語。這是指一個人在宣示意志時未明白表示、而在心中所作的保留。

4　【譯注】「個案鑑別法」（Kasuistik）是一種以個案為例的指導方法，係
　　由斯多亞學派、猶太法典學者、士林哲學家及耶穌會士逐漸發展出來。
　　其目的在於教人如何將法律或道德法則底規範應用於具體的行為或行為
　　情境中，或者發現在個別情況中有效的法則（尤其是在良心衝突或義務

失君主底尊嚴，就像信從這類推論有失其部長底尊嚴一樣(如果我們就這件事本身來評斷它)。

但如果按照已啟蒙的「治術」(Staatsklugheit)概念，國家之真正榮耀在於權力之不斷擴大(不論是用什麼手段)，則上述的判斷當然顯得學究而迂腐。

2.「任何獨立的國家(在此不論其大小)均不可被另一個國家藉繼承、交換、購買或餽贈所取得。」

因為一個國家並非(例如像它所位居的土地)一項財產(patrimonium)。它是一個人類社會；除了它本身以外，無人能命令和支配它。把它本身當做樹幹來看，它有自己的根。但是像接枝一樣將它歸併於另一個國家，等於是取消它作為一個道德人格的存在，並且使這個道德人格成為一個「物」，且因此與原始契約底理念相牴牾(若沒有這項理念，我們便無法設想關乎一個民族的任何權利)[5]。每個人都知道：在我們這個時代，直到最近為止，對於這種取得方式的先入之見已將歐洲——因為其他各洲從不知道這種方式——引入何種的危機，此即：連國家也可以相互聯姻。這有時是一種新的事業，甚至不費力氣地透過家族間的聯合為自己取得優勢，有時也以這種方式擴展

(續)————

衝突之情況中)。

5　一個世襲王國並不是一個能被另一個國家遺贈的國家，而是其統治權能被遺贈給另一個自然人。然則，這個國家得到一個君主，而非這個君主以一個君主(亦即已擁有另一個王國者)底身分得到這個國家。

領土。一個國家之部隊受雇於另一個國家,以對抗一個非共同的敵人,也屬於這種性質;因為在這種情況下,臣屬被當做可任意操縱的「物」來使用且消耗。

3.「常備軍(miles perpetuus)應當逐漸地完全廢除。」 345

　　因為常備軍藉由在待命中始終表現出準備作戰的姿態,無休止地以戰爭威脅其他的國家。它們誘使各國在武裝人員之數量(這是無止境的)上相互超越。再者,由於應用於常備軍的花費最後使和平比一場短期的戰爭產生更大的壓力,故常備軍本身成為侵略戰爭之原因,以期擺脫這種負擔。此外,受雇去殺人或被殺,似乎意含把人僅當做在另一者(國家)手中的機械和工具來使用;這無法與我們自己的人格中的人權相一致[6]。至於國民定期自願從事武器演練,藉此保障自己及其祖國免於外來的侵略,則是完全不同的情形。財富之累積也會有同樣的結果:財富被其他的國家視為戰爭之威脅,若非其多寡難於探知,它會迫使這些國家作先發制人的攻擊(因為在**軍事力量、同盟力量**和**經濟力量**這三種力量當中,最後一種力量可能是最可靠的戰爭工具)。

6　【譯注】第一版中在此原有個附注:「因此,一位保加利亞君王回答某位希臘皇帝(他想不靠其臣屬流血,而是善意地以決鬥來解決他和這個君王間的爭執)道:『一個擁有鉗子的鐵匠不會用手從煤中取出灼熱的鐵。』」類似的文句也出現於第二章第二項「確定條款」底附注(注18)中,故康德在第二版中將此處的附注刪除。

4.「任何國家均不該在涉及對外的國際糾紛時舉債。」

　　為了國家經濟(改善道路、新闢墾殖區、為可慮的荒年購置倉儲等)而在國內或國外尋求援助，這種援助來源無可懷疑。但是在一個信用制度中，債務無限地成長，卻始終不虞目前的債權要求(因為所有債權人可不會一下子都提出債權要求)──這是一個經商的民族在本世紀中的巧妙發明[7]──這種信用制度若當做強權間相互對抗的機器，便是一種危險的經濟力量；這就是一種用以進行戰爭的財富，它超過其他所有國家之總財富，而且只能因即將發生的稅收虧損(但也由於信用制度反過來影響工業和產業，而使貿易活躍，這種虧損還能延後許久發生)而耗盡。因此，這種進行戰爭的輕易性與掌權者之好戰(這似乎是人性之稟賦)相結合，便成為永久和平之一項重大障礙。禁止此事必然更加是永久和平之一項臨時條款，因為一個國家最後無法避免的破產必然使其他不少國家未負債而蒙受損失，而這將是對它們的一項公開侵害。是故，其他國家至少有權聯合起來，反對這樣一個國家及其非分要求。

346

5.「任何國家均不該以武力干涉另一個國家之憲法和政府。」

　　因為什麼能使它有權這麼做呢？難道是它在另一個國家底

　7　【譯注】這個「經商的民族」顯然是指英國人。

臣屬中所引起的反感嗎？這另一個國家底功用其實在於藉一個
民族[8]因其無法紀而招致的重大災禍之例提出警告；而一個自
由人提供給別人的壞榜樣(作為所承受的壞榜樣〔scandalum ac-
ceptum〕)根本不是對後者的侵害[9]。如果一個國家因內部不和
而分裂為兩部分，每一部分均自認是一個個別的國家，而對全
體提出要求，這誠然不會造成這種干涉；此時，一個外國支持
其中的一部分，不能被視為干涉他國底憲法(因為這是一種無政
府狀態)。但是只要這種內部的鬥爭尚未塵埃落定，外在力量之
這種干涉將侵害一個只是與其內在疾病搏鬥的獨立民族之權
利；因此，其本身將是一件十足的可厭之事，並且將危及所有
國家之自主性。

6.「任何國家在與另一個國家作戰時，均不該容許自己採取必
　會使未來在和平時的互信成為不可能的那種敵對行為，諸如
　雇用**刺客**(percussores)與**下毒者**(venefici)、**破壞協約**、在敵國
　唆使叛逆(perduellio)等。」

　　這些均是不光彩的計謀。因為在戰爭期間，對敵人底心意
的某種信任仍得保留下來，否則也不會有任何和約之簽訂，而
且敵對行為終將發展成一場殲滅戰爭（bellum internecinum）。戰

8　【譯注】「一個民族」隱指波蘭。波蘭因內部不團結，先後於1772、1793
　　及1795年遭到列強三次瓜分。

9　【譯注】康德這段話顯然影射當時奧地利與普魯士兩國對法國內政的干
　　涉。請參閱〈譯者識〉。

爭畢竟只是在自然狀態中可悲的應急手段（此時並無法庭存
在，可作具有法定效力的判決），以武力來維護其權利。在這種
情況下，雙方均不可被宣告為不義的敵人（因為這已預設了法官
之判決），而是由戰爭之**結果**（像是在所謂上帝底法庭之前）來決
定：法權[10]歸於何方。但是在國家之間，懲罰戰爭（bellum
punitivum）是無法設想的（因為在它們之間並無上司對屬下的關
係存在）。由此便可推知：一場殲滅戰爭（在這場戰爭中，雙方
連同一切法權可能同歸於盡）唯有在人類底龐大墓園中才會讓
永久和平降臨。因此，這樣一種戰爭，連同導致這種戰爭的手
段之運用，必須絕對禁止。但是，「上述的手段必然會導致殲
滅戰爭」這一點可由以下的事實得知：既然這些伎倆本身是卑
鄙的，當它們被使用時，不會長久保持在戰爭底範圍內——像
譬如在使用間諜（uti exploratoribus）時，所利用者只是他人之無
恥（這從來無法完全根絕）——，而是也會轉移到和平狀態中，
且因而完全否定其使用之目的。

※　　　※　　　※

　　雖然客觀而言（亦即就掌權者底意圖而言），上述的法則純
屬**禁制法則**（leges prohibitivae），但是其中若干法則是**嚴格的**，
在所有情況下一體適用（legis strictae）；它們堅決地要求**立刻撤**

347

---

10 【譯注】Recht 這個字在德文中兼有「權利」、「法律」、「正當」、「公道」
　　諸義，此處兼取前二義，勉強譯為「法權」。以下遇到此字時，若僅涉及
　　以上諸義之一，則依其義譯出；若同時涵蓋以上諸義，則譯為「法權」。

銷所禁止的行為（如第一、五、六條）。然而，其他法則（如第二、三、四條）雖非法律規則之例外，但就其**執行**而言，卻視情況而**在主觀方面**對權限有所擴大（leges latae），並且容許**延緩**其實施，而不失卻其目的。這項目的並不容許這種延緩（例如，延緩**恢復**某些國家就第二條而被剝奪的自由）遙遙無期地拖延下去（像奧古斯都經常應允的，到希臘的初一）[11]，亦即不恢復，而是僅僅為了使這種恢復不因倉促行事而與目標本身背道而馳，才容許延遲。因為這項禁制在此僅涉及今後不該再適用的**取得方式**，而不涉及**占有狀態**；儘管這種占有狀態並不具有必要的法律名義，但在其（假想的取得方式底）時代，依據當時的輿論，它被所有國家視為合法的[12]。

---

11 【譯注】「到希臘的初一」（ad calendas graecas）一語出自羅馬皇帝奧古斯都。 在羅馬曆法中，每月初一叫做 calendae，羅馬人通常在這一天結帳。但在希臘曆法中並沒有這一天。據說，奧古斯都在談到拖欠債務的債戶時，曾說：他們到希臘的初一才會還債，也就是說：他們永遠不會還債。

12 除了純粹理性底**命令**（leges praeceptivae）和**禁制**（leges prohibitivae）以外，是否還能夠有其**許可法則**（leges permissivae），至今不無理由受到懷疑。因為一般而言的法則包含客觀的實踐必然性底一項根據，而許可卻包含某些行為底實踐的偶然性之一項根據。因此，一項**許可法則**將包含「強制去做某人無法被強制去做的事」之義；如果法則底對象在兩方面有相同的意義，這將是一項矛盾。但此處在許可法則中所預設的禁制僅涉及未來取得一項權利的方式（例如經由遺產），而對這項禁制的豁免（亦即許可）卻涉及目前的占有狀態。這種占有狀態在由自然狀態過渡到文明狀態時，依然可根據自然法底一項許可法則，作為一項雖不合法、但仍**誠實的占有**（假想的占有〔possessio putativa〕）而再延續下去——雖然一項假想的占有一旦被認定為假想的占有，在自然狀態中就是

347
348

第二章
國家之間的永久和平底確定條款

348

共同生活的人之間的和平狀態並非自然狀態(status natu-

──────────────────────────────
(續)

禁止的,而一種類似的取得方式在以後的文明狀態中(在過渡發生之後)
也是禁止的;如果這樣一種臆想的取得發生於文明狀態中,就不會產生
那種繼續占有底權利;因為在其不合法性被發現之後,它就得因其為一
種侵害而立刻停止。

我只想就此順便使自然法底教師注意一項許可法則底概念,這個概念自
然地呈現於一種系統地分類的理性──尤其是因為在文明法則(成規的
法則)中經常使用許可法則,唯獨有一項區別,即是:禁制法則單獨成
立,但許可卻不被歸入禁制法則中,作為限制條件(它本該如此),而是
被歸諸例外。然則,許可法則係表示:這件事或那件事被禁止,**除非**第
一、第二、第三等,以至於無窮。而許可並非根據一項原則,而是僅因
在出現的事例中到處摸索,而偶然地附加於法則;否則,這些條件也得
被歸入禁制法則底程式中,而禁制法則也因此變成了一項許可法則。因
此,既睿智又機敏的**溫狄胥格雷茲伯爵**大人底深具意義、但仍未解決的
徵文題目(它正是堅持探求上述的道理)這麼快就被拋開,是值得惋惜
之事。因為這樣一種(與數學程式相類似的)程式底可能性是一項始終
一貫的立法之唯一真正的試金石;若無這種可能性,則所謂的「確定法
律」(ius certum)將永遠是一項虔誠的願望。否則我們將只有**一般的**法
則(它們**大體**上有效),卻沒有普遍的法則(它們**普遍地**有效),而一項
法則底概念似乎要求具有普遍有效性。

【譯者按】溫狄胥格雷茲伯爵(Josef Nikolaus Windisch-Graetz, 1744-
1802)是德國政治家與哲學家。康德曾與他交換過著作。他曾於1785年公
開提出了一個徵文題目:「契約底格式要如何擬訂,才能完全免於雙重解
釋,並且使關於任何一項財產變更的爭執均成為不可能,因而對於一份
依照這些格式撰寫的法律文件決無法產生訴訟?」

ralis）；自然狀態其實是一種戰爭狀態，也就是說，儘管並非一直　349
有敵對行為之爆發，卻不斷有敵對行為之威脅。因此，和平狀
態必須被**建立**；因為放棄敵對行為仍不足以保證和平狀態，而
且若非一個鄰居由他人得到保證（但這只有在一種**法律**狀態中
才可能發生），這個鄰居仍可能將他人（這個鄰居曾要求此人提
出保證）當成一個敵人來對待[13]。

---

13 我們通常認為：一個人不可對任何人採取敵對態度，除非此人已在實際　349
上**傷害**了他；而且如果雙方均在**文明的法律**狀態中，這也是完全正確的。
蓋由於此人已進入這種狀態中，此人便對他（藉由對雙方有支配力的當
局）作了必要的保證。但是完全在自然狀態中的人（或民族），正由於這
種狀態（他與我共處於這種狀態中），便已使我失去了這種保證，並且傷
害了我。他雖然並未在實際上（facto）、卻由於其狀態之無法紀（statu
iniusto）而傷害了我，故我不斷地被他所威脅，而且我能強迫他同我一
起進入一種共同的法律狀態中，或是離開我的周遭。因此，作為以下所
有條款底基礎的設準是：所有能相互影響的人必須隸屬於某一公民憲章。
但是一切法律上的憲章，就其所統轄的人而言，計有：

1）以在一個民族中的人底**國民權**為根據的憲章（ius civitatis）。
2）以在相互關係中的國家底**國際法**為根據的憲章（ius gentium）。
3）以**世界公民權**為根據的憲章——就處於相互影響的外在關係中的人
和國家可被視為一個普遍的人類國家底公民而言（ius cosmopoliticum）。

這項分類並非隨意設定的，而是與永久和平底理念有必然的關係。因為
這其中只要有一者處於對他人有自然影響的關係中，並且還是處於自然
狀態中，這將無法免於戰爭狀態，而此處的目標正是要擺脫戰爭狀態。

永久和平底第一條確定條款

每個國家底公民憲法應當是共和制的。

　　首先根據一個社會底成員之**自由**底原則(作為人)、其次根
據所有人對一項唯一的共同立法之**從屬**底原理(作為臣屬)、第
三根據所有人底**平等**之法則(作為**國民**)所建立的憲章——由原　350
始契約底理念所產生、而且一個民族底所有法律創制必須建立
於其基礎上的唯一憲法——是**共和制的憲章**[14]。因此，就法權

---

14 **法律的**（亦即外在的）**自由**不能像一般人慣常的做法那樣，被界定為「只　350
　　要我們不對任何人不公，就可為所欲為」的權限。因為什麼叫做「**權限**」
　　（Befugnis）呢？就是一個不致使我們對任何人不公的行為之可能性。
　　因此，自由底說明將如下：自由是不致使我們對任何人不公的行為之可
　　能性。只要我們不對任何人不公，我們就不對任何人不公（不論我們想
　　做什麼）。是故，這是空洞的重複語。其實，我的外在的（法律的）**自
　　由**可如此去說明：它是「除了我已能同意的法則之外，不服從任何外在
　　法則」的權限。同樣地，在一個國家中的外在的（法律的）**平等**是公民
　　間的一種關係，依據這種關係，無人能在法律上對他人有所責求，而不
　　同時服從使他也**能轉而被他人以同樣方式責求的法則。（法律上的**從屬底
　　原則不需要任何說明，因為這已包含於一般而言的國家憲法底概念之
　　中。）這些必然屬於「人」（Menschheit）而且不可轉讓的天賦權利之有
　　效性，由於人本身對更高級的存有者（如果他設想這樣的存有者）的法
　　律關係而被確認且提升，因為人根據同樣的原理也設想自己是一個超感
　　性世界底公民。蓋就我的自由而論，我自己對神性法則（我只能憑理性
　　認識這些法則）並無任何責任，除非我自己已能同意它們（因為透過我
　　自己的理性底自由法則，我才形成一個神性意志底概念）。若就上帝以外
　　我在宇宙中可能設想的最崇高的存有者（一個偉大的「**埃昂**」）而論平等
　　底原則，則何以我在我的分位上盡我的義務，就像那個埃昂在其分位上

而言，這種憲法本身是一切種類的公民憲法底原始基礎；而現在只有這個問題：憲法是否也是唯一能導致永久和平的憲法？

但而今共和憲法除了其來源底純粹性（即來自法權底概念之 351 純粹根源）之外，還有指望達到所期望的結果，即永久和平。其理由如下：如果為決定是否應當開戰，必須有公民底同意（在這種憲法中只能如此），則他們將十分猶豫去開始一場如此可怕的遊戲，這是最自然不過的事；因為他們將必須為自己決定戰爭底一切苦難（諸如親自戰鬥、從他們自己的財產中提供戰爭底費用、艱苦地改善戰爭所留下的破壞，最後，最不幸的是還要自己承受一筆使和平本身變得苦澀、而且由於緊接不斷發生的新

（續）

盡其義務一樣，但我卻該有服從的義務，而他該有施令的權利呢？這並無任何理由。這項**平等**底原則並不像自由底原則那樣，也適用於對上帝的關係；其理由在於：義務底概念唯獨在這個存有者那裡失去了意義。但是作為臣屬的公民底平等權而論，我們在答覆「**世襲貴族**是否可容 351 許」這個問題時，只消考慮：**國家**所授予的**名位**（它使一個臣屬高於另一個臣屬）得居於**功績**之前，還是功績得居於這種名位之前？如今顯而易見的是：如果名位與出身相聯結，我們便完全無法確定：是否功績（稱職與盡職）也會隨之而來？因此，這等於好像說：名位被授予無任何功績的受惠者（成為施令者）；人民底共同意志決不會在一項原始契約（這可是一切權利底原則）中採納這一點。因為一個貴族並不就是一個**高貴的人**。就**職務貴族**（我們可如此稱呼高級官員底名位，而且我們可憑功績取得這種名位）而論，名位並非作為財產而附著於人，而是附著於職位，而平等並不因此受到侵害；因為當此人辭去其職務時，他同時脫離其名位，並且回到民間。

【譯者按】「埃昂」（Äon）一詞在希臘文中的原意為「生命」。 諾斯替教（Gnostizismus）認為埃昂是由上帝流衍出來的精神，介乎神與人之間，一方面是上帝底映象，另一方面是精神生命底型範。

戰爭而決無法清償的負債)。反之,如果在一種憲法中,臣屬並
非公民(因此,它不是共和制的),則在這種憲法中,開戰是世
界上最無可猶豫之事。因為元首並非國家底成員,而是國家底
擁有者,不因戰爭而使其宴席、狩獵、度假行宮、宮廷節慶等
有絲毫損失;因此,他可能由於微不足道的原因而決定開戰,
有如決定從事一種宴遊,並且為了體面起見,毫不在意地讓隨
時待命的外交使節團為這場戰爭辯護。

※　　　※　　　※

　　為了不致像常見的情形一樣,將共和制憲法與民主制憲法混
為一談,我們得注意以下一點:一個國家(civitas)底形式可以按　352
照掌有最高國家權力的人底分別,或者按照其元首**治理**人民的
方式(不論其元首是誰)去分類。第一種形式其實是**統治底形式**
(forma imperii),而且這種形式只可能有三種:或者只有**一個
人**,或者**一些人**聯合起來,或者構成公民社會的**全體**共同擁有
統治權(**專制政體、貴族政體**與**民主政體**,亦即君王底權力、貴
族底權力和人民底權力)。第二種形式是政府底形式(forma
regiminis),而且涉及國家根據憲法(使群眾成為一個民族的共
同意志底行動)行使其絕對權力的方式。就這方面而言,其形式
或為**共和制的**,或為**獨裁制的**。**共和主義**(Republikanism)是「將
(政府底)行政權與立法權分開」的政治原則;獨裁主義(Des-
potism)則是「國家恣意執行它自己所制定的法律」的政治原
則,亦即被君主當做其個人意志來操控的公共意志。在三種國
家形式中,**民主政體**(依此詞底本義而言)底形式必然是一種**獨**

裁制；因為它建立一種行政權，使全體針對個人、甚至可能忤逆個人（因而未得到他的同意）而作決定，也就是說，不成其為全體的全體作決定。這是共同意志之自相矛盾，也是它與自由之間的矛盾。

　　蓋一切非**代議制**的政府形式根本是個**怪物**，因為在同一個人格中，立法者不能同時為其意志底執行者，正如在三段論式中，大前提中的普遍者不能同時為小前提中普遍者對特殊者之涵攝。儘管另外兩種國家憲法使這樣一種治理方式有發展的餘地，因而始終是有缺陷的，但它們卻至少具有一種可能性，此即：它們能採取一種合乎代議制度底**精神**的治理方式。例如，腓特烈二世[15]至少**說過**：他只是國家最高的僕人[16]；但在另一方面，民主制的國家憲法卻使這種事情成為不可能，因為在這種憲法中，大家都想作主人。因此，我們可以說：國家權力底掌理者（統治者底人數）越少，而在另一方面，其代表越多，國家憲法就越是與共和制底可能性相吻合，而且這種國家憲法可以期望透過逐步的改革，最後提升為共和制。基於這個緣故，在

35:

---

15 【譯注】腓特烈二世即普魯士底腓特烈大帝（Friedrich der Große, 1712-
　　1786），是當時支持啟蒙運動的開明君主。

16 往往有人指摘一個統治者常被冠上的尊號（「上帝所指定者」、「上帝底　35:
　　意志在世間的代理人」以及「上帝底意志之代表」諸尊號）是粗鄙而惑
　　人的諂媚；但在我看來，這是沒有根據的指摘。這些尊號決不會使君王　35:
　　自大，反而必然在其心中貶抑他——如果他有理智（我們可得假定這
　　點），並且想到：他接受了一項對人類而言過於巨大的任務，就是管理
　　上帝在世間所擁有的最神聖的東西，即**人權**，並且必須始終擔憂在任何
　　地方侮辱上帝底這項寶物。

貴族政體中就比在君主政體中更難達到這種唯一在法律上完美
的憲法，但是在民主政體中，卻不可能不透過暴力革命來達成
這種憲法。然而，對於人民而言，治理方式[17]遠比國家形式重
要得多（儘管國家形式適合於這項目的的程度也非常重要）。但
如果治理方式要合乎法權底概念，它就需要代議制度；只有在
代議制度中，一種共和制的治理方式才是可能的；若無代議制

---

17 馬利‧杜龐以其大言炎炎、但空洞無物的文筆誇耀說：在多年經歷之　353
後，他終於得以確信**波普**底這句名言之真實性：「讓傻瓜為最好的政府
爭辯吧！管理得最好的政府就是最好的政府。」如果這等於是說：管理
得最好的政府得到最好的管理，那麼套用史威夫特底說法，他咬開一只
核桃，而核桃報之以一隻蛆。但如果這表示：這樣的政府也是最好的治
理方式（亦即國家憲法），那麼這是根本錯誤的；因為好政府底例子不能
為治理方式提供任何證明。有誰曾比一個**提徒斯**和**馬庫斯‧奧雷利伍斯**
治理得更好呢？但一者卻傳位於一個**多米提安**，另一者則傳位於一個**柯
謨都斯**。在一個好的國家憲法中，這種事情不可能發生，因為他們之不
適於此位早就為人所知，而統治者也有足夠的力量將他們摒諸其外。
【*譯者按*】馬利‧杜龐（Jacques Mallet du Pan, 1749-1800）是瑞士作家，
他曾著《論法國大革命及其持久之因》（*Considérations sur la révolution de
France et sur les causes qui en prolongent la durée*, Bruxelles 1793）一書，
堅決反對法國大革命。此書立刻由根茨（Friedrich Gentz）譯成德文，於
1794年出版。作者在此書末尾提到波普底這句名言。波普（Alexander Pope,
1688-1744）是英國詩人。此處引用的名言見於其書翰體的詩篇《論人》
（*Essay on Man*）第3函第303-304行。史威夫特（Jonathan Swift, 1667-1745）
是英國作家。康德所引用的說法出自其諷刺性散文《木桶底故事》（*Tale
of a Tub*），見*Prose Works of Jonathan Swift* (London 1900, Bohn Liberty
edition), I, 55。提徒斯（Titus Flavius Vespasianus, 39-81）和馬庫斯‧奧雷
利伍斯（Marcus Aurelius Antoninus, 121-180）均是羅馬皇帝，有仁厚之
名。多米提安（Titus Flavius Domitian, 51-96）和柯謨都斯（Lucius Aelius
Aurelius Commodus, 169-192）均是羅馬暴君。

度，治理方式便是獨裁而橫暴的(不論憲法屬於何種)。在古代所謂的「共和國」中，沒有一個知道這種制度，而且它們因此也必然完全淪為獨裁制，而在單獨一人底最高權力下的獨裁制仍是一切獨裁制中最可忍受者。

永久和平底第二條確定條款

國際法應當建立於自由國家底**聯邦主義**之基礎上。

個別的人在其自然狀態中(亦即在對外在法律的獨立性中)已因共存而相互侵害；而構成國家的民族可以像個別的人一樣被評斷，而且每個民族為了其安全起見，能夠且應當要求其他民族同它一起進入一個與公民憲法相類似的憲章中，在此每個民族底權利能得到保證。這是一個**國際聯盟**(Völkerbund)，但這種聯盟仍不一定是一個國際國(Völkerstaat)。然而，這其中有一項矛盾，因為每一個國家均包含**上司**(立法者)對**屬下**(服從者，即人民)的關係，而在一個國家中的許多民族只會構成一個民族。這與我們的預設相牴牾，因為我們在此必須就**諸民族**應構成不同的國家，而不融合於一個國家中，來考量它們彼此間的權利。

我們以極度的輕蔑來看待原始人對其無法律的自由之執著(他們寧可無休止地互鬥，而不要服從一種可由他們自己建立的法律上的強制，因而寧取放縱的自由，而不要理性的自由)，並且視之為野蠻、無教養，以及由人降格為禽獸。同樣的，如今我們認為：文明的民族(其每個民族均單獨組成一個國家)必然

354

急於盡早擺脫一種如此糟糕的狀態。但是每個**國家**並非如此，
反倒是認為其尊嚴（因為「民族底尊嚴」是個荒謬的詞語）正好
在於「完全不受制於任何外在的法律上的強制」，而其元首底
榮耀在於：成千上萬的人供他驅策，去為一件與他們絲毫不相
干的事而自我犧牲，而他自己偏偏不必蹈險[18]。而歐洲原始人
與美洲原始人之主要區別在於：美洲原始人底一些部落完全被
其敵人吃掉，歐洲原始人則懂得更妥善地利用其所征服的人，
而不吃掉他們，並且懂得寧可擴增其臣屬底數額，因而也藉此　355
擴增可用於更大規模戰爭的工具之數量。

我們可在各民族底自由關係中赤裸裸地見到人性底邪惡
（然而，在文明的法律狀態中，這種邪惡大大地為政府底強制所
掩蓋），因此我們的確會驚訝於以下的事實：「**法權**」一詞仍無
法被視為迂腐而完全摒諸戰爭政策之外，而且仍無任何國家敢
公開表示贊同上述的看法。因為儘管**雨果‧格羅秀斯、普芬道
夫、瓦戴爾**[19]等人（純屬惱人的安慰者）在哲學方面或外交方面
所草擬的法典並不具有——或者甚至無法具有——絲毫**法律**效

---

18 因此，一個保加利亞君王回答某個希臘皇帝（他善意地想以一場決鬥來　354
　解決他和這個君王間的爭執）道：「一個擁有鉗子的鐵匠不會用手從煤中
　取出灼熱的鐵。」

19 【譯注】雨果‧格羅秀斯(Hugo Grotius, 1583-1645) 是荷蘭著名的法學
　家和政治家，其主要著作為《論戰爭法與和平法》(*De jure belli et pacis*,
　Paris 1625)。普芬道夫（Samuel Freiherr von Pufendorf, 1632-1694）是德
　國法學家和史學家，著有《論自然法與國際法》(*De jure naturae et gentium*,
　Lund 1672) 一書。瓦戴爾（Emmerich de Vattel, 1714-1767）則是瑞士法
　學家與外交家，著有《國際法》(*Le droit de gens*, Leyden 1758) 一書。

力（因為各國就其本身而言，並非處於一種共同的外在強制之下），他們仍始終真誠地被提起，來為一場軍事攻擊辯護。但是並無任何這樣的例子：以如此重要的人物底證詞來支持的論據曾促使一個國家撤銷其計畫。每個國家對法權底概念所表示的這種敬意(至少在口頭上)的確證明：在人底內部可發現一種更強大的(雖然目前半昏睡的)道德稟賦，有朝一日可主宰在他內部的邪惡原則(他無法否認這點)，並且期望他人也如此。否則，「法權」一詞決不會出諸想要相互攻擊的國家之口，除非只是為了藉此來嘲諷，像那個高盧君王[20]所宣稱的：「弱者應當服從強者，自然已使強者對弱者有這項優先權。」

國家追求其權利的方式決無法像在一個外在法庭中一樣依靠訴訟，而是只能依靠戰爭；但是權利並不因戰爭及其有利的結果(勝利)而得以確定。**和平條約**固然使這場戰爭終止，卻未使戰爭狀態(始終在尋找一個新藉口的狀態)終止(我們也不能直截了當地宣告這種狀態為不公正，因為在這種狀態中，各方對於其自身的事務均是法官)。然而，人在無法律的狀態中依自然權利而有一項義務，即「應當脫離這種狀態」，而國家卻無法依國際法而有同樣的義務(因為就它們作為國家而言，其內部已有一種法律上的憲章，且因此不再需要外在的強制，以便根據其「法權」概念，使它們歸屬於一種擴大的法律上的憲章)。但是理性卻由其最高的道德立法權底寶座，斷然譴責以戰爭為訴訟程序，而在另一方面，則使和平狀態成為直接的義務。可是 356

---

20 【譯注】此當指曾於西元前387年攻克羅馬的高盧王布雷努斯(Brennus)。

在各民族之間若無一項條約，和平狀態就無法被建立或保障。因此，必得有一種特別的聯盟存在，我們可稱之為**和平聯盟**（foedus pacificum）；這種聯盟與**和平條約**（pactum pacis）底分別將在於：後者僅試圖終止**一場**戰爭，前者卻試圖永遠終止**一切**戰爭。這個聯盟底目標不在於取得國家底任何權力，而僅在於維持與保障一個國家本身連同其他結盟國家之**自由**，但是這些國家不必因此（像人在自然狀態中一樣）受制於公共法律及其強制。我們可以說明這個**聯盟關係**（Föderalität）底理念（它應當逐漸擴展到所有國家，且因此通往永久和平）之可行性（客觀實在性）。因為如果由於幸運，一個強有力且已啟蒙的民族能夠組成一個共和國（依其本性，它必然傾向於永久和平），這個共和國便為其他國家提供一個聯盟統一底中心，以便它們加入其中，並且就此根據國際法底理念來保障國家間的自由狀態，且透過若干這類的聯合不斷地逐漸擴大。

一個民族說：「在我們當中不該有戰爭；因為我們想要組成一個國家，也就是說，為我們自己設立一個立法的、行政的及司法的最高權力，和平地調停我們的爭執。」這可以理解。但如果這個國家說：「儘管我不知道有任何最高的立法權力保障我的權利，而我也保障其權利，但在我和其他國家之間不該有戰爭。」那麼，我要憑什麼信賴我的權利，是完全無法理解的，除非有公民社會底聯盟（亦即自由的聯邦主義）作為替代物。理性必然將這種聯邦主義與國際法底概念聯結起來（如果國際法底概念還有任何思想意涵的話）。

國際法若當做一種從事戰爭的權利來看，其概念根本不會

有任何思想意涵；因為它將是一種權利，並非根據普遍有效的外
在法律（它們限制每個個人底自由），而是根據單方面的格律，　357
憑武力去決定何謂法權。然則，這個概念必然意謂：如果有此
居心的人相互殘殺，且因此在廣大的墳墓（它掩埋暴行底一切恐
怖連同其造因者）中找到永久和平，他們合該如此。根據理性，
在相互關係中的國家沒有別的辦法擺脫無法律的狀態（在這種
狀態中只有戰爭），除非它們正如個別的人一樣，放棄其放縱的
（無法律的）自由，勉強接受公共的強制性法律，且因此形成一
個（當然會不斷成長的）**國際國**（civitas gentium），而這個國家最
後將包括地球上所有的民族。但既然這些國家依其國際法底理
念，完全無意於此，因而實際上（in hypothesi）拒絕在學理上（in
thesi）正確的事，所以（如果我們還可有一線希望的話）只有一個
現存且不斷擴大的非戰**聯盟**能取代**一個世界共和國**底積極理
念，作為**消極的**替代物，以扼止畏懼法律的敵對傾向之潮流，
但這種傾向爆發的危險卻始終存在（「邪惡的癲狂在心中……翻
騰，血污的嘴顯得可怕。」[21]——**維吉爾**）[22]。

---

21 【譯注】語出羅馬詩人維吉爾（Virgil，本作 Publius Vergilius Maro）底
　　史詩《艾內伊斯》（*Aeneis*, I, 294-296）："Furor impius intus...fremit horridus
　　ore cruento."

22 一個民族在結束了一場戰爭、簽訂和約時，在感恩慶典之後，宣布一個　357
　　懺悔節，以國家底名義祈求上天寬恕其重大罪孽，這或許並非不當之舉。
　　人類依舊讓這種罪孽發生，因為他們在與其他民族間的關係中，不願服
　　從任何法律上的憲章，而是以其獨立自豪，寧可使用戰爭這種野蠻的手
　　段（但這種手段卻無法確定所尋求之物，即每個國家底權利）。在戰爭期
　　間為所贏得的**勝利**舉行的感恩慶典、為**萬眾之主**（用以色列的方式）所

永久和平底第三條確定條款

世界公民權應當局限於普遍的**友善**底條件。

　　就像在前面的條款一樣，我們在這裡所談的並非對人類之愛，而是**權利**；而**友善**（好客）意謂一個外地人在抵達另一個人 　358
底地域時不受到其敵意對待的權利。這個當地人可以拒絕他（如果這不會使他死亡的話），但只要他在其所到之處態度和善，此人便不可以敵意來對待他。這並不是這個外地人可以要求的**賓客權**（Gastrecht）（這將需要一個有利的特別協定，使他在某一段時間內與主人共享居所），而是所有人均應享有的**拜訪權**（Besuchsrecht），亦即他們由於對地球表面的共有權而交往的權利。由於地球表面是個球面，他們不能無限地分散開來，而是最後得容忍彼此的存在；但原先並無任何人比其他人有更多的權利居於地球上的一處。地表無法居住的部分（海洋和沙漠）將這個共同體分隔開來，但是**船**或**駱駝**（沙漠之舟）使他們有可能越過無主的地區而相互接近，並且利用**地表權**（它為人類所共有）來促成一種可能的交往。因此，海岸居民（例如巴巴利人）[23]

（續）

　　唱的頌歌，與人之父底道德理念形成極強烈的對比；因為這種慶典與頌
　　歌使人以為人之父不但對各民族追求其彼此間的權利之方式漠不關心
　　（這已夠可悲了），還因毀滅了許多人或其幸福而感到一種愉快。
　　【譯者按】「萬眾之主」和「人之父」均是指上帝。

　23　【譯注】巴巴利人（die Barbaresken）是十六至十九世紀生活於北非沿海
　　地區（東至埃及，西抵大西洋，南接撒哈拉沙漠，北臨地中海）的摩爾

劫掠船隻，或者逼使遇難水手成為奴隸，沙漠居民(阿拉伯的貝督因人)[24]將接近游牧族視為一項權利，以劫掠他們：這種不友善的行徑違反自然法。但這種關於好客的權利(亦即新到的外來客之權限)並不逾越**嘗試**與原居民交往的可能性之條件。藉著這種方式，遠隔的各洲得以和平地建立相互關係，而這些關係終將成為公法上的關係，且因此將使人類最後日益接近一個世界公民底憲章。

如果我們將我們這個洲底文明國家(尤其是從事商業的國家)之**不友善**作風與這個目標相比較，則它們在**拜訪**其他國家和民族(對這些國家和民族而言，此舉無異於**征服**它們)時所表現的不義達到令人吃驚的程度。對它們而言，美洲、黑人國家、香料群島[25]、好望角等地被發現時，是無主之地；因為它們不把當地居民當成一回事。在東印度(印度斯坦)，它們僅以打算設立貿易據點為藉口，便引進外來軍隊，但連帶地也使土著受到壓迫，煽動當地各國進行大規模的戰爭，並且帶來饑荒、叛亂、背信，以及一連串折磨人類的災禍。

359

中國[26]與日本(即Nipon)領教過這類客人，因此有聰明的應

(續)

人，以其海盜活動聞名。

24 【譯注】參閱頁88注30【譯者按】。

25 【譯注】指印尼底摩鹿加群島。

26 要寫出這個大帝國自己使用的名稱（亦即China，而非Sina或一個與此相似的語音），我們只消參閱喬爾吉底《西藏字母》，頁651-654，特別是注b下面。根據彼得堡底菲雪教授之注解，中國根本沒有自己使用的確定名稱；最常用的名稱還是Kin這個字，亦即「金」（西藏人稱之為Ser），因此皇帝被稱為**金**王（世界上最莊嚴的國家之王）。這個字在該帝國本身雖

359

（續）
──

然讀成Chin，但可能被義大利傳教士（由於喉音字母底緣故）念成Kin。由此我們便可推知：羅馬人所謂的「**瑟人（Serer）之國**」便是中國，而**蠶**絲係通過**大西藏**（大概是經由**小西藏**和布哈拉，通過波斯而繼續前行）而被輸送到歐洲。這引發不少關於這個奇妙國家底古代的探討（與印度斯坦底古代相比較，關聯於**西藏**，並由此關聯於日本）；而其鄰邦據稱加諸這個國家的名稱Sina或Tschina則無所影響。在西藏與歐洲間那種雖未充分為人所知、但卻古老的聯繫，或許也可由**赫西秋斯**在這方面為我們保留下來的紀錄得到說明，此即在埃勒夫西斯秘密儀式中祭司底呼喊聲Kονξ 'Oμπαξ（Konx Ompax）（見《小阿納卡爾西斯底希臘之旅》第5部頁447及其下）。因為根據喬爾吉底《西藏字母》，Concioa這個字意謂「**神**」，與Konx極為類似，而Pah-cio（同上，頁520）可能不小心被希臘人讀成Pax，它意謂「宣諭律法者」（promulgator legis），即遍布於整個自然界的神（亦稱Cencresi，頁177）。但是當Om（拉克羅呆將此字譯為benedictus，即「**受福**」）應用於神時，大概只能意謂「**享至福之名者**」（頁507）。**弗朗齊斯古・荷拉修斯神父**經常問西藏**喇嘛**：依他們的理解，神（Concioa）是什麼？他始終得到這個答案：「**神是所有聖者之集合**」（亦即享有至福的靈魂之集合，這些靈魂經過喇嘛轉世，在多次輪迴中遍歷各種軀體之後，終於回歸於神，變成「**布爾卡內**」，也就是值得尊敬的存有者）（頁223）。因此，那個神秘的字Konx Ompax可能意謂**神聖（Konx）、至福（Om）而睿智（Pax）**、並且遍及宇宙的最高存有者（人格化的自然），而且在希臘**秘密儀式**之使用中可能已暗示新加入此種儀式者底**一神論**，而相反於民眾底**多神論**──儘管**荷拉修斯神父**（同上）在這裡察覺到一種無神論。但是，那個神秘的字如何經過西藏而傳給希臘人，可藉以上的方式來說明；反過來，這也使歐洲與中國極有可能很早就經由西藏而交往（或許比歐洲與印度斯坦間的交往還更早）。

【譯者按】喬爾吉（Antonio Agostino Giorgi, 1711-1797）是奧古斯丁會會士。他於1762年為天主教傳教團編輯了一部《西藏字母》，前面附有對西藏底人民、國土、起源、風俗、宗教等的探討。此書底全名為：*Alphabetum Tibetanum missionum apostolicarum commodo editum. Praemissa est disquistio qua de vario literarum ac regionis nomine, gentis origine, moribus, superstitione ac manichaeismo fuse disseritur, Beansobrii calumniae in S.*

360

付之方。中國雖然容許這類客人接近，但不容許他們進入國內。
日本甚至只容許一個歐洲民族（荷蘭人）接近，但卻使他們在這
個過程中像囚犯一樣，無法與土著來往。在此，最糟糕的（或者
從一個道德裁判者底觀點來看，最好的）是：這類客人從未由這
種暴行得到樂趣；所有的這些商社均瀕臨崩潰；食糖群島[27]這
個最殘酷且最精巧的奴隸制度之所在地並未產生真正的收益，
而只能間接地用來達成一項並不十分值得稱道的目的，亦即用
來為艦隊訓練水手，且因此在歐洲進行另一場戰爭——追求這

（續）————————————————————————————

> *Augustinum aliosque ecclesiae patres refutantur. Studio et labore Fr.*
> *Augustini Antonii Georgii eremitae Augustinui*。菲雪（Johann Eberhard
> Fischer, 1697-1771）教授是聖彼得堡學院歷史教授，曾參加第二次堪察
> 加探險（1733-1743）。康德所提到的注解見菲雪所著：*Questiones Petropo-*
> *litanae*（Göttingen/Gotha 1770）, III, "De variis nominibus imperii Sinarum",
> §2, p. 81. 赫西秋斯（Hesychius）是希臘文法學家，大約於第五世紀生活
> 於埃及底亞歷山大里亞，曾編了一部罕見字詞語典。Κονξ 'Ομπαξ一詞
> 即保留在這部語典中。埃勒夫西斯秘密宗教係崇拜德米特（Demeter）及
> 佩爾瑟封涅（Persephone）女神的秘密宗教，起源於古希臘城市埃勒夫西
> 斯（Eleusis，亦作Elefsis）。該城在雅典以西約14英里處。《小阿納卡爾西
> 斯底希臘之旅》（*Voyage du jeune Anacharsis en Grèce, dans le milieu du*
> *quatrième siècle avant l'ère vulgaire*, Paris 1788）是考古學家巴泰勒米（Abbé
> Barthélemy）描述古希臘人生活全貌的五冊巨著，其後由畢斯特（Johann
> Erich Biester）譯成德文（Berlin 1792ff.）。康德於1793年9月由德文譯本
> 底出版商那裡取得此譯本。拉克羅采（Mathurin Veyssière de la Croze,
> 1661-1739）是法國本篤會會士，也是柏林學術院院士。弗朗齊斯古·荷
> 拉修斯神父（Pater Franciscus Horatius, 亦名Francisco Orazio della Penna），
> 生平不詳。他於1735-1747年間被教會派往拉薩，因其對西藏的介紹而知
> 名於歐洲。

27 【譯注】此當指西印度群島，但也可能是指加納利群島。

項目的的強權均對其虔誠大作文章，而且當它們如飲水般地享受不公時，均希望自己被視為正宗的選民。

如今，在全球各民族間已普遍地劇增的(或緊或鬆的)聯繫 360
發展到了一個程度，以致在地球上的一個地方有違反法權之事，各地都會察覺到。因此，世界公民權底理念就不是對法權的一種虛幻而誇張的想法，而是對國家法與國際法底未成文法規的一項必要補充，以求得一般而言的公共人權，並因而求得到永久和平。惟有在這項條件之下，我們才可自許在不斷地接近永久和平。

第一項附釋
論永久和平之保證

提供這種**保證**的，正是**自然**這位偉大的藝術家（自然這位萬物底藝術家）[28]。從自然底機械過程明顯地凸顯出合目的性，即經由人之齟齬而讓和諧甚至違背其意志而產生。因此，若我們彷彿把自然當做一個我們不知其作用法則的原因之強制，便稱之為**命運**（Schicksal）；但若我們考慮到自然在宇宙進程中的合目的性，把它當做一個以人類底客觀終極目的為目標、並且預先決定這個宇宙進程的更高原因之深邃智慧，便稱之為**神意**（Vorsehung）[29]。我們固然根本無法在自然底這些匠心設計中**認** 361 362

---

28 【譯注】原文作 natura daedala rerum，語出羅馬哲學家魯克雷修斯（Titus Lucretius Carus）底《論萬物之本性》（*De rerum naturae*, V, 234）。

29 在自然底機械作用（人也以感性存有者底身分隸屬於這種作用）中顯示 361
出一種自然底存在所依據的形式。我們無法理解這項形式，除非我們以一個對它預作決定的宇宙創造者之目的作為其基礎。一般而言，我們將這個宇宙創造者底預定稱為（上帝底）**神意**。就這種預定被擺在宇宙底**開端**而言，我們稱之為**開創的**神意（providentia conditrix；一旦他下命令，它們就永遠服從——奧古斯丁）。但就它依合目的性底普遍法則維持自然底**進程**而言，我們稱之為**統轄的**神意（providentia gubernatrix）。再者，就它引向無法為人類所預知、而是只能由成果去推測的特殊目的而言，我們稱之為**引導的**神意（providentia directrix）。最後，甚至就作為上帝底目的的個別事件而言，我們不再稱之為神意，而稱之為**安排**（Fügung; directio extraordinaria）。但既然這種安排事實上暗示奇蹟（儘管這些事件並不被稱為奇蹟），則想要認識這種安排本身，是人類愚蠢的狂妄。因為從一個個別的事件去推斷一項致動因底特殊原則（這即是說：這個事件

(續)

是目的，而不只是另一個我們完全無所知的目的之自然機械式的附帶結果），是荒謬而又十分自負的（無論其說法聽起來多麼虔敬而謙卑）。同樣的，依照神意在宇宙中所涉及的**對象**（**就實質面**來看）將它區分為**普遍的**與**特殊的**，也是錯誤而自相矛盾的（例如說：神意固然是為維持受造物底種屬而有的事先眷顧，但卻將個體委諸機遇）；因為神意之所以被稱為普遍的，正是由於沒有任何一個事物被設想成它的例外。或許人們在這裡所指的是依照神意底目標之實現方式對它所作的區分（**就形式面**來看），亦即將它區分為**尋常的**（例如，自然每年按照季節變遷而死亡和復甦）與**不尋常的**（例如，洋流將樹木帶往北極海岸給當地居民，這種樹木在那裡無法成長，而當地居民沒有它就無法生活）。在後面的例子中，儘管我們能妥當地說明這些現象之自然機械式的原因（例如說：溫帶國家底河岸上長滿樹木，而那些樹木落入河中，並且被灣流沖走），但我們還是不可忽略目的論的原因，這種原因暗示一個支配自然的智慧之事先眷顧。但是在學院裡常見的「上帝**參與**或協助（concursus）感性世界中的一個結果」之想法卻得廢除。因為**第一**，想要使不同類之物相配（讓獅身鷲頭的怪物與牝馬並轡），並且在宇宙進程中讓本身是宇宙底變動之完全原因者來**補充**其自身的預作決定的神意（因此，這種神意必然已有所不足），譬如說：**除了上帝之外**，醫生也治療了病人，因此以助手底身分參與了治療，這是自相矛盾的。因為一個孤立的原因無濟於事（causa solitaria non iuvat）。上帝是醫生連同其　切醫術底創造者，且因此，如果我們真想攀升到我們在理論上無法理解的最高的原始基礎，就得將結果完全歸因於上帝。否則，只要我們把這個結果當做可依自然秩序來說明的事件而在宇宙底原因系列中追蹤它，也可將它完全歸因於醫生。**第二**，這樣一種思考方式也犧牲了一切據以判斷結果的確定原則。但是在**道德的實踐的**方面（因此，這完全著眼於超感性事物），例如在這個信仰──只要我們的存心真誠，上帝甚至會藉我們所無法理解的手段補償我們自己應享有的公道之不足，故我們應當全力追求善──中，上帝底協助之概念是完全適當的，甚至是必要的。但在此顯而易見的是：我們不必設法由此去**說明**一個善的行為（作為在宇宙中的事件）；這種說明方式是對於超感性事物的一種假冒的理論知識，因此是荒謬的。

【譯者按】「一旦他下命令，它們就永遠服從。」原文作 semel jussit, semper

362

識神意，或甚至僅由此去**推斷**它，而是（像是在事物底形式對於一般而言的目的之所有關係中一樣）只能夠且必須**連帶地設想**它，以便類比於人類底藝術活動，對其可能性形成一個概念；但是神意對於理性直接為我們所規定的目的（道德目的）之關係與協調底表象是個理念。這個理念固然**在理論方面**是超越的，但在實踐方面（例如，就「利用自然底那種機械作用以達成**永久和平**」的義務之概念而言）卻是獨斷的，而且在其實在性方面，有穩固的基礎。縱使像目前的情形一樣，我們所關切的只是理論（而非宗教），使用「**自然**」一詞也比我們所無法認識的「**神意**」一詞更適合於人類理性（就結果與其原因之關係而言，人類理性必須停留在可能經驗底界限內）之限制，而且**更為謙虛**。由於「神意」一詞，我們狂妄地為自己接上伊卡洛斯之翼[30]，以便接近神意底神秘莫測的目標之秘密。

現在，在我們更詳細地確定這種保證之前，有必要先探討自然已為在其大舞臺上活動的人所安排的狀態（這種狀態最後

（續）

　　parent。據學院本《康德全集》底編者邁爾（Heinrich Maier）之說，此言不見於奧古斯丁底著作中，故恐非嚴格的引述（參閱 *Kants Gesammelte Schriften*, Bd. 8, S. 509.）。「讓獅身鷲頭的怪物與牝馬並轡」原文作 gryphes iungere equis。維吉爾底《牧歌集》（*Eclogae*）有 jungentur jam gryphes eguis 之句（Ⅷ, 27），當為此語之出處。

30 【譯注】在希臘神話中，伊卡洛斯（Ikaros）是德達洛斯（Daidalos）之子。德達洛斯是有名的巧匠，因故得罪克里特國王米諾斯（Minos），連同其子被米諾斯囚禁於迷宮。德達洛斯用蜂蠟及羽毛為自己及其子製造雙翼，騰空飛去。但伊卡洛斯飛得太高，其翼為太陽所熔化，以致墜海而死。

使它對和平的保障成為必要）；然後，我們才探討自然提供這種 363
保證的方式。

自然底臨時措施如下：1)它已眷顧地球上所有地區的人，
使他們能在那裡生活；2)它已藉**戰爭**趨使他們遍布各地，甚至
進入最荒僻的地區，而居住於其中；3)它已藉同樣的手段迫使
他們進入多少合乎法律的關係中。在北極海寒冷的荒漠中仍有
苔蘚生長，**馴鹿**將之從雪中挖出，而本身則成為俄斯提亞克人
或薩摩耶人底食物、甚或拉車工具。又如，在帶鹽分的沙漠中
卻有**駱駝**，它彷彿是為了周遊沙漠而被創造，使它不致閒置無
用。這些現象就已值得讚嘆了。但如果我們見到：在北極海岸，
除了毛皮動物之外，還有海豹、海象、鯨魚如何以其肉為當地
居民提供食物，以其油脂提供燃料，目的便凸顯得更清楚。然
而，令人對自然底事先眷顧最為讚嘆的是自然為這些不毛之地
帶來的漂木（無人真正知道這種漂木從何而來）；若無這種材
料，當地人既無法備置其交通工具和武器，也無法備置其小屋，
以供落腳；在這裡，對抗獸類的戰爭已夠他們忙碌了，因而使
他們彼此之間和平地生活。但是曾經**驅使**他們**來到這裡**的可能
就是戰爭。人類在地球上居住時曾學習馴服且豢養的獸類當
中，第一個**戰爭工具**是馬；因為象屬於較晚的時代，亦即國家
已建立後的奢侈時代。同樣的，栽培某些被稱作**穀物**的草類（我
們現在已無法知道其原初的特性）之技術，以及藉移植和嫁接繁
衍並改良**果類**（或許在歐洲只有兩個品種，即野生蘋果和野洋
梨）的方法，只能在國家已建立後的狀態（在此已有受到保障的
地產存在）中產生——當人類已先在無法律的自由中歷經**狩獵**

生活[31]、漁業生活、放牧生活，直到**農耕生活**之後，而現在**鹽** 364
與**鐵**已被發現，它們或許是各民族之間最早有普遍需求的貿易
品；這使各民族首度處於一種相互的**和平關係**中，且因而甚至
與遠方的民族建立協議、聯繫與和平關係。

　　而今，當自然已眷顧人類，使他們**能夠**在地球上各地生活
時，它同時也已專橫地要求：縱然違背他們的愛好，他們也**應**
當在各地生活；甚至這種「應當」並不同時預設一個義務概念（這
個義務概念藉一項道德法則來責成他們如此做），而是自然為達
到它這項目的，選擇了戰爭。因為我們見到一些民族，其語言
底統一使人能辨識其來源底統一，像是一方面在北極海有**薩摩**
耶人，另一方面在**阿爾泰**山脈有操類似語言、距離兩百英里之
遠的民族。另一個騎馬的、且因而好戰的民族（即蒙古民族）曾
突入其間，且因此使這個種族底前一部分離開其後一部分，而

---

31 在所有的生活方式中，**狩獵生活**無疑最違反文明憲章；因為在這種生活　363
　中必須單獨生活的家庭不久就變得彼此**陌生**起來，而且這樣一來，他們　364
　就分散於廣闊的森林中，不久也變得**敵對**起來（因為每個家庭需要不少
　空間，以取得其食物和衣著）。**諾亞底禁血令**（〈創世記〉第9章第4-6節）
　——這種禁令經常重複出現，以後猶太裔的基督徒甚至使它成為一項條
　件（儘管是基於其他的考慮），來要求剛被接納的非猶太裔基督徒（〈使
　徒行傳〉第15章第20節及第21章第25節）——最初似乎正是狩獵生活之
　禁制；因為在這種生活中必然經常出現吃生肉的情形，因此，既然禁吃
　生肉，吃血自然也是禁止的。
　【譯者按】根據《聖經・創世記》中的記載，諾亞在方舟中躲過洪水後，
　上帝對他及他的兒子說：「〔……〕但是你們絕不可吃帶血的肉。誰取了
　人的生命，我就處死誰；動物傷害了人的生命，也要處死。上帝造人跟
　自己相像，所以流人血的，別人也要流他的血。〔……〕」

流散到最荒僻的冰凍地帶；這一部分人的確不是出於自己的愛
好而分散到這裡來[32]。同樣的，住在歐洲極北地區的**芬蘭人**稱
為**拉普人**（die Lappen），由於哥德族和薩馬細亞族侵入其間，而
與目前也距離遙遠、但與他們有相同語系的**匈牙利人**分開。再 365
者，除了戰爭（自然利用它作為使人居住於地球上各地的手段）
之外，還有什麼可能驅使**愛斯基摩人**（他們或許是古老的歐洲冒
險家，是一個與所有美洲人完全不同的人種）到美洲北方，而驅
使**培謝磊人**（die Pescheräs）到美洲南方，直到火地島呢？但是戰
爭本身不需要任何特別的動因，而是似乎被接種於人性上，且
甚至被視為高貴之物（人類受到榮譽感之鼓舞，不帶自利的動機
而追求之）。因此，**作戰勇氣**（不但屬於美洲原始人所有，也屬
於騎士時代的歐洲人）被判定為具有重大的直接價值──不但
是**在戰爭發生時**（這是理所當然的），而是也在**對於**戰爭的期待
中。而戰爭之被發動，往往只是為了表現這種勇氣，故而戰爭
本身被賦予一種內在的**尊嚴**。甚至也真有些哲學家稱頌戰爭是
某種使人高貴的過程，而忘記了某位希臘人底箴言：「戰爭之
惡劣在於：它所製造的壞人多於它所除去的。」關於自然**為其**

---

32 有人可能問道：如果自然曾要求：這些冰岸不該始終無人居住，那麼一 364
旦它不再為其居民帶來漂木時（這是預料得到的），他們怎麼辦呢？因為
我們可以相信：當文化進步時，溫帶居民將更妥善地利用其河岸上所生
長的樹木，而不會任它落入河中，且因此被沖到海裡去。我回答道：**鄂
畢河**、葉尼塞河、勒那河等河流附近的居民將藉貿易把木材帶給他們，
而且用它換取出自動物界的產物（在冰岸底海中極富於這種產物）──
只要它（自然）已先迫使他們和平相處。

自身的目的而在人類(作為一個動物底種屬)身上所做的事,我就說到這裡。

現在有個問題,它涉及對永久和平的指望之本質,此即:為了這項指望,就人自己的理性為他規定為義務的目的而言,自然有什麼作為呢?亦即,自然為促進人底**道德目標**,有什麼作為呢?再者,自然如何保證:人依自由法則**應當**做、但卻未做之事,也由於自然強制他**將要**如此做而得以確保,卻無損於這種自由(而且是在公法底所有三種狀況之中,即**國家法、國際法**和**世界公民權**之中得以確保)?如果我說:自然**意願**某事發生,這不等於說:它加諸我們一項義務去做此事(因為只有無強制的實踐理性才能夠如此);而是它自己**做**此事,不論我們是否情願(命運引導情願的人,拖曳不情願的人)[33]。

1. 即使一個民族不迫於內部的不和,而接受公法之強制,戰爭也會從外部促成同樣的結果;因為依照自然之上述設計,每個民族發現自己面對附近另一個逼迫它的民族,而它必須從內部組成一個**國家**,以便形成武裝**力量**,來對抗這個鄰近的民族。而今,**共和制**憲法是唯一完全適合於人底法權的憲法,但也是最難建立、甚至更難維持的憲法。因此,許多人斷言:這得是一個**天使**之國才行,因為人憑其自私的愛好,並無能力擁

366

---

33 【譯注】康德引文作 fata voluntem ducunt, nolentem trahunt,語出羅馬哲學家塞內加(Lucius Annaeus Seneca, 4 B.C.?-65 A.D.)底《致魯齊利伍斯的道德書簡》(*Epistulae morales ad Lucilium*, XVIII, 4),但略有變更。此句原作:ducunt volentem fata, nolentem trahunt。

有形式如此細緻的憲法[34]。但現在自然卻來協助受尊崇、但對
實踐無能的普遍意志(它以理性為根據),而且正是憑藉那些自
私的愛好。因此,問題僅在於一個良好的國家組織(這的確是人
底能力所能達到的),以使這些愛好底力量相互對立,故而一項
愛好抑制或抵銷另一項愛好底毀滅作用。是以對理性而言,這
個結果使這兩項愛好彷彿完全不存在,而人因此被迫成為一個
好公民(縱然不是一個道德上的好人)。建國底問題不論聽起來
是多麼艱難,甚至對於一個魔鬼底民族(只要他們有理智)也是
可以解決的。這個問題是:「要安排一群有理性者(他們為了其
生存,均要求普遍的法律,但每個人卻暗自想要豁免於這些法
律),並且建立其憲法,使他們雖然在個人的存心中彼此對抗,
但卻相互抑制其存心,致使在其公開的舉止中,其結果彷彿是
他們並無這種邪惡的存心。」這樣的一個問題必然是**可以解決
的**。因為這項課題並不要求知道人在道德上的改善,而只要求
知道:我們如何能利用自然對於人的機械作用,以便調整在一
個民族中人底不和諧的存心之衝突,使得這些存心必然互相強
迫對方去服從強制性法律,且因此產生和平狀態(在這種狀態
中,法律有效力)。我們也能在實際存在、但其組織仍極不完美
的國家中見到這種情形:它們在外在舉止上已經極接近法權底
理念所規定者──儘管其原因確非道德底內在因素(同樣的,我

---

34 【譯注】康德在此可能想到法國哲學家盧梭底《社會契約論》第3卷第4
　　章〈論民主制〉中的最後一段話:「如果有一個神明底民族,他們便可以
　　用民主制來治理。但是這樣一種完美的政府並不適合於人類。」

們不能由道德去指望良好的國家憲法,而不如反過來,由良好
的國家憲法才能指望一個民族之良好的道德教化)——;因此,
由於自私的愛好(它們甚至在外部也相互對抗),理性能使用自
然底機械作用作為一項手段,使它自己的目的(法律規範)有發 367
展的餘地,並且也藉此(就國家本身之能力所及而言)促進並確
保內在及外在的和平。所以,我們在此必須說:自然不可遏止
地要求法權最後保持優勢。而我們在此忽略而未做的,最後會
自行進展(儘管有許多麻煩)。「當我們把蘆葦彎得太厲害時,
它就折斷;而誰要求太多,就無所要求。」(**布特威克**)[35]

2. 國際法底理念以許多相互獨立的鄰近國家之**分離**為條
件;而且雖然這樣一種狀態本身已是一種戰爭狀態(如果這些國
家並無一個聯合組織來防止敵對行為之爆發),但根據理性底理
念,連這種狀態也勝過由一個因過度膨脹而壓倒其他國家、並
且逐漸形成一種普遍君主制的強權來融合這些國家。因為政府
之規模越是擴大,法律失去的力量就越多,而在一種冷酷的獨
裁制剷除了「善」底根芽之後,最後卻淪於無政府狀態。然而,
每個國家(或其元首)均盼望自己在可能的情況下統治整個世
界,而以這種方式進入持續的和平狀態。但**自然**卻另有**意願**。

---

35 【譯注】布特威克(Friedrich Bouterwek, 1766-1828)是德國哥廷根
(Göttingen)大學哲學教授,也是業餘的詩人。他根據康德哲學底觀點
建立「絕對的潛能主義」(absoluter Virtualismus),而主張:我們係在自
己的意志中認識自己的實在性,在事物對我們的意志之抗拒中認識事物
底實在性。這套理論以後影響到德國哲學家叔本華(Arthur Schopenhauer,
1788-1860)。

它利用兩種手段來阻止各民族之混合，而將它們分開，此即**語言**與**宗教**之不同[36]。此兩者之不同固然易於引起相互間的仇恨和戰爭底藉口，但是當文化進步，而人類在原則方面逐漸接近較大的一致時，便導致在一種和平中的協同。這種協同之產生和保障，並非像那種（在自由底墳場中的）獨裁制一樣，靠削弱所有力量，而是靠在最熱烈的競爭中所有力量之平衡。

3. 自然明智地將各民族分開，而每個國家底意志（甚至依國際法底理由）都情願以詭計和武力將各民族統一在自己之下。在另一方面，自然也藉相互的自利，將那些不會因國際法底概念之保障而免於暴行和戰爭的國家統一起來。這就是**商業精神**；這種精神與戰爭無法並存，而且遲早會席捲每個民族。蓋由於在受國家權力支配的所有力量（手段）當中，**經濟力量**可能是最可靠的力量，所以各國不得不（當然未必就是出於道德底動機）促進這種崇高的和平，而且不論世界上何處瀕臨戰爭之爆發，均靠斡旋來防止戰爭，彷彿它們為此而結為長期的聯盟。因為依事物底本性，大軍事集團極難得形成，而且更罕能成功。依此方式，自然透過在人類底愛好本身中的機械作用來保證永久和平——當然，帶有一種擔保，這種擔保並不足以（在理論上）

368

---

36 **宗教之不同**：一個奇特的說法！就好像人們也談到不同的道德一樣。固然可能有不同的**信仰方式**（它們是歷史的手段，不屬於宗教，而屬於為促進宗教而使用的手段之歷史，因而屬於「學識」底範圍），而且也可能有不同的**宗教經典**（阿維斯塔經、吠陀經、可蘭經等）。但是只有一種對所有人、在所有時代均有效的**宗教**。因此，信仰方式可能僅包含宗教底資具，而這種資具可能是偶然的，並且依時代與地點之不同而轉移。

367

預言永久和平之未來，但是在實踐方面卻是足夠的，並且使我們有義務努力去達成這項(不止是空想的)目的。

第二項附釋
永久和平底秘密條款

在討論公法時，一項秘密條款在客觀方面(亦即就其內容來看)是個矛盾；但是在主觀方面(亦即就提出這項條款的人底身分來判斷)，在這項條款中或許可以有一個秘密存在，因為這個人認為：公開宣稱自己是這項條款之創制者，有損其尊嚴。

唯一的這類條款包含在以下的命題中：**為戰爭而武裝的國家應當諮詢哲學家為公共和平底可能性之條件所訂的格律**(Maximen)。

但是，對一個國家底立法權威(我們當然得將最大的智慧歸於它)而言，就它對其他國家的行為底原則求教於**屬下**(哲學家)，似乎是屈辱；不過，如此做卻是十分明智之舉。因此，國家將**要求**哲學家**默然地**(故而它將此事當做一項秘密)**為之**。這等於說：它將**讓**哲學家自由而公開地**談論**用以從事戰爭與促成和平的普遍格律(因為只要無人禁止哲學家談論這個問題，他們自然就會去談論)，而要使各國在這一點上彼此達成協議，它們之間也不需要為這項目的而有任何特殊的約定，而是這種協議已存在於普遍的(制定道德法則的)人類理性所要求的義務中。但這並不表示：國家必須承認哲學家底原則優先於法學家(國家

369

權力底代理人)底裁決，而只表示：我們要**聆聽**哲學家。法學家
已把法律之**秤**、另外還有正義之**劍**當做其象徵。他通常使用正
義之劍，並非例如只為了不讓法律之秤受到任何外來的影響，
而是當一個秤皿不願下降時，也將這把劍放進去（「哀哉戰敗
者！」）[37]。如果法學家不兼為哲學家(甚至就道德而言)，他就
會受到最大的誘惑去這麼做；因為他的職責只是應用現存的法
律，而非探討這些法律本身是否需要改良。再者，由於他的學
科底等級有權力相伴隨(就像在另外兩門學科中的情形一
樣)[38]，他把這個事實上較低的等級歸入較高的等級中。在這個
聯合勢力之下，哲學這門學科居於一個極低的階序上。譬如，
有人說：哲學是神學底**婢女**(對於另外兩門學科亦是如此)。但
我們不十分明白：「她究竟是在其夫人前面持著火炬，還是在
其後面牽著拖裙呢？」

　　君王從事哲學思考，或者哲學家成為君王，這是不可遇，
亦不可求的；因為權力之占有必然會腐蝕理性之自由判斷。但
是，君王或君王般的(根據平等法則來自治的)民族不讓哲學家
底階層消失或沉默，而讓他們公開發言，這對於兩者之了解其

---

37 【譯注】原文作 vae victis，係高盧王布雷努斯之名言。請參閱注20。

38 【譯注】十八世紀的德國大學通常有四個學院，即神學院、法學院、醫
　　學院和哲學院。根據這項區分，神學、法學和醫學被稱為「高級學科」，
　　哲學則被稱為「低級學科」。因為前三門學科底目的在於為政府培養人才
　　（教士、司法官和醫生），而與政府底權力相結合；反之，哲學卻無現實
　　的目的，唯以自由思考為務。康德於1798年撰有《學科之爭論》(*Der Streit
　　der Fakultäten*) 一書，重新闡釋這些學科間應有的關係。

工作是不可或缺的。再者，由於這個階層依其本性並無能力結黨或組織俱樂部，他們無從事**宣傳**的嫌疑。

附　錄

370

I. 就永久和平論道德與政治間的分歧

　　道德當做無條件地提出要求、而我們**應當**依之而行為的法則之總合來看，它本身在客觀意義下已是　種實踐；而在我們承認這個義務概念有其權威之後，仍要說：我們不**能夠**做到其要求，這顯然是荒謬的。因為這樣一來，這個概念就自然地從道德中被取消（沒有人有義務去做超乎其能力之事）[39]。因此，在政治(作為實踐的法權論)與道德(作為一種理論的法權論)之間不能有衝突，也就是說，在實踐與理論之間不能有衝突。否則，我們得將道德理解為一種普遍的**明哲之道**（Klugheits-lehre），亦即一種理論，它包含一些格律，來為我們謀利的意圖選擇最適當的手段；這就是說，我們根本否定有道德存在。

　　政治說：「**要機警如蛇！**」道德則補充一項限制條件說：「**且要真誠如鴿！**」[40]如果這兩者無法在一項命令中並存，則在政治與道德之間實際上便有一種衝突。但如果這兩者一定要統一起來，則關於兩者底對立的想法便是荒謬的，而且「這種衝突要如何調停」根本就不能被當做一項課題提出來。儘管「**誠實是最佳的政策**」這個命題包含一種理論(可惜這種理論極常與實踐相牴

39　【譯注】原文作 ultra posse nemo obligatur，是羅馬法格言。

40　【譯注】這兩句話出自《新約‧馬太福音》第10章第16節。

悟），但是「**誠實勝過所有政策**」這個同樣具理論性的命題卻絕對不容有任何異議，甚至是政治底必要條件。道德底守護神並不向朱彼特（權力底守護神）讓步，因為朱彼特仍然受制於命運。這就是說，理性不夠清明，無法綜觀預定的原因之系列，而這些原因使人根據自然底機械作用，由其所作所為確切地預告幸運的或不幸的結果（雖然他可以期望如其所願）。但是理性在所有的場合下都使我們夠清楚地了解：為了（按照智慧底規則）留在義務底軌轍上，我們得做什麼，因而使我們了解終極目的。

但是，實踐家（對他而言，道德只是理論）無情地否定我們 371
善意的期望（即使他承認：我們**應當**而且**能夠**這麼做），其理由根本在於：他自命由人性預知，人決不會意願去做為實現「達到永久和平」這項目的而必須去做的事。當然，**所有個別的人**要在一個法律上的憲章之下依自由底原則生活的這項意願（**所有人底意志之分割的統一**），並不足以促成這項目的，而是**所有人得共同**意願這種狀態才行（被聯合起來的意志之**集合的統一**）。我們還得解決這項困難的課題，才能使公民社會成為一個整體。再者，在所有人底特殊意願之這種歧異以外，還得另有一個將這些意願聯合起來的原因，以產生一個共同的意志，而這是其中任何一個人都辦不到的。因此，我們（在實踐中）**履行**那個理念時，除了**靠武力**之外，無法指望以其他方式開創法律狀態；由於武力之強制，公法接著建立起來。當然，這種情況使人已預料到實際經驗將與那個（理論中的）理念大不相符；因為我們在這種情況下反正很難將立法者底存心列入考慮，而相信：在烏合之眾已聯合成一個民族之後，立法者會任由這個民

族憑其共同意志成立一種法律上的憲章。

　　這就是說：誰一旦有武力在手，就不會讓人民為他制定法律。一個國家一旦得以擺脫所有外來的法律，則它在對抗其他國家以伸張自己的權利之方式上，就不會讓自己受其判決之管轄。再者，當一個洲覺得自己優於另一個對它無妨礙的洲時，不會不利用手段攘奪甚或控制這個洲，以加強自己的力量，且因此將國家法、國際法及世界公民權底理論之一切計畫化為空洞的、無法實現的理想。反之，一種以人性底經驗原則為基礎的實踐（它並不恥於由世事底運行方式為其格律擷取教訓）只能期望為其治術底系統求得一個堅實的基礎。

　　當然，如果並無自由與以之為根據的道德法則存在，而是一切發生或能發生的事都只是自然底機械作用，那麼政治（作為利用這種機械作用來管理人類的技巧）便是全部的實踐智慧，而「法權」概念便是個空洞的思想。但如果我們認為絕對有必要將這個概念與政治相結合，甚至將它提升為政治底限制條件，我們就得承認這兩者之可相容性。如今，我固然能設想一個**道德的政治家**（亦即一個將治國底原則看成能與道德並存的人），但卻無法設想一個**政治的道德家**（他編造出一套有助於政治家底利益的道德）。

　　道德的政治家將秉持以下的原則：一旦我們在國家憲法中或在國際關係中發現無法防止的缺陷時，我們（尤其是國家元首）便有義務措意於如何能盡速改善這種憲法，使之合於在理性底理念中作為典範而呈現於我們眼前的自然法（即使這要犧牲我們的私利）。而今，在另有一種較好的憲章準備作為替代物之

372

前，就毀壞國家組織或世界公民組織之聯結，這違反一切在這
種情況下與道德一致的治術。因此，要求立刻劇烈地修正上述
的缺陷，固然是荒誕之舉；但我們至少可要求掌權者最真摯地
懷有這樣一項修正底必要性之格律，以便始終不斷地接近這項
目的（在法律方面最好的憲章）。儘管一個國家就其現有的憲法
而言，仍保有獨裁的**統治力量**，它也可能已經以共和制來**治理**
自己；直到人民逐漸有能力只被法律底權威之理念所影響（彷彿
法律擁有自然的力量），且因此被認為善於自我立法（這種立法
原本是以法權為根據）。縱使經過一場由壞憲法所引起的**革命**之
狂暴，一種更合法的憲法以非法的方式被取得，在這種情況下
使人民重新回到舊憲法，也不能再被視為容許之事（儘管在革命
時，所有以暴力或詭計參與其事的人按理都將受到叛亂者應得
的懲罰）。但就外在的國際關係而言，只要一個國家有立刻被其
他國家併吞的危險，我們就不能要求它放棄其憲法（縱然它是獨
裁的，但在對外敵的關係中卻較有力）；因此，當它決意修正憲
法時，延遲實施，以待較好的時機，必然也是容許的[41]。

373

---

41 讓一種有所不公的公法底狀態依然維持下去，直到一切情況已自然地成　373
　　熟到可接受完全的變革，或者藉和平的手段使之接近於成熟，這是理性
　　底許可法則。因為任何一種**法律上的**憲章縱然僅在極小的程度下是**合法
　　的**，猶勝於完全沒有憲章；而一場**倉促的**改革將遭遇到後一種命運（無
　　政府狀態底命運）。因此，在目前的事態下，政治智慧將把合於公法底理
　　想的改革當做其義務，但卻利用革命（當自然自動地引起革命時）作為
　　自然底召喚，以便藉徹底的改革來實現一種以自由底原則為根據的法律
　　上的憲章（這是唯一經久不變的憲章），而不利用革命來粉飾一場更大的
　　壓迫。

　　因此，進行獨裁統治的(在施政中犯錯的)道德家可能經常違反治術(由於他們在倉促間所採取或支持的措施)，但他們如此違反自然時，經驗必然逐漸使他們走上一個較佳的軌道。反之，進行道德說教的政治家則粉飾違法的政治原則，藉口人性無能力達到善(按照理性所規定的理念而言)，而盡力**使**這種改善**成為不可能**，並且使法律持續受到侵犯。

　　這些長於治術的人捨去他們賴以自豪的**實踐**，而玩弄**權術**；因為他們僅措意於討好當前的統治力量(以免錯失自己的私利)，藉此犧牲人民和(如果可能的話)全世界。他們有如那些闖入政治中的典型法學家(職業的、而非**立法**的法學家)。因為既然他們的工作並非對立法本身作理性思考，而是執行國家法律底現行命令，故對他們而言，凡是現存的法律上的憲章必定是最好的，而當這套憲章被上級所修正時，下一套憲章便是最好的；這樣一來，一切都處於其適當的機械式秩序中。但假如這種能應付一切事情的技巧使他們產生一種幻覺，以為自己也能根據法權底概念(也就是說，先天地、而非經驗地)對一般而言的**國家憲法**底原則下判斷；又假如他們自許認識**眾人**(Menschen)(這的確是可以指望的，因為他們與許多人有關係)，卻不認識**人**(den Menschen)及其潛能(這需要人類學考察底一項更高觀點)，但配備了這些概念，便開始討論理性所規定的國家法和國際法：在這種情況下，他們只能憑狡詐底精神跨越這一步，因為甚至當理性底概念想要為一種強制(唯有依自由底原則，這種強制才是合法的，而且由於這種強制，一種理當長久存在的國家憲法才成為可能)提出理由時，他們也因循其故習

374

（按照以獨裁方式制定的強制性法律所形成的一套體制）。自命
的實踐家不理會這個理念，以為能根據那些至今仍維持得最
好、但泰半違法的國家憲章成立的經驗，以經驗方式來解決這
項課題。他為此目的所使用的格律（儘管他不將它們張揚出去）
約略歸結為下列強辭奪理的格律：

1. 做了再說明理由（Fac et excusa）：抓住有利的時機，以便
任意占有（國家對其人民或者對另一個鄰國的一項權利）。**行動
後**再說明理由，並且粉飾暴力（尤其是在前一種情況下，當國內
的最高權力也就是立法當局，而我們得服從它，而不必對它作
理性思考時），較諸事先想出可信服的理由，然後才等待其反對
理由，更為容易而細緻。這種厚顏無恥本身造成某種印象，好
像當事人在內心裡相信行為底合法性，而且這樣一來，成功之
神[42]就是最好的訴訟代理人。

2. 如果你做了，就否認（Si fecisti, nega）：對於你自己所犯的
罪（譬如，使你的人民因絕望而叛亂），否認這是**你的**錯，而聲
稱：這是屬下桀傲不馴之過，或者（當你攫取一個鄰近的民族時）
甚至是人性之過；因為如果人不搶在他人之前使用暴力，他一
定能預期到：他人會搶先於他，並且攫取他自己。   375

3. 分而治之（Divide et impera）：這即是說：如果在你的人
民當中，某些享有特權的首腦單單選擇了你作他們的元首（同儕
之首〔primus inter pares〕），你就離間他們，並且使他們與人

---

42 【譯注】拉丁文作 bonus eventus，原是古羅馬的地方神祇，司理國家之
興衰，以後成為一般的成功之神。

民不和。你再支持人民，以更大的自由欺騙他們，那麼一切將隨你的無條件的意志而轉移。如果事關其他的國家，在它們之間引起紛爭便是一種極穩當的手段，可在「扶助弱者」底幌子下逐一使它們臣服於你。

如今，誠然沒有人被這些政治格律所欺騙，因為它們均已是眾所周知的。但事實上，人們並不為這些格律感到羞愧，彷彿其不公正太過顯而易見。蓋列強從不因一般群眾底評斷而感到羞愧，而只會因其他強國而感到羞愧；但就這些原則而言，能使列強感到羞愧的，並非這些原則之暴露，而只是其**失靈**（因為對於格律底道德性，列強之間均有一致的看法）。所以，它們所保留的總是它們能信賴不疑的**政治榮譽**，即**其力量之擴充**（不論這種擴充是用什麼辦法取得）[43]。

---

43 縱然有人仍可能懷疑在一個國家中共同生活的**人**有某種根植於人性的邪惡，而似有幾分道理地將這些人底心意之違法表現歸因於一種仍不夠進步的文化之缺陷（野蠻），但是在各**國**彼此的對外關係中，這種邪惡卻完全無所遮掩且無可否認地顯現出來。在每個國家內部，這種邪惡被國家法律底強制所掩蓋，因為有一種更大的力量（即政府底力量）強烈地抵制公民間相互施暴的傾向，且因此不單是使全體染上一層道德的色彩（不成為原因的原因〔causae non causae〕），而是由於違法的傾向之發作受到阻撓，對法權的直接敬畏底道德稟賦之發展實際上也變得容易多了。因為如今每個人均自信：只要他能預期其他每個人也都會照樣去做，他就會尊重且恪守法權底概念；而在這個問題上，他由政府得到部分的保證。這樣一來，他便向道德邁進了一大步（儘管還未步入道德底領域），甚至為了這個義務概念本身之故，不計回報地信守之。但由於每個人儘管對自己有好評，卻假定其他所有人都有不良的存心，所以他們相互評斷說：就**事實**而言，他們所有人都不太行（既然我們無法將這個現象歸咎於作為一個自由存有者的人底**本性**，那麼它何以會如此，可能仍無交代）。但

375

376

※　　※　　※

　　從一套非道德的明哲之道底所有這些曲折(其目的在於從
戰爭的自然狀態產生人與人之間的和平狀態)我們至少可知：人
無論在其私人關係還是在其公共關係中，都無法規避法權底概　　376
念，也不敢公然使政治僅基於明哲底技巧，因而完全拒絕遵從
公法底概念(這在國際法底概念中特別顯著)，而是讓這個概念
本身享有一切應有的尊敬(縱使他們可能想出無數的藉口與飾
詞，以便在實踐中迴避這個概念，並且為狡詐的權力捏造一種
可作為一切法權底根源與統合的權威)。為了終止這種詭辯(縱
使不終止靠它來粉飾的不公正)，並且使地球上的強權底虛假**代
言人**承認：他們所支持的(用一種口吻，彷彿他們自己在這個場
合可以發號施令)，並非法權，而是權力，我們應當揭穿人們用
來欺騙自己和別人的假象，找出永久和平底目標所依據的最高
原則，並且指出：阻礙永久和平的一切罪惡之產生，係由於政
治的道德家從道德的政治家理當終止之處出發，且因為他使其
原則從屬於目的(亦即將馬套在車後)，而破壞他自己想要使政
治和道德一致的目標。

　　為了使實踐哲學自相一致，我們有必要先決定這個問題：在
實踐理性底課題中，我們必須從實踐理性底**實質原則**(作為意念　377

<hr />

(續)

　　既然連對法權底概念的敬畏（人絕對無法斷絕這種敬畏）也最鄭重地認
　　可「人有能力契合於法權底概念」的理論，則每個人均了解：他本身必
　　須依照法權底概念行事，而不管別人怎麼做。

底對象的**目的**)開始，還是從其**形式**原則開始？這項形式原則僅
以外在關係中的自由為根據，而且表示：你可以意願你的格律
應成為一項普遍法則(不管你的目的是什麼)！

　　毫無疑問，後一項原則必須在先，因為它是法權底原則，
具有無條件的必然性；反之，前一項原則唯有在預定目的底經
驗條件(即這項目的之實現)之預設下才有強制性，而且如果這
項目的(例如永久和平)也是義務，這項目的本身就得由外在行
為底格律之形式原則被推衍出來。如今，第一項原則——**政治
的道德家**底原則(國家法、國際法和世界公民權底問題)——只
是個**技術課題**(problema technicum)。反之，第二項原則是**道德
的政治家**底原則；對他而言，促成永久和平(如今我們不僅把它
當做自然之善，而是也把它當做一種因義務得到承認而產生的
狀態來期望)是個**道德課題**(problema morale)，在處理方式上與
另一項原則有天壤之別。

　　要解決第一個問題(治術問題)，需要有許多關於自然的知
識，以便利用自然底機械作用來達到所懷的目的；但這一切知
識，就其對永久和平的成效而言，都是不確定的(不論就公法底
三個部分中的那一個部分來說)。到底是憑嚴厲的手段還是以虛
榮為誘餌，憑單獨一人之無上權力還是憑若干首腦之聯合，或
許甚至僅憑一個職務貴族還是憑國內人民底強制力，較能使人
民長期保持服從，且同時保持繁榮，這是不確定的。關於所有
的治理方式(唯一的例外是真正的共和制，但只有一個道德的政
治家才會想到共和制)，我們在歷史上都有彼此相反的例證。更
不確定的是一種據稱依內閣部會底計畫、根據規章而成立的**國**

際法；事實上，這種國際法只是一句空話，而且其所依據的條約就在締約底行動中同時包含違約底祕密保留。反之，第二個問題(即**政治智慧底問題**)之解決可說是水到渠成；其解決對每個人都是明白易曉的，並且使一切虛矯均銷聲匿跡，而直接通往目的。但我們在此要記住一項明哲之見：不要急切地用暴力強求這項目的，而要順著有利的情勢不斷地接近它。　378

　　然則，我們可以說：「先追求純粹實踐理性底王國及其**正義**，那麼你的目的(永久和平之福)將自然地歸於你。」因為就公法底原則而言(因而關聯著一種可先天地認識的政治來說)，道德本身具有以下的特性： 它越少使行為依待於所預定的目的，即所欲求的好處(不論是自然的還是道德的)，它反而大體上越是與這項目的相吻合。這是由於唯一決定什麼是在人際之間合乎法權之事的，正是(在一個民族中或者在各個民族底相互關係中)先天地形成的普遍意志。但只要所有人底意志之這種統合將在踐履中一貫地進行，它也能同時依自然底機械作用成為一種原因，產生所企求的結果，並且使法權底概念產生效果。例如，道德的政治有一項原則：一個民族應當根據僅有的「法權」概念(自由與平等底概念)組成一個國家；而這項原則並非基於明哲，而是基於義務。在另一方面，無論政治的道德家為一個進入社會中的人群底自然機械作用(這種機械作用使上述的原則失效，並且將使其目標破滅)提出多少詭辯，甚或試圖藉拙劣地組織的古代與近代憲法之例(譬如，無代議制的民主政體)來證明他們的相反主張，他們的話均不值得一聽。尤其這樣一種有害的理論本身可能產生它所預見的惡；這種理論把人和

其餘有生命的機器歸於一類，而這些機器只要還能意識到自己不是自由的存有者，就會使它們在其自己的評斷中成為世界上最可憐的東西。

有一句像諺語般流傳的話聽起來有點大言炎炎，但卻有真實性：*Fiat justitia, pereat mundus*；它的意思是說：「縱使屆時世界上所有的惡棍全都會死光，也要讓正義伸張。」[44]這是一項堅強的法權原則，阻絕一切由奸詐和暴力所指示的不當途徑。但是這項原則不可被誤解，譬如被誤解為「以最嚴格的方式來行使我們自己的權利」之許可（這將與倫理義務相牴牾），而是被理解為掌權者底一項責任，即不因不滿或同情其他人而否定或縮小任何人底權利。首先，這需要一套依法權底純粹原則而設立的國內憲章，但也需要使這個國家與其他鄰近的甚或遠處的國家聯合起來的憲章，以便依法調解其爭執（這類似於一個普世的國家）。這句話不外乎表示：政治的格律不能以每個國家因遵循它們而可期待的福祉和幸福為出發點，亦即不能將每個國家定為其對象的目的（意欲）當做政治智慧底最高的（但卻是經驗的）原則，而以之為出發點，而是必須以法律義務底純粹概念（即純粹理性先天地規定的原則所涵之「應當」）為出發點，而不管這會產生什麼自然的結果。世界決不會因壞人減少而毀滅。道德上的「惡」具有一項與其本性不可分離的特性，即是：就其目標而言（尤其是在對其他有相同存心者的關係中），它與

379

---

44 【譯注】這句話當直譯為：縱使世界毀滅，也要讓正義伸張。據說，這是德意志皇帝腓迪南一世(1503-1564)之座右銘。

自己相牴牾，且毀滅自己，並因此讓位於「善」底（道德）原則（縱然是經由緩慢的進步）。

※　　　※　　　※

因此，**在客觀方面**（在理論中），道德與政治之間決無衝突。反之，**在主觀方面**——在人底自私性癖中（但由於這種性癖並非基於理性底格律，它仍不能被稱為「實踐」）——衝突將會而且可能始終存在，因為衝突係充當德行底磨刀石。按照「你不要對災禍屈服，而要更勇敢地迎向它」[45]這項原則，在目前的情況下，德行底真正勇氣不在於以堅定的決心反抗在此必須承受的災禍和犧牲，而在於正視我們自己心中更加危險得多的邪惡原則（這項原則是欺騙而陰險的，但卻是詭辯的，它以人性之弱點為藉口，來為一切逾矩之行辯護），並且克制其奸詐。

事實上，政治的道德家可能說：當君主和人民、或者人民和人民以暴力或詭計相互攻擊時，他們並未不公地**相互對待**——縱然就他們完全不尊重法權底概念（只有這個概念能使永久和平成立）而言，他們的作為畢竟是不公的。蓋由於一方違犯他對另一方的義務，而對方也正好對他採取違法的態度，則在這種情況下，如果雙方相互消滅，但這個種族依然殘餘足夠的人，讓這場遊戲持續極久，以便後代子孫將來把他們當做前車之鑑，那麼他們雙方合該有此**遭遇**。在這種情況下，神意在宇宙底進

380

---

45 【譯注】原文作tu ne cede malis, sed contra audentior ito。這是康德本人很喜歡的一句格言，語出維吉爾底《艾內伊斯》（VI, 95）。

程中是公正的；因為在人心中的道德原則從未消滅，而且理性
（它在實用方面善於根據這項原則實現合乎法權的理念）也因文
化之不斷進步而成長，但違犯這些理念的罪咎也隨之成長。然
而，如果我們假定：人類決不會、也無法處於更好的情況，則
「這樣一類墮落的存有者畢竟該在地球上被創造」一事，似乎
無法以任何神義論（Theodicee）來辯解。但這項判斷所依據的觀
點對我們而言是太高遠了，以致我們無法在理論方面將我們（對
於智慧）的概念加諸我們無以究詰的至高力量之上。如果我們不
假定：法權底純粹原則具有客觀實在性，也就是說，這些原則
可以實現，我們必然被逼出這類絕望的結論；而且不管經驗的
政治提出什麼反對理由，國家中的人民、進而各國彼此之間必
須依此而行。因此，真正的政治若不先尊重道德，就無法有任
何進展。再者，雖然政治本身是一項困難的技巧，但是政治與
道德之統合決非一項技巧；因為一旦兩者相互衝突，道德就斬
斷政治無法解開的結。不論統治權會蒙受多大的犧牲，人權都
得被視為神聖的。我們在此不可取其中，而想出一種在實用方
面有條件的法權當做居間之物（居於法權和利益之間）；而是一
切政治必須臣服於法權，但可因此期望達到一個階段（儘管緩慢
地），此時政治將發出持久的光輝。

II. 依公法底先驗概念論政治與道德之一致

如果我像法學家底通常想法一樣，抽去公法底所有**質料**（就國家中的人甚或各國彼此間在經驗中形成的各種關係而言），則留給我的還有**公開性**（Publizität）**底形式**。每一項合法要求本身均包含這種形式底可能性，因為若無這種形式，就不會有正義（它只能被設想為**可公開宣告的**），因而也不會有法權（它只能來自正義）。

每一項合法要求均須有這種可公開性。因此，既然我們極容易判斷：在一個特定的事例中是否有這種可公開性，也就是說，這種可公開性是否能與行動者底原則相合，那麼，這種可公開性能提供一項簡易可行、且可在理性中先天地發現的判準，使人在不具有這種公開性的事例中，彷彿藉一項純粹理性底實驗立刻看出上述的要求（法律要求〔praetensio juris〕）之虛妄性（違法性）。

如此抽去國家法和國際法底概念所包含的一切經驗成分（也抽去人性底邪惡成分，這種成分使強制成為必要）之後，我們可將以下的命題稱為公法底**先驗程式**（die transcendentale Formel des öffentlichen Rechts）：

> 凡牽涉到其他人底權利的行為，其格律與公開性相牴牾者，均是不正當的。

這項原則不僅可被視為**倫理的**（屬於德行論），而是也可被

視為**法律的**(涉及人權)。因為假定有一項格律,我無法將它**張揚**出去,而不因此同時破壞我自己的目標;如果這項格律要應驗,它就得完全被**隱瞞**起來;且如果我**公開表明**奉行這項格律,這必然會使所有人抗拒我的意圖。在這種情況下,這項格律之所以會引起所有人對於我的這種必然而普遍的、因而可先天地理解的反應,不外乎由於它藉以威脅每個人的那種不公正。再者,這項原則只是**消極的**,也就是說,它只是一種方法,藉以認識什麼是對他人**不公**的事。它有如一項公理,是確實而無法證明的,而且也是易於應用的;這可見諸公法底下列實例。

382

1. **就國家法**(ius civitatis)──即國內法──**而言**,其中有一個問題發生;這個問題許多人視為難以回答,卻極易藉公開性底先驗原則來解決。這個問題即是: 「對一個民族而言,叛亂是否一種合法的手段,以擺脫一個所謂的暴君(並非依頭銜,而是依行事言之)之壓迫力量?」人民底權利受到了傷害,而且他(暴君)之被罷黜對他並無不公;這點毫無疑問。儘管如此,屬下以這種方式追求其權利,仍有極大程度的不公;而如果他們在這場鬥爭中失敗,且因此後來須受到最嚴厲的懲罰,他們也不能因不公正而抱怨。

在這個問題上,如果我們想藉法律根據底獨斷推證作個決定,正反雙方均可提出許多理由來論證;然而,公法底公開性之先驗原則卻能省去這種煩瑣。根據這項原則,人民在社會契約成立之前自問:他們是否敢於將「他們有意偶爾發動暴亂」的格律公之於眾呢?我們不難看出:如果我們在建立一部國家憲法時,想使「在某些情況下對元首施加暴力」成為一項條件,

人民就得自許對其元首有一種合法的權力。但這樣一來，元首
就不成其為元首了。否則，如果這兩者[46]均要成為建國底條件，
建國將是決無可能之事，而這卻是人民底目標。因此，叛亂之
不公顯而易見，因為如果我們**公開表明**奉行其格律，這項格律
將使我們自己的目標成為不可能。所以，我們必須隱瞞這項格
律。但是在國家元首這方面，這種隱瞞正好是不必要的。他可
以坦白說出：他將處死首謀者，以懲罰一切叛亂——儘管這些
首謀者認為：他本身先違犯了基本法律。因為如果他意識到自
己擁有**不可抗拒的**最高權力（我們甚至得在每一部公民憲法中假
定這一點，因為凡是不具有足夠的力量以保護人民中的每個人不
受他人之侵犯者，也沒有權利對人民下命令），他就不必擔心其
格律之公開會破壞他自己的目標。這一點也與以下的論點極為
吻合：如果人民底叛亂成功，這個元首就得退居於屬下底地位，
而且不可發動復辟，但亦不必恐懼因其過去的施政而被追究責
任。

2. **就國際法而言**：唯有在某種法律狀態之先決條件（亦即那
些使人類實際上能享有一項權利的外在條件）下，才有國際法可
言。因為國際法是一種公法，在其概念中已包含一種為每個人
決定其應有權益的普遍意志之宣示；而且這種法律狀態（status
juridicus）必須由某種契約而來，而這種契約並不可（像是產生一
個國家的契約）以強制性法律為根據，而至多也只能是一項**持久**

383

---

46 【譯注】此係指「在某些情況下對元首施加暴力」及「元首成其為元首」
這兩項條件。

的自由聯合之契約，就像上文所提到的各國底聯盟關係之契約。因為若無任何一種將不同人格（自然的或道德的）積極地結合起來的**法律狀態**（亦即，在自然狀態中），便只能有私法存在。在此，政治與道德（道德被視為法權論）間也出現一項衝突。在這種情況下，我們也能輕易地應用格律底公開性之判準；但是契約將國家結合起來，只是為了在它們相互之間、並且在它們與其他國家底關係之中維持和平，而決非為了占取。以下是政治與道德間的背反（Antinomie）之例，同時附有其解決之道。

a）「如果這些國家之一對另一個國家有所承諾（不論是支援、或割讓某些土地、還是贈款，諸如此類），它自問：它是否可在一個事關國家福祉的情況下不遵守其諾言？因為它願意被看成有雙重人格，一方面作為**主權體**，而在其國內不對任何人負責，但在另一方面只作為最高的**政府官員**，而得對國家有交代；由此得出的結論是：它以第一種身分所承受的責任，它將以第二種身分解除之。」但如果一個國家（或其元首）讓它這項格律張揚出去，其他每個國家自然會避開它，不然就會與其他 384 國家聯合起來，以抵制其狂妄。這證明：在這個（坦率底）立足點上，政治不論如何狡猾，必然自己破壞其目的；因此，這項格律必然是不正當的。

b）「如果一個鄰近的勢力膨脹到可怕的程度（恐怖的勢力〔potentia tremenda〕），而引起憂慮，我們能否假定：由於它**能夠**做到，它也將**有意**進行壓迫，而這使力量較小的勢力取得一項對它展開（聯合）攻擊的權利（縱然它未先冒犯這些勢力）？」一個國家若是要**宣告**自己贊同這項格律，只會更確切且

更快地招來災禍。因為這個較大的勢力將搶先於那些較小的勢力而採取行動；至於後者之聯合，對懂得利用「分而制之」之術者，只不過是一根脆弱的蘆葦稈而已。這項治術底格律若經公開宣告，必然破壞它自己的目標，且因此是不正當的。

c)「如果一個較小的國家因其位置而隔斷一個較大的國家之連貫，而這種連貫對於後者之生存卻是必要的，則後者是否有權征服前者，並且兼併之？」我們不難看出：這個較大的國家必然不會先讓這樣一項格律張揚出去；因為這樣一來，若非較小的國家將及早聯合起來，就是其他勢力將為這項獵物而爭執。所以，這項格律因被公開而成為不可行。這顯示：這項格律是不正當的，而且甚至可能是極度不正當的；因為不公正所涉及的對象儘管很小，其中所顯示的不公正仍可能極大。

3. **至於世界公民權**，我在此略過不談，因為既然它與國際法相類似，我們不難提出其格律，並加以評價。

※　　　※　　　※

我們在此誠然把「國際法底格律與公開性不相容」的原則當做政治與道德(作為法權論)底**不相合**之一項恰當標記。但如今我們還需要知道：使政治底格律與國際法相合的條件究竟為何？因為我們不能反過來推論說：凡是容許公開的格律，也就是公正的；因為擁有決定性優勢者不必隱瞞其格律。一般而言的國際法底可能性之條件是：先有一種**法律狀態**存在。因為沒有這種狀態，就沒有公法，而我們在這種狀態之外(在自然狀態中)可能設想的一切法律均只是私法。我們在上文已見到：各國 385

底聯盟狀態(其目標僅在於消弭戰爭)是唯一可與其**自由**相協調的**法律**狀態。因此,政治和道德只有在一種聯盟(故這種聯盟係依據法權底原則先天地被規定,而且是必然的)中才可能一致,而一切治術底法律基礎在於依最大可能的規模建立這種聯盟;若無這項目的,治術底一切心計均是無知與被掩飾的不公正。而今,這種假政治有其「**個案鑑別法**」,足以應付最好的耶穌會學者。它有「秘密的保留」(reservatio mentalis):在草擬公開條約時所使用的措辭,我們有時可以隨己意作有利於我們的解釋(譬如「事實底現狀」與「權利底現狀」之區別)。它也有「或然論」[47]:精心編派他人底邪惡意圖,或者甚至將其可能的優勢之或然性當做法律根據,來危害其他和平的國家。最後,它還有「哲學的過失」(小過失、小事情):如果併吞一個小國使一個**大得**多的國家能贏得更大的假想的公共福祉,則視之為一樁可輕易寬恕的小事[48]。

---

47 【譯注】「或然論」即Probabilismus,此處係指耶穌會在其個案鑑別法中所提出的一項道德原則。根據這項原則,當一個行為並不直接為道德法則所禁止,而我們對其可容許性有疑慮時,只要有內在理由或外在理由(譬如傑出神學家底權威)支持某種意見底或然性,我們便可依從之(縱然相反的意見有更大的或然性)。

48 我們可在樞密官加爾維先生底論文《論道德與政治之聯結》(1788)中見到這類格律底例證。這位可敬的學者一開始就承認無法為這個問題提出一項令人滿意的答案。但是贊同這種聯結,卻承認無法完全排除它所遭到的異議,這似乎對於極易濫用它的人太過遷就,而超過了可以同意的適當範圍。

【譯者按】加爾維(Christian Garve, 1742-1798)是德國萊比錫大學哲學教授,也是德國「通俗哲學」(Populärphilosophie)之代表人物。此論文

385

政治在道德方面的表裡不一(即利用道德底某個分支來達成
其目標)助長這種做法。對人類之愛與對人底**權利**之尊重這兩者
均是義務;但前者只是**有條件的**義務,而後者卻是**無條件的**、提
出絕對要求的義務。想要沉浸於行善底甜美感受者,必須先完
全確定自己並未違犯這種無條件的義務。政治不難贊同第一種　386
意義的道德(作為倫理學),將人底權利交付給其首長。但是對於
第二種意義的道德(作為法權論)——政治必須屈從於它——,政
治卻認為:完全不涉入契約,而寧可否定這種意義的道德底一
切實在性,並且將一切義務均解釋成純然的仁慈,是恰當的做
法。但只要一套鬼蜮政治敢於讓哲學家公開他的格律,哲學就
不難藉著公開這套政治底格律而破壞其上述的詭計。

就這方面而言,我提出公法底另一項積極的先驗原則,其
程式如下:

> 「凡是**需要**公開,才不致錯失其目的的格律,均與法權
> 和政治協調一致。」

(續)

底全名為:《論道德與政治之聯結,亦即對於「在治理國家時遵守私人生
活底道德的可能性有多少」這個問題的若干探討》(*Abhandlung über die
Verbindung der Moral mit der Politik oder einige Betrachtungen über die
Frage, inwiefern es möglich sei, die Moral des Privatlebens bei der Re-
gierung der Staaten zu beobachten*)(Breslau 1788)。加爾維在這篇論文
底開頭(§1)寫道:「對於這個問題的一項令人滿意的答案超乎我的理
解能力。」

因為只要這些格律能藉著公開化而達到其目的，它們必然合乎公眾底普遍目的（幸福），而政治底真正任務就在於與這項目的相協調（使公眾滿足於其處境）。但如果這項目的**唯有**藉由公開化（亦即藉由消除對其格律的一切不信任）才能達成，則其格律必然也與公眾底法權相一致；因為只有在這種法權中，所有人底目的才有可能統一。我得等待另一個機會，再對這項原則作進一步的論述和闡釋。不過，由於我們在此去除了一切作為法則底質料的經驗條件（幸福論），而僅考慮普遍合法則性底形式，可見這是個先驗的程式。

※　　　※　　　※

如果使公法底狀態實現（儘管是在無窮的進步中接近之）是一項義務，而且我們也有理由期望其實現，那麼隨著至今被誤稱的和約締結（其實是停火）而來的**永久和平**並非空洞的理念，而是一項任務——這項任務逐漸得到解決時，便不斷接近其目標，因為產生同等進步的時間可望會越來越短。

重提的問題：人類是否不斷地趨向於更佳的境地？

譯者識

本文於1798年首度作為《學科之爭論》(*Der Streit der Fakultäten*)一書底第二章而發表。此書共有三章，分別討論當時德國大學裡的「低級學科」(即哲學)與三門「高級學科」(即神學、法學與醫學)之關係。「高級學科」與「低級學科」之區別在於：前者係針對特定的公共職務(教士、司法官、醫生)而設，後者則否。康德在〈答何謂啟蒙〉一文中曾論及理性之「公開運用」與「私自運用」：前者是指「某人**以學者底身分**面對**讀者世界**底全體公眾就其理性所作的運用」，後者則是指「他在某一個委任於他的**公共的**職位或職務上可能就其理性所作的運用」(*KGS*, Bd. 8, S. 37)。康德又指出：「其理性底**公開**運用必須始終是自由的，而且唯有這種運用能在人類之中實現啟蒙；但理性之**私自運用**往往可嚴加限制，卻不致因此特別妨礙啟蒙底進展。」(同上)借用這種說法，我們可以說：三門

「高級學科」屬於理性之「私自運用」，應受到特定職務功能之限制；哲學則屬於理性之「公開運用」，不應受到此類的限制。在這個意義下，哲學對於三門「高級學科」具有批判的功能。

《學科之爭論》一書之三章原先是三篇獨立的論文。第一章題為〈哲學與神學之爭論〉，據佛蘭德爾(Karl Vorländer)底考證，當寫於1793年12月13日與次年10月12日之間[1]。但由於未通過普魯士政府之出版審查，此文未能獨立發表。第二章題為〈哲學與法學之爭論〉，原先以本文底標題為論文標題，收入《學科之爭論》一書後，本文底標題成為副標題。它於1797年10月23日已經以單篇論文之形式由《柏林月刊》(Berlinische Monatsschrift)主編畢斯特(Johann Erich Biester)送到柏林審查，但亦未能發表。第三章題為〈哲學與醫學之爭論〉，原先的標題為〈論心靈單憑決心而主宰其病態情感的能力〉，收入《學科之爭論》一書後，此標題成為副標題。此文寫於1797年，原係為回應耶那(Jena)大學教授胡菲藍(Christoph Wilhelm Hufeland)底《延年術》(Makrobiotik oder die Kunst, das menschliche Leben zu verlängern)一書而作。它最初於1798年以單篇論文底形式刊登於胡菲藍主編的《實用藥物學與外科雜誌》(Journal der practischen Arzneykunde und Wundarzneykunst,

---

1 關於此書之成書及其各章之撰寫經過，佛蘭德爾在他為此書所撰寫的〈導論〉中有詳細的考證，見KGS, Bd. 7, S. 337-343。譯者之說明主要以此為據。

Jena)第5卷第4期，頁701-751。同年，該文有單行本(Jena:
Akademische Buchhandlung)問世。

　　這三篇在不同時間分別撰成的論文首度於1798年以專書
形式出版(Königsberg: Friedrich Nicolovius)，並且冠以《學科
之爭論》底標題。本譯文係根據普魯士王室學術院底《康德全
集》譯出(第7冊，頁77-94)。

1. 我們在此**想要**知道什麼？

我們期望有一部人類史，而這並非關於過去、卻是關於未來的人類史，亦即一部**預測的**（vorhersagende）人類史。如果這種人類史並非依據已知的自然法則（如日蝕和月蝕）而進行，我們便稱之為**預言的**（wahrsagend）、而卻自然的；但如果這種人類史只能得自藉超自然的方式來傳達並擴大對未來的先見，我們便稱之為**先知的**（weissagend; prophetisch）[2]。再者，如果問題是：人類（大體上）是否不斷地趨向於更佳的境地？這裡所涉及的也不是人底自然史（例如，未來是否會形成新的人種？），而是**道德史**，並且不是依據**種屬概念**（singulorum），而是依據在地球上結合成社會、分散為部族的人底**整體**（universorum）[3]。

---

2 從皮提亞直到吉卜賽女郎，凡是擅自從事預言（無知識或真誠而為之）者，便說是：他**預卜**（wahrsagert）。

【譯者按】皮提亞（Pythia）是為古希臘德爾斐（Delphi）的阿波羅神殿傳達神諭的女祭司。康德在此將「預言」（wahrsagen）與「預卜」（wahrsagern）加以區別，故皮提亞之類的預言顯然不屬於他所謂的「預言的、而卻自然的人類史」。所謂「先知的人類史」，我們可以舉《新約‧啟示錄》中關於末日及最後審判之說為例。

3 【譯注】這裡所謂「不是依據種屬概念，而是依據〔……〕人底整體」而撰寫的道德史，便是康德在〈在世界公民底觀點下的普遍歷史之理念〉一文中所說的「普遍歷史」。這種道德史正是屬於上文所說的「預言的、而卻自然的人類史」。在此，「自然的」一詞意謂「可藉理性去把握的」，猶如「自然的宗教」（相對於「啟示的宗教」）一詞之所示。

2. 我們如何**能夠**知道它？

作為對於即將在未來發生的事情之預言性的歷史敘述，亦即，作為對於將會發生的事件之一種先天（a priori）可能的闡述。但是，一部歷史如何先天地可能呢？答案是：如果預言者自己**造成**並且安排了他事先宣告的事件。

猶太先知曾巧妙地預告：他們的國家遲早會面臨不但是衰敗，而且是完全解體；因為他們自己就是他們這種命運底肇始者。身為其民族底領導者，他們為自己的憲法加上了如此多教會的及由之而來的公民的重擔，以致他們的國家變得完全不適於單獨存在，尤其不適於與鄰近的民族共存，且因此其祭司底哀歌[4]必然會枉自在空中逐漸消逝；因為這些祭司一意孤行地堅持一套他們自訂的、無法成立的憲法，且因此他們自己就能準確無誤地預見其結局。

我們的政治家，在其影響所及的範圍內，正是這麼做，而且在預言時也正好如此幸運。他們說：我們必須按照人實際的樣子來看待他們，而非按照不通世事的學究或善心的空想家夢想他們應該成為的樣子來看待他們。但是，「**他們實際的樣子**」當是意謂：我們藉由不公正的強制、藉由為政府所利用的奸詐陰謀**已**將他們**造成**的樣子，亦即頑固而反抗成性；在此情況下，當政府稍微放鬆控制時，當然就會出現可悲的結果，而這些結

80

---

4 【譯注】指《舊約‧耶利米哀歌》。

果證實那些號稱聰明的政治家之預言。

　　教士有時也預告宗教之完全沒落，以及反基督者之即將出現[5]，在此當兒，他們正好在做為導致宗教之完全沒落而必要做的事。因為他們無意讓其教徒將直接導向改善的道德原則放在心中，而是使間接造成改善的戒規和歷史信仰成為根本的義務；由此固然能產生像在一個公民憲法中的那種機械的一致性，但是無法產生道德存心中的一致性[6]。這時他們卻抱怨人們不信宗教，而這是他們自己所造成的；因此，即使他們不具有特殊的預言天賦，也能預告此事。

3. 我們想對未來預知的事物底概念之區分　　81

　　預示所能包括的情形有三種：人類在其道德的分命上，或是持續向更壞的境地**倒退**，或是不斷地向更佳的境地**前進**，或

5　【譯注】反基督者(Antichrist)：參閱〈萬物之終結〉注32。

6　【譯注】康德在《論永久和平》中寫道：「建國底問題不論聽起來是多麼艱難，甚至對於一個魔鬼底民族（只要他們有理智）也是可以解決的。這個問題是：『要安排一群有理性者（他們為了其生存，均要求共通的法律，但每個人卻暗自想要豁免於這些法律），並且建立其憲法，使他們雖然在個人的存心中彼此對抗，但卻相互抑制其存心，致使在其公開的舉止中，其結果彷彿是他們並無這種邪惡的存心。』這樣的一個問題必然是**可以解決的**。因為這項課題並不要求知道人類在道德上的改善，而只要求知道：我們如何能利用自然在人類中的機械作用，以便調整在一個民族中人類不和諧的存心之衝突，使得這些存心必然互相強迫對方去服從強制性法律，且因此產生和平狀態（在這種狀態中，法律有效力）。」(*KGS*, Bd. , S. 366)

者永遠**停滯**於他們在宇宙萬物中的道德價值之目前階段（這與
永遠環繞同一點而旋轉是一回事）。

　　第一種主張我們可稱為道德的**恐怖主義**，**第二種**可稱為**幸
福主義** [7]（若從廣闊的遠景來看進步底目標，這也可稱為千年至
福論 [8]），**第三種**則可稱為**阿布德拉主義** [9]。因為既然在道德領
域中，真正的停滯是不可能的，則不斷更迭的上升與同樣頻繁
且嚴重的下墜（宛如一種永恆的擺盪）所造成的，不過是彷彿主
體停留在同一位置上且在停滯狀態中。

a.論對於人類歷史之恐怖主義的表述方式

　　在人類，向更壞的境地沉淪是無法始終持續下去的；因為
沉淪到某一程度，人類就會將自己消磨殆盡。因此，累積如山
的重大暴行及與之相稱的禍害增長時，人們就說：如今不能再
更壞了，末日即將來臨，而虔誠的幻想家如今已在夢想萬物之
重返與一個換新的世界了──在世界於火中毀滅之後。

7　【譯注】「幸福主義」(Eudämonismus)是一種倫理學觀點，主張人類底
　　活動以追求「幸福」(Eudämonie)為終極目標；此一觀點以亞里斯多德為
　　主要代表。

8　【譯注】「千年至福論」(Chiliasmus)：參閱〈在世界公民底觀點下的普
　　遍歷史之理念〉注9。

9　【譯注】阿布德拉主義(Abderitismus)：阿布德拉(Abdera)是古希臘原子
　　論者德謨克利特(Demokrit, 460-371 B.C.)底家鄉。傳說阿布德拉底空氣
　　使人愚蠢，故「阿布德拉人」(Abderit)一詞被引申為「愚人」之意。康
　　德同時代的德國作家魏蘭(Christian Martin Wieland, 1733-1813)曾撰有小
　　說《阿布德拉人底故事》(*Die Geschichte der Abderiten*, 1774)，將他的家
　　鄉比貝拉赫(Biberach)比擬為阿布德拉，以諷刺人類底愚蠢。

b.論對於人類歷史之幸福主義的表述方式

在我們的稟賦中成為本性的「善」與「惡」之總量始終保持不變，而且在同一個體當中不會增減，這點總是可以承認的。然則，在稟賦中的「善」底此種分量又如何能增加呢？——既然這種增加必須透過主體底自由而發生，而為此目的，主體又需要比它過去所擁有的還要大的「善」底資源。結果無法超出致動因底能力；且因此在人之中與「惡」相混雜的「善」之分量也無法超出「善」底一定額度，而超出了此一額度，人才能努力向上，且因而也一直朝向更佳的境地而前進。因此，幸福主義連同其樂觀的期望似乎是靠不住的，而且對於一部先知的人類史（它預示人類會在「善」底道路上持續不斷地前進）而言，似乎也助益不大。

c.論為預先決定人類史而提出的
關於人類的阿布德拉主義之假說

這種意見可能會獲得多數人之贊同。忙碌的愚蠢是我們人類底性格：迅速步上「善」底道路，卻不堅持走下去，而是為了不受單一的目的所束縛，即使只是基於輪替之故，也要翻轉前進底計畫——建設是為了能夠拆除，並且讓自己承擔毫無希望的努力，將西西佛斯底石頭推上山，以便讓它再滾下來[10]。故於此，在人類底自然稟賦中，「惡」底原則似乎並不與「善」

---

10 【譯注】參閱頁137注36。

底原則相混合(融合)，而毋寧似乎是一者為另一者所中和，其結果將是無所作為(在此稱為「停滯」)。這是一場白忙，讓「善」與「惡」輪流前進與倒退，以致我們人類在地球上相互交往的這整齣戲必須被視為一齣純然的鬧劇。在理性底眼中，此一事態能夠為人類取得的價值，並不大於其他種屬底動物所具有的價值，而這些種屬能以更小的代價，而且不費腦筋地演出這齣鬧劇。

4. 進步底課題無法直接藉經驗來解決   83

　　如果我們發現：人類就整體來看，已經在一段不管多長的時間裡向前行進，並且在進步之中，但無人能保證：人類倒退底時代不會由於我們人類底自然稟賦，就在此刻出現。反之，如果人類倒退而行，並且以加速的下墜趨向於更壞的境地，我們也不可沮喪，認為轉折點(punctum flexus contrarii [11])不會就在這裡出現——由於在我們人類之內的道德稟賦，其行程再度轉向更佳的境地。因為我們所涉及的是自由的行動者；他們**應當**做什麼事，固然能事先**規定**，但是他們**將會**做什麼，卻無法**預言**。而當事情變得極糟時，他們由於感受到他們加諸自己的禍害，懂得採取一種強化的動機，要使事情變得比先前的狀態還要好。然而，(柯葉院長說：)「可憐的有死之人！在你們當

---

11 【譯注】這是德文「轉折點」(Umwendungspunkt)一詞底拉丁文翻譯。

中，除了反覆無常之外，沒有任何恆常的東西！」[12]

　　或許這也是由於我們在看待人類事務底進程觀點上作了錯誤的選擇，而使這個進程在我們看來是如此荒謬。從地球上看來，諸行星時而後退，時而停止，時而前進。但若從太陽底觀點來看(唯有理性才能做到這點)，根據哥白尼底假說，它們始終有規律地在前進。但有些在其他方面並非無知的人卻喜歡固執於他們說明現象的方式，以及他們曾採取過的觀點——縱使他們在這方面會糾纏於第谷之圓與周轉圓[13]，而至於荒謬的地步。但不幸的正是：當問題牽涉到對自由行為的預測時，我們無法採取這項觀點。因為這是**神意**(Vorsehung)底觀點，而它超出人底一切智慧。神意也延伸到人底**自由**行為上面。人固然能**見到**這些行為，但卻無法確切地**預見**它們(在上帝眼中，這其間並無任何區別)；因為他要預見這些行為，就需要有合乎自然法則的關聯，但對未來的**自由**行為，他必然欠缺這種引導或指示。

　　如果我們可以賦予人一種天生的、恆常地善的(儘管是有限的)意志，人就能確切地預告他的種屬是朝向更佳的境地而前進，因為此處涉及一個他自己所能造成的事件。但若其稟賦中的「惡」與「善」相混合，而他不知其比例，他自己就不知道由此能期待什麼結果。

12　【譯注】參閱〈萬物之終結〉注24。

13　【譯注】第谷(Tycho Brahe, 1546-1601)是丹麥天文學家。他試圖調停托勒密系統與哥白尼系統，而提出一套獨特的理論，略謂：水星、金星、火星、木星、土星五個行星繞著太陽運轉，而太陽與太陽系每年繞地球一周。

5. 預言的人類史卻得聯繫到某一經驗之上

在人類當中必然出現某一經驗，它作為事件，指明人類底一項特性與一種能力是他朝向更佳的境地而趨的**原因**及其**肇始者**（既然這應當是一種稟有自由的存有者之業績）。但是當共同作用於其間的情勢出現時，我們便得以從一個既有的原因而預測一個作為其結果的事件。然而，這些情勢必定會在某個時刻出現，對此我們固然能像在博弈中計算概率一樣，一般地加以預測，但卻無法確定：這是否會在我有生之年發生，而我是否會擁有關於此事的經驗，而此經驗證實了那項預測。因此，我們必須尋求一個事件，它指明這樣一種原因之存在，也指明其因果性在人類當中的活動（在時間上不確定）；而且它還讓我們推出「朝向更佳的境地而前進」，作為無可避免的結論。然則，這個結論也能被延伸到過去時代底歷史（即人類曾經一直在進步中），以致該事件本身不能被視為進步底原因，而只能被視為指示性的，視為歷史徵兆（signum rememorativum, demonstrativum, prognostikon[14]），且因此能就**整體**——也就是說，並非就**個體**來看（因為這會形成無止盡的列舉與計算），而是就人類在地球上分成各部族和國家的情況來看——證明人類底**傾向**。

---

14 【譯注】康德以這個拉丁文片語來說明德文的「歷史徵兆」(Geschichtszeichen)一詞，意謂「回憶的、證明的、預示的徵兆」。

6. 論我們這個時代底一個事件， 85
它證明人類底這種道德傾向

　　這個事件決非存在於人所造就的重大的業績或罪行──它
們使人類當中偉大的事物變得渺小，或者使渺小的事物變得偉
大，並且彷彿像玩魔術一般，使古老的、輝煌的國家組織消失，
而其他的國家組織像是從地底冒出來一般，取而代之。不！完
全不是這回事。它僅是旁觀者底思考方式，這種思考方式在大
變革[15]底這場戲中**公開地**洩漏出來，並且透露出對於一方的演出
者之一種極普遍卻又無私的同情，而反對另一方的演出者──即
使冒著這種偏袒可能會對他們非常不利之危險[16]。但因此，這種
思考方式(由於其普遍性)證明了人類全體底一種性格，而且(由
於其無私性)也證明人類至少在稟賦中的一種道德性格──這種

---

15 【譯注】本節所提到的「事件」、「大變革」、「革命」等，均是指1789年
　　爆發的法國大革命。
16 【譯注】在1789年法國大革命爆發時，康德像當時歐洲的許多開明知識
　　分子一樣，對革命抱持同情的態度。在康德的祖國普魯士，自從具有開
　　明作風的腓特烈二世(即腓特烈大帝)於1786年逝世，作風保守的腓特
　　烈‧威廉二世繼位之後，當局對內採取限制言論自由的措施。腓特烈‧
　　威廉二世敵視啟蒙運動，反對法國大革命。因此，普魯士於1791年與奧
　　地利簽訂皮爾尼茲(Pillnitz)協定，公開要求干涉法國內政，以恢復法
　　國底君主政體。次年，奧、普聯軍進逼巴黎，與法軍展開瓦爾米(Valmy)
　　會戰。奧、普聯軍失利後撤軍。在這種政治空氣下，對法國大革命表示
　　同情無疑會為當事人招來危險。

道德性格不單是讓人期望朝向更佳的境地而前進，而是就人類底能力目前所能及的範圍而言，其本身就已是一種前進。

在我們的時代，我們目睹一個充滿才智的民族底革命發生，它可能成功或是失敗。它可能充滿不幸與暴行到如此的程度，以致一個思想健全的人如果還會期望在第二次行動時成功地完成革命，決不會決定以這樣的代價來進行這場實驗。我說：這場革命的確在所有旁觀者（他們自己並未捲入這齣戲）底心靈中依其願望引起一種**同情**；而這種同情近乎狂熱，且其表達本身就帶有危險，因此，它除了人類底一種道德稟賦之外，不會有其他的原因。

在此發生影響的道德性原因是雙重的：首先是**法權**上的原因，即是：一個民族不可受到其他強權之阻撓，為自己制定一部它自己覺得不錯的公民憲法；其次是**目的**（它同時就是義務）上的原因，即是：一個民族底憲法必須在其本性上具有依原理避免侵略戰爭之特性，它本身才是**合法的**且在道德上為善的。這部憲法只能是共和憲法（至少就理念而言）[17]；由此就產生了　86

---

17 但這並非意謂：一個擁有一部君主制憲法的民族因此就自以為有權（甚　86
　　至只是在心中秘密地懷著這種願望）看到這部憲法被改變；因為它在歐
　　洲或許極為分散的位置會向它推薦這部憲法，作為唯一能使它在強鄰之
　　間生存的憲法。甚至其臣民並非由於政府底內政、而是由於政府對外國
　　的態度（例如，其政府阻礙外國推展共和制）而發出的怨言，也決不足以
　　證明該民族對本國憲法的不滿，反倒是證明了該民族對它的喜愛，因為
　　其他民族越是推展共和制，它自身就越能免於危險。然而，誹謗的告密
　　者為了自抬身價，卻試圖將這種無辜的政治閒談冒稱為以危險來威脅國
　　家的改革狂、雅各賓思想及朋黨；不過，這種說辭卻沒有絲毫的根據，

一種條件，可以制止戰爭（一切禍害與道德墮落之根源），且因此消極地確保人類（不論他是多脆弱）朝更佳的境地而前進，至少在前進時不受到阻礙。

因此，這一點及以**激情**（Affekt）來同情善事，亦即**狂熱**（Enthusiasm）——儘管這種狂熱並非全然可取，因為一切激情就其為激情而言，都應受到指摘——卻藉著這段歷史而為對人類學有重要性的觀察提供了機緣，此項觀察即是：真正的狂熱總是僅關乎**理想的事物**，或者更準確地說，關乎純粹道德的事物，諸如「法權」概念，而無法嫁接於自利之上。金錢報酬無法在革命分子底反對者身上激發出純然的「法權」概念在革命分子身上所產生的那種熱情與偉大胸襟；甚至古代好戰貴族底「榮譽」概念（與狂熱相類似的東西），面對那些以自己所屬民族底**法權**為懷[18]，並且以其保護者自居的人之武器，也消失於無形。於

（續）

尤其是在一個距離革命底現場超過一百哩的國度裡。

【譯者按】所謂「一個擁有一部君主制憲法的民族」、「一個距離革命底現場超過一百哩的國度」均是指康德的祖國普魯士。「雅各賓思想」（Jakobinerei）是指法國大革命時雅各賓黨所代表的激進思想。對當時擁護君主制的保守派而言，「雅各賓思想」與「啟蒙思想」、「反宗較思想」是同義詞。再者，康德在《論永久和平》中指出：與「共和制」（Re-publikanismus）在原則上相對立的是「獨裁制」（Despotismus），而非「君主制」，故「君主制」有可能發展成「共和制」（參閱*KGS*, Bd. 8, S. 351-353）。他在下文（注17）也說：「以君主制來**統治**，而同時又以共和制〔……〕來**治理**，這使得一個民族滿足於其憲法。」

18 對於為人類伸張權利的這樣一種狂熱，我們可以說：「遇上了火神底武器，人世的刀劍有如易碎的冰，一擊即碎。」何以從未有一個統治者敢於公然宣稱：他根本不承認人民有**權利**反對他，人民唯有將其幸福歸功於一

86

是，在局外旁觀的公眾同情這種慷慨激昂，卻絲毫無意參與。　　87

（續）

個使他們得到幸福的政府之**仁慈**，而且臣民對於反對政府的權利之一切
非分要求（因為這其中包含一種「被容許的反抗」之概念）都是荒謬的，
甚至是應受懲罰的？其故在於：儘管所有的臣民像馴服的羊一樣，被一　　87
位善良而聰明的主人所領導，受到妥善的飼養與有力的保護，而毋須為
其福利之不足而抱怨，這樣一種公開的聲明卻會激起這些臣民反對他。
因為稟有自由的存有者不滿足於享受從他人（而在此就是政府）所能得到
的生活安適；問題之所繫卻是在於他為自己取得這種安適時所依據的**原**
則。但是福利不具有原則，無論是對於接受它的人，還是對於施予它的
人，都是如此（這個人以為福利在這裡，那個人以為福利在那裡）；因為
此處問題之所繫在於意志底**實質面**，而這是經驗的，並且無法具有一項
規則底普遍性。因此，一個稟有自由的存有者在意識到他這種對於無理
性動物的優越性時，能夠且應該根據其意念底**形式**原則為他所屬的民族
唯獨要求這樣一個政府，即這個民族亦參與其立法的政府；也就是說，
應該服從的人底權利必須先於對福祉的一切考慮，而且這是一種超乎一
切價格（用處）的聖物，任何政府均不得侵犯它（無論該政府如何仁慈）。
但是這種權利卻始終只是一個理念，其實現受限於「其**手段**與道德相合」
的條件，而該民族不得踰越這個條件；這不可經由革命來達成，革命總
是不義的。以君主制來**統治**（herrschen），而同時又以共和制──亦即，
以共和制底精神，並且類比於共和制──來**治理**（regieren），這使得一個
民族滿足於其憲法。

【譯者按】「遇上了火神底武器，人世的刀劍有如易碎的冰，一擊即碎。」
原文為"postquam arma dei Vulcania ventum est, - mortalis mucro glacies ceu
futilis ictu dissiluit"，語出羅馬詩人維吉爾（Vergil，即 Publius Vergilius
Maro，70-19 B.C.）底史詩《艾內伊斯》（*Aeneis*, Ⅶ, 739）。但康德將前半
句誤引為 "postquam ad arma Vulcania ventum est"。

7. 預言的人類史

在原則之中必然有某種**道德之事**，而理性將此事表述為純
粹的，同時卻又由於其巨大而畫時代的影響，而將它表述為某
物，此物向人底心靈指示為此而被承認的義務；而且此事涉及
聯合為整體的人類(non singulorum, sed universorum)[19]。人類以
極普遍而無私的同情為他們對於此事所期待的成功及為此事而
作的嘗試歡呼。這個事件並不是一場革命底現象，而是(像艾爾
哈德先生所說的[20])一部**自然法**憲法之**演化**底現象。單是在野蠻
的戰鬥當中，這種演化本身固然仍不會完成——因為對內與對
外的戰爭摧毀迄今已存在的一切**典章的**(statutarische)憲法——，
但卻引導人去謀求一部不會有戰爭傾向的憲法，也就是共和制
的憲法。這種憲法可能甚至在**國家形式**上是共和制的，或者也
可能僅在**治理方式**上，讓單一元首(君主)，仿照一個民族會依
據普遍的法權原則為自己制定的那些法律，來管理國家。

88

---

19 【譯注】康德以這個拉丁文片語來補充說明，意謂「並非屬於個體，而
是屬於全體」。本段到此為止的文字在文義上不甚順適，顯然有脫字。今
依學術院本編者佛蘭德爾(Karl Vorländer)之建議，將此段文字修訂如
下：“Es muß etwas **Moralisches** im Grundsatze sein, welches die Vernunft als
rein, zugleich aber auch wegen des großen und Epoche machenden Einflusses
als etwas, das die dazu anerkannte Pflicht der Seele des Menschen vor Augen
stellt,〔darstellt,〕und〔welches〕das menschliche Geschlecht ...”(〔 〕中
為編者所加)

20 【譯注】艾爾哈德(Johann Benjamin Erhard, 1766-1827)是一位醫生，也
是康德底追隨者。此處的引述出自其《論人民底革命權》(*Über das Recht
des Volks zu einer Revolution*, Jena u. Leipzig 1795)一書，頁189。

　　如今我斷言：即使不具有預知底才能，我也能根據我們的時代之諸面相與徵兆，預測人類會達到這個目的，且因而也預測人類會朝向更佳的境地前進，而從此刻起不會再全盤倒退。因為人類史上的這樣一種現象**不再被遺忘**，這是由於它揭示了人性中朝向更佳境地的一種稟賦與一種能力——沒有任何政治家曾經從事物底過去進程推敲出此事，而是唯有自然與自由在人類當中根據內在的法權原則統合起來，才能許諾此事；但就時間而言，它卻只是不確定的，而且是出於偶然的事件。

　　但即使在此一事件中所期望的目的現在並未達成，即使一個民族底憲法之革命或改革功虧一簣，或是在革命或改革持續了一段時間之後，一切又回到原先的軌轍上（一如政治家現在所預卜的），這種哲學的預測也不會喪失其絲毫力量。因為這個事件太過重大，與人類底興趣太過於交織在一起，並且太過廣泛地影響到世界各地，以致它在有利情況底任何機緣下都不會不被各民族所想起，並激發他們重新去從事這種嘗試；因為在此情況下，在一樁對人類如此重要的事務上，所期望的憲法終究必然會在某一時刻達到某種堅定性，而這種堅定性是多次經驗之教導在所有人底心靈中必定會導致的。

　　因此，有一個命題不僅是用意良善，且在實踐方面值得推薦，並且儘管有無信仰者，縱使衡諸最嚴格的理論，它也可以成立，此即：人類始終趨向於更佳的境地，而且會繼續前進。如果我們不單是注目於在某一民族中可能發生的事，而是也注目於此事之擴散至地球上可能會漸次參與其中的所有民族，這就開啟了一幅延伸至無盡時間的遠景——只要在人類出現以前

89

僅僅席捲了動物界與植物界（根據康培爾和布魯門巴赫之說[21]）
的自然巨變之第一時期以後，決不會接著出現第二時期，而此
一時期也同樣折磨人類，以便讓其他的受造物登上此一舞臺等
等。因為對於自然（或者不如說，其無法為我們所企及的最高原
因）之全能而言，人類卻只是一個微不足道之物。但是，連其同
類的統治者都如此看待且對待他，有時如動物般地煩勞他，將
他僅當做其目標底工具，有時在這些統治者彼此間的鬥爭中擺
布他，使他[22]遭受殺戮，這就不是微不足道之事，而是顛倒了
造化本身底**終極目的**。

8. 論著眼於向公共福祉而趨的格律 在其公開性方面的困難

　　大眾之啟蒙就是公開教導大眾他們對其所屬國家的義務與
權利。由於此處僅涉及自然的且來自通常的人類知性之權利，這
些權利在人民當中之自然的宣告者與闡釋者就不是國家所任命
的官方法律教師，而是自由的法律教師，亦即哲學家。哲學家正

---

21 【譯注】康培爾(Petrus Camper, 1722-1789)是荷蘭解剖學家；此處所述之
　　觀點見其《論面部特徵之自然區別》(*Über den natürlichen Unterschied der
　　Gesichtszüge*, Berlin 1792)，§3及V, 42815ff.。布魯門巴赫(Johann Friedrich
　　Blumenbach, 1752-1840)是德國解剖學家與比較動物學家，曾長期
　　(1776-1835)任教於哥廷根大學；此處所述之觀點見其《自然史手冊》
　　(*Handbuch der Naturgeschichte*, Göttingen 1779)，S. 47 & 474ff.。

22 【譯注】此處據佛蘭德爾版，將sie改為ihn，故指「人類」，而非「統治
　　者」。

是為了他們允許自己擁有的這種自由之故，而觸犯了一味想要統治的國家，並且以**啟蒙者**之名被詆毀為危害國家的人——儘管他們的聲音並非**親密地**說給人民聽（人民對此事及他們的著作很少或根本就不注意），而是**恭敬地**說給國家聽，而國家被懇求將人民在法律上的需求銘記在心。除了通過公開性之途徑以外，並無其他途徑能夠使此事實現——當整個民族想要傾訴其疾苦（Beschwerde; gravamen）時。故公開性之**禁制**妨礙一個民族趨向於更佳的境地，甚至是在涉及其最低要求的事情，亦即僅涉及其自然權利的事情上。

　　另有一種隱瞞雖然很容易看穿，但卻合法地命令一個民族，此即對其憲法底真正性質之隱瞞。若說英國民族有一個**無限制的君主制**，這有傷其威嚴；反倒是有人要說：這當是一部由作為人民代表的國會兩院來**限制**君主意志的憲法。但每個人都清楚地知道：君主對於這些代表的影響極為巨大而明確，以致除了君主所意願，並由其人臣提議的事情之外，上述的兩院不會有任何其他的決議。在這種情況下，他的大臣甚至可能會作出決議，而明知他會被否決，且甚至**造成**這個結果（例如，關於黑奴貿易的決議），以便為國會底自由提供一種虛假的證明。對於此事底性質之這種想法包含欺騙的成分，亦即：人們根本不再去尋求真正的、忠於法權的憲法；因為人們誤以為已經在一個現有的事例中找到了它，而且一種騙人的公開性以一個受到人民所制定的法律**所限制之君主制**[23]為託詞來欺騙人民，然

90

---

23 我們非直接知悉一個原因底性質，此原因便經由與它必定相聯繫的結果　90

而人民底代表卻被買通，秘密地聽命於一個**絕對的君主**。

※　　※　　※

一部與人底自然權利相協調的憲法之理念──亦即，服從法律的人聯合起來，也應當同時是立法者──是一切國家形式之基礎；而且由純粹的理性概念依此理念所設想，而名為一個柏拉圖式的**理想**之共同體（理體之國家〔respublica noumenon〕），並非一個空洞的幻念，而是一切一般而言的公民憲法之永恆規範，並且消弭一切戰爭。一個按照這個理念而組成的公民社會，是該理念依據自由法則、憑藉經驗中的一個事例之表現（事相之國家〔respublica phenomenon〕），而且唯有在經過各種各樣的鬥爭與戰爭之後才能艱辛地獲致。但這個社會底憲法一旦大致完成，就有資格成為一切憲法中最佳的憲法，以避免戰爭，即一切善的事物之摧毀者。因之，進入這樣一種社會

91

（續）────────────────────

而暴露出來。什麼是一個**絕對的**君主呢？他是這樣的人：當他說「戰爭應當發生」時，在他的命令之下，戰爭就立刻發生。在另一方面，什麼是一個**有限的**君主呢？他是這樣的人：他必須事先向人民徵詢，戰爭是否應當發生；而如果人民說：戰爭不當發生，於是就沒有戰爭。因為戰爭是一種狀態，在此狀態中，國家底全部力量必須供其元首支配。如今，英國的君主已進行了許多次戰爭，而未為此徵求人民之贊同。因此，這個國王就是一個絕對的君主，儘管根據憲法，他不應當如此；但是他總是能夠規避憲法，因為他正是憑藉那些國家力量──亦即，他有權力分配一切官職與榮銜──而得以確保人民代表之同意。但是，這種收買制度若要成功，當然必須不具有公開性。因此，它始終處於秘密之極為透明的面紗之下。

【譯者按】此處提到的英國國王係指喬治三世(1760-1820年在位)。

是義務，但由於這不會很快實現，君主底暫時義務是：儘管他們**以專制的方式**統治，但卻**以共和的方式**（不是以民主的方式）治理，也就是說，根據與自由法則底精神相符的原則（就像一個具有成熟理性的民族會為自己規定的原則）來對待人民——即使按字面而言，他們並未徵詢人民底同意。

9. 趨向於更佳的境地會為人類帶來什麼收穫？

並非存心中的**道德性**在分量上的不斷增長，而是這種存心在合乎義務的行為中之**合法性**底產物之增加（不論這些行為是由什麼動機所引發）。這就是說，人類向更佳的境地而趨之努力底收穫（成果）只能置於人類底善良**行動**（這種行動終究會越來越多，越來越好）之中，因而置於人類底道德特質之事相中。因為我們僅擁有**經驗的**資料（即經驗），可作為這種預測根據，亦即以我們的行為（就它們發生，因而本身就是現象而言）之自然原因為根據，而非以道德原因（它包括關於應當發生之事的義務概念，而且惟有這種概念才能純粹地、先天地被建立）為根據。

來自強權方面的暴行逐漸減少，而對法律的遵從逐漸增加。在共同體中或許會產生更多的慈善，更少訴訟上的爭執，更多信諾上的可靠性等，部分是出於榮譽心，部分是出於正確理解的自利；而這最後甚至會擴展到各民族相互間的外在關係上，直到世界公民底社會，而人類底道德基礎在此不必有絲毫的擴大——要達到這點，還需要有一種新的造化（超自然的感

應）。因為對於人類之朝著更佳的境地而趨，我們也不可有過多的期待，以免讓政治家有理由譏笑我們，而他們喜歡把人類底期望視為一個偏激頭腦之夢想[24]。

---

24 臆想符合於**理性底要求**（尤其是在法律方面）的國家憲法，的確是**甜美**   92
的；但是建議它們，卻是**放肆的**；而煽動人民去廢除現存的國家憲法，
則是**應受懲罰的**。
　　柏拉圖底大西洋國、**摩爾**底烏托邦、**哈林頓**底大洋國及**阿雷**底塞韋朗比
亞，都曾漸次被搬上舞臺，但是連僅僅嘗試都從未被嘗試過（**克倫威爾**底
專制共和國這個失敗的怪胎除外）。創造國家的過程就像創造世界的過程
一樣：當時沒有人在場，而且也沒有人能在這樣一場創造中出現，因為
不然的話，他就得是他自身的創造者。期望一個像我們在此所設想的政
治產物有朝一日完成（無論是多麼遲），是一場甜美的夢；但是不斷地趨
近於它，就不止是**可以設想的**，而是就它能與道德法則相一致而言，還
是**義務**，但並非國家公民底義務，而是國家元首底義務。
　　【譯者按】「大西洋國」（Atlantica，即Atlantis）是古代傳說中的島國，位
於大西洋，後因天災而沉沒於海中；柏拉圖在對話錄《克里提阿斯》
（*Critias*）、《提美伍斯》（*Timaeus*）中提到它。摩爾（Morus，即Thomas More,
1478-1535）是英國思想家與政治家，1516年出版《烏托邦》（*Utopia*）一書。
哈林頓（James Harrington, 1611-1677）是英國的政治思想家，1656年出版
《大洋國》（*Oceana*）一書。《塞韋朗比亞》（*Severambia*）是指政治小說《塞
韋朗比亞史》（*Histoire des Severambes*），英文本於1675年出版，法文本
於1677及1679年出版，作者據說是阿雷（Denis Vairasse d'Allais）；書中的
立法者可能是影射英國政治家克倫威爾（Oliver Cromwell, 1599-1658）。克
倫威爾於1649年處死英王查理一世後，在英國建立共和國；其後於
1653-1658年解散國會，實施專制統治。

10. 唯有在何種秩序之下 才能期待趨向於更佳的境地？

答案是：並非透過**由下而上**的事物進程，而是透過**由上而下**的事物進程。期待透過在家庭教誨中，繼而在從低級直到最高級的學校裡，在經過宗教學說強化的精神陶冶與道德陶冶方面，對青年進行教育，而最後不僅會教育出良好的公民，而是將他們教育成能夠始終不斷進步且維持下去的「善」，這是一個難於期望如願成功的計畫。因為不僅是人民認為其青年底教育費用不該由他們來負擔，而是必須由國家來負擔；而在另一方面，國家這邊卻無餘錢發薪給能幹且樂於盡職的教師(如畢辛[25]所惋嘆的)，因為它將一切都用在戰爭上；而是這種教育底整個機制若非根據國家最高權力底一項經過考慮的方案、且根據它這項目標而規畫、推動，並且也始終一貫地維持在這種狀態中，它便不具有聯屬性。要做到這點，國家本身或許還得偶爾改革自己，並且力求進化而非革命，而不斷地趨向於更佳的境地。但既然可以實施這種教育的也是**人**，因而是本身必須為此而受教育者，則由於人性之這種脆弱性，在有利於這樣一種效應的情勢

93

---

25 【譯注】畢辛(Anton Friedrich Büsching, 1724-1793)是哥廷根(Göttingen) 大學教授，也是神學家和地理學家。他曾主編《關於新地圖、地理、統計與歷史書籍的每周報導》(*Wöchentliche Nachrichten von neuen Land-karten, geographischen, statistischen und historischen Büchern*, Berlin 1773-1786)及《新歷史學與地理學雜誌》(*Magazin für die neue Historie und Geographie*, 1769-1793)。

之偶然性當中，人類進步之期望就只能期待於一種自上而下的智慧（如果它是我們所看不見的，就稱為神意），作為積極的條件。但對於人在此問題上所能被期待與要求的事情，便只能期待消極的智慧去促成這項目的，此即：人不得不使道德底最大障礙——即總是使這項目的落空的**戰爭**——首先逐漸便變得人道，繼而變得稀少，最後使侵略戰爭完全消失，以便採納一部以真正的法權原則為依據之憲法，而這部憲法依其本性能堅定地趨向於更佳的境地，而不削弱自己。

結　語

有一個醫生每天都空言安慰他的病人，說他們很快就會痊癒。他向一個病人保證脈搏跳動會改善，向另一個病人保證排泄物會改善，向第三個病人保證出汗會改善等等。他的一個朋友來訪，他劈頭就問這個朋友說：「朋友！你的病怎樣了？」「會怎樣呢？**我就要純然因改善而死了！**」如果任何人鑑於政治災禍而開始對人類底幸福及其趨向於更佳的境地感到灰心，我都不會責怪他。不過，我卻相信**休謨**提出的那份可迅速產生治療效之英雄式的藥方——他說：「當我看到目前各國處於互相作戰的狀態中時，我就彷彿是看到兩個醉漢在一家瓷器店裡以棍棒互毆。因為他們除了要讓他們相互造成的腫塊慢慢消散之外，他們事後還得賠償他們所造成的一切損害。」[26] 弗里吉

94

---

26 【譯注】這段文字出自英國哲學家休謨（David Hume, 1711-1776）底〈論

亞人太晚開竅了 27。但是當前戰爭底惡果卻能使政治預言家不得不承認：人類即將轉向更佳的境地，而這個境地如今已經在望了。

公債〉("Of Public Credit") 一文，見其*Essays Moral, Political, and Literary*, edited by T.H. Green/ T.H. Grose (London: Longmans, Green, and Co. 1882), Vol. I, p. 371：「我得承認：當我看到諸君王與國家在其債務、基金與國債中對抗與齟齬時，我總是想到在一個瓷器店裡以棍棒互毆的對手。」此處所謂「英雄式的藥方」即是不以公債來進行對外戰爭。康德在《永久和平》中列舉「國家之間的永久和平底臨時條款」，其第四條即是：「任何國家均不該在涉及對外的國際糾紛時舉債。」

27 【譯注】語出古羅馬哲學家西塞羅 (Marcus Tullius Cicero, 106-43 B.C.) 底《西塞羅與友人書簡集》(*M. Tulli Ciceronis epistularum ad familiares*), VII, 16。此句康德引作Sero sapiunt Phryges，與原文小異。弗里吉亞 (Phrygia) 為位於小亞細亞的古國，即傳說中因中了木馬計而被希臘聯軍所滅的特洛伊。

參考文獻

一、康德著作及其選集

Kants Gesammelte Schriften. Hrsg. von der Königlich Preußischen Akademie der Wissenschaften, Berlin/Leipzig: de Gruyter 1922ff.

Kant, Immanuel: *Kleinere Schriften zur Geschichtsphilosophie, Ethik und Politik.* Hrsg. von Karl Vorländer, Hamburg: Meiner 1913.

———: *Zur Geschichtsphilosophie.* Hrsg. Von Arthur Buchenau, Berlin: Keiper 1947.

———: *Was ist Aufklärung? Aufsätze zur Geschichte und Philosophie.* Hrsg. von J. Zehe, Göttingen: Vandenhoeck & Ruprecht 1975.

———: *Über den Gemeinspruch: Das mag in der Theorie richtig sein, taugt aber nicht für die Praxis.* Hrsg. von Julius Ebbinghaus, Frankfurt/M.: Klostermann 1982.

———: *Zum ewigen Frieden.* Hrsg. von Rudolf Malter, Stuttgart: Reclam 1984.

———: *Schriften zur Geschichtsphilosophie.* Hrsg. von Manfred Riedel, Stuttgart: Reclam 1985.

———: *Über den Gemeinspruch: Das mag in der Theorie richtig sein, taugt aber nicht für die Praxis. Zum ewigen Frieden.* Hrsg. von Heiner F. Klemme, Hamburg: Meiner 1992.

———: *Anthropology, History, and Education.* Cambridge: Cambridge University Press 2007.

————: *Zum ewigen Frieden.* Kommentar von Oliver Eberl and Peter Niesen, Frankfurt/M.: Suhrkamp 2011.

二、康德著作之翻譯

Kant's Principles of Politics, Including His Essays on Perpetual Peace: A Contribution to Political Science. Edited & translated by W. Hastie, Edinburgh: T.& T. Clark 1891.

Kant, Immanuel: *Eternal Peace. Translated by Carl Joachim Friedrich, in: idem, Inevitable Peace* (Cambridge/Mass: Harvard University Press 1948), pp. 241-281.

————: *On History.* Edited by Lewis White Beck, Idianapolis: Bobbs-Merrill 1963.

————: *Kant's Political Writings.* Edited by Hans Reiss, Cambridge: Cambridge University Press 1970; second enlarged Edition 1991.

————: *On the Old Saw: That May Be Right in Theory, But It W'ont Work in Practice.* Translated by E.B. Ashton, Philadelphia: University of Pennsylvania Press 1974.

————: *Perpetual Peace and Other Essays.* Translated by Ted Humphrey, Indianapolis: Hackett 1983.

————: *Rechtslehre. Schriften zur Rechtsphilosophie.* Herausgegeben und eingeleitet von Hermann Klenner, Berlin: Akademie-Verlag 1988.

————: *The Conflict of the Faculties.* Trans. by Mary J. Gregor, Lincoln: University of Nebraska Press 1992.

————: *Religion and Rational Theology.* Translated & edited by Allen W. Wood & George di Giovanni, Cambridge: Cambridge University Press 1996.

康德著、何兆武譯：《歷史理性批判文集》。北京：商務印書館，1990年。

康德著、盛志德譯：〈什麼是啟蒙？〉。《哲學譯叢》，1991年第4期，頁3-6；收入《中國人民大學複印報刊資料「外國哲學與哲學史」》，1991年第8期，頁18-21。

三、中文二手資料

王　錕：〈目的論與自由：論康德的政治哲學〉。《浙江師範大學學報》（社會科學版），2008年第5期，頁72-76。

王建軍：〈論康德對普世主義的理性奠基〉。《廣東社會科學》，2012年第4期，頁68-73。

曲紅梅、高偉茹：〈康德世界公民思想的四個焦點問題〉。《吉林大學社會科學報》，第52卷第1期（2012年1月），頁32-37。

朱高正：〈永久和平與外在自由——康德國家哲學要義〉。《鵝湖》，第25卷5期（1999年11月），頁40-48；第25卷第6期（1999年12月），頁55-64。

——：〈康德的法權哲學〉。《哲學雜誌》，第4期（1993年4月），頁176-187；亦刊於《律師通訊》，第180期（1994年9月），頁50-55。

———：《康德四論》。臺北：臺灣學生書局，2001年。

朱翰新：〈康德的歷史觀〉。《新中國評論》，第5卷第3期（1953年9月），頁17-18；第5卷第4期（1953年10月），頁20-21。

朱翠微、王福生：〈道德、政治與歷史——康德「永久和平論」中的理論難題及其解決〉。《學術研究》（廣州），2012年第9期，頁13-18。

艾四林：〈康德和平思想的當代意義——哈貝馬斯、羅爾德對康德和平思想的改造〉。《復旦學報》（社會科學版），2004年第4期，頁71-75＆81。

何兆武：〈「普遍的歷史觀念」是怎樣成為可能的——重評康德的歷史哲學〉。《學術月刊》，1990年5月，頁1-10＆25；收入《中國人民大學複印報刊資料「外國哲學與哲學史」》，1990年第9期，頁27-37。

———：《歷史理性批判散論》。長沙：湖南教育出版社，1994年。

———：《歷史與歷史學》。香港：牛津大學出版社，1995年。

余英時：〈中國史學的現階段：反省與發展〉。收入余英時：《史學與傳統》。（臺北：時報文化出版公司，1982年），頁1-29。

李　梅：〈歷史進步的道德基礎——康德論社會正義的原則〉。《哲學研究》1997年第1期，頁34-40。

———：《權利與正義：康德政治哲學研究》。北京：社會科學文獻出版社，2000年。

李明輝：〈歷史與目的〉。《臺灣社會研究》第3卷第1期（1990年春季號），頁

195-213；收入李明輝：《儒學與現代意識》(臺北：文津出版社，1991年)，頁135-156。

———：〈康德的「根本惡」說——兼與孟子的性善說相比較〉。收入李明輝：《康德倫理學與孟子道德思考之重建》（臺北：中央研究院中國文哲研究所，1994年），頁117-146。

———：〈牟宗三哲學中的「物自身」概念〉。收入李明輝：《當代儒學之自我轉化》（臺北：中央研究院中國文哲研究所，1994年），頁23-52。

———：〈康德的「歷史」概念〉。《中國文哲研究集刊》，第7期(1995年9月)，頁157-182。

李秋零：〈從康德的「自然意圖」到黑格爾的「理性狡計」——德國古典歷史哲學發展的一條重要線索〉。《中國人民大學學報》，1991年5月，頁62-68；收入《中國人民大學複印報刊資料「外國哲學與哲學史」》，1991年第10期，頁35-41。

李澤厚：《批判哲學的批判——康德述評》。臺北：三民書局，1996年。

周保松：〈康德、永久和平及國家主權〉。《社會理論學報》，第3卷第1期（2000年6月），頁97-123。

林媛好：〈解構溫特建構的〈康德文化〉——從康德的「盧梭難題」到溫特的「康德難題」〉。《淡江人文社會學刊》，第33期（2008年3月），頁39-72。

勃留姆、戈利科夫著、侯鴻勛譯：〈康德與革命問題〉。《世界哲學》，1985年第2期，頁35-43。

胡萬年、郭啟貴、施瑋：〈康德政治自由的層次性〉。《巢湖學院學報》，2009年第1期，頁12-17&21。

孫善豪：〈康德哲學與社會主義——十九與二十世紀之交的政治哲學的解析及其當代意義〉。《東吳政治學報》，第28卷第1期（2010年3月），頁139-170。

孫雲平：〈康德「致永久的和平」的哲學解讀〉。《當代》，第71期（2003年5月），頁14-25。

張鼎國：〈指南山麓論「指南」：康德哲學中「啟蒙」與「思想中定向」問題的探討〉。《政治大學哲學學報》，第13期（2005年1月），頁63-97；收入其《詮釋與實踐》（臺北：政大出版社，2011年），頁353-374。

許　漢：〈康德的政治自由理論〉。《哲學與文化》，第15卷第10期（1998年10月），頁26-41。

梁　軍：〈論康德的「永久和平論」〉。《社會主義研究》，2006年第2期，
　　　頁112-114。

郭大為：〈政治的至善——康德的永久和平思想與當代世界〉。《雲南大學學
　　　報》（社會科學版），第3卷第4期（2004年4月），頁29-37＆94-95。

陳文昌：〈康德「至善」概念的完整含意〉。《唐山學院學報》，2008年第3
　　　期，頁35-37＆40。

湯劍波：〈現代公共理性觀念的溯源——康德的公共理性觀念及意義〉。《廣
　　　東社會科學》，2010年第2期，頁54-59。

舒遠招：〈從世界公民概念看康德的普世主義思想〉。《廣東社會科學》，2012
　　　年第4期，頁74-80。

黃　頌：〈轉換理論範式維護傳統價值——康德的政治哲學與自然法〉。
　　　《天水師範學院學報》，2000年第4期，頁8-12。

楊禮銀：〈康德政治哲學文獻研究〉。《理論學習》，2003年第4期，頁38-39。

趙相明：〈康德的法權國家觀〉。《東亞季刊》，第23卷第3期（1992年1月），
　　　頁60-73。

鄧曉芒：〈書評：康德《歷史理性批判文集》〉。《哲學與文化》，第31卷第
　　　2期（2004年2月），頁163-168。

蕭娜、洪克強：〈試論康德政治自由觀的道德基礎〉。《中共福建省委黨校學
　　　報》，2005年第4期，頁55-57。

閻孟偉：〈康德的「普遍歷史觀念」及其在當代的回應〉。《教學與研究》，
　　　2004年第2期，頁35-41。

魏楚陽：〈內在自由與外在權利的辯證：黑格爾論康德的權利國家觀〉。《國
　　　立台灣大學政治科學論叢》，第51期（2012年3月），頁129-159。

Foucault, Michel著、吳宗寶譯：〈論康德的「何謂啟蒙」〉。《當代》（臺北），
　　　第76期（1992年8月），頁22-31。

Pogge, Thomas著、劉莘、徐向東等譯：《康德、羅爾斯與全球正義》。上海：
　　　上海譯文出版社，2008年。

四、西文二手資料

Albrecht, Ulrich: "Kants Entwurf einer Weltfriedensordnung und die Reform der

Vereinten Nationen". *Die Friedens-Warte. Blätter für internationale Verständigung und zwischenstaatliche Organisation* (Berlin), Bd. 70 (1995), S. 195-210.

Allison, Henry: "The Gulf Between Nature and Freedom and Nature's Guarantee of Perpetual Peace". In: Hoke Robinson (ed.), *Proceedings of the Eighth International Kant Congress* (Milwaukee: Marquette University Press 1995), Vol. I.1, pp. 37-50.

Anderson-Gold, Sharon: "Kant's Rejection of Devilishness: The Limits of Human Volition". *Idealistic Studies*, Vol. 14 (1984), pp. 35-48.

————: "Kant's Ethical Commonwealth: The Highest Good as a Social Goal". *International Philosophical Quarterly*, Vol. 26 (1986), pp. 23-32.

————: "War and Resistance: Kant's Doctrine of Human Rights". *Journal of Social Philosophy*, Vol. 19 (1988/1989), pp. 37-50.

————: "Ethical Community and the Highest Good". In: Gerhard Funke & Thomas M. Seebohm (ed.): *Proceedings of the Sixth International Kant Congress* (Washington, D. C.: University Press of America 1991), Vol. II.2, pp. 231-242.

————: "Kant's Ethical Anthropology and the Critical Foundations of the Philosophy of History". *History of Philosophy Quarterly,* Vol. 11 (1994), pp. 405-419.

————: "A Common Vocation: Humanity as a Moral Species". In: Hoke Robinson (ed.), *Proceedings of the Eighth International Kant Congress* (Milwaukee: Marquette University Press 1995), Vol. II.2, pp. 689-696.

————: "Crimes against Humanity: A Kantian Interpretation of International Law". In: Jane Kneller/Sidney Axinn (eds.), *Autonomy and Community: Reading in Contemporary Kantian Social Philosophy* (Albany: State University of New York Press 1998), pp. 103-117.

————: *Unnecessary Evil: History and Moral Progress in the Philosophy of Immanuel Kant*. Albany: State University of New York Press 2001.

Apelt, Otto: *Betrachtungen über Kants Entwurf zum ewigen Frieden*. Weimar: Hof-Buchdruckerei 1873.

Arendt, Hannah: *Das Urteilen. Texte zu Kants politischer Philosophie*. München: Piper 1985.

Armstrong, A. C.: "Kant's Philosophy of Peace and War". *The Journal of Philosophy*, Vol. 28 (1931), pp. 197-204.

―――: "Kant's Analysis of International Relations". *The Journal of Philosophy*, Vol. 51 (1954), pp. 848-855.

Arntzen, Sven: "Kant's Denial of Absolute Sovereignty". *Pacific Philosophical Quarterly*, Vol. 76 (1995), pp 1-16.

Asbach, Olaf: "Der ewige Friede, Europa und das Alte Reich". In: Hoke Robinson (ed.), *Proceedings of the Eighth International Kant Congress* (Milwaukee: Marquette University Press 1995), Vol. II.2, pp. 787-804.

―――: "Internationaler Naturzustand und Ewiger Friede. Die Begründung einer rechtlichen Ordnung zwischen Staaten bei Rousseau und Kant". In: Dieter Hüning/Burkhard Tuschling (Hg.), *Recht, Staat und Völkerrecht bei Immanuel Kant* (Berlin: Duncker & Humblot 1998), S. 203-232.

Axinn, Sidney: "Kant, Authority, and the French Revolution". *Journal of the History of Ideas*, Vol. 32 (1971), pp. 423-432.

―――: "Kant on World Government". In: Gerhard Funke/Thomas M. Seebohm (ed.): *Proceedings of the Sixth International Kant Congress* (Washington, D.C.: University Press of America 1991), Vol. II.2, pp. 243-251.

Bärtlein, Karl: "Die Vorbereitung der Kantischen Rechts- und Staatsphilosophie in der Schulphilosophie". In: Hariof Oberer/Gerhard Seel (Hg.), *Kant. Analysen - Probleme - Kritik* (Würzburg: Königshausen & Neumann 1988), S. 221-271.

Bal, Karol: "Immanuel Kant: 'Zum ewigen Frieden' - ein gegenwärtiges Manifest?". In: idem, *Zwischen Ethik und Geschichtsphilosophie. Aufsätze über Kant, Schelling und Hegel* (Wroclaw: Wydawn. Uniw. 1989), S. 31-45.

Barker, Martin: "Kant as a Problem for Weber". *The British Journal of Sociology*, Vol. 31. No. 2 (June 1980), pp. 224-245.

Bartuschat, Wolfgang: "Apriorität und Empirie in Kants Rechtsphilosophie". In: *Philosophische Rundschau*, 34 Jg. (1987), S. 31-49.

Bartuschat, Wolfgang: "Praktische Philosophie und Rechtsphilosohie bei Kant". *Philosophisches Jahrbuch*, 94 Jg. (1987), S. 24-41.

Batscha, Zwi/Saage, Richard: "Friedensutopien des ausgehenden achtzehnten Jahrhunderts". *Jahrbuch des Instituts für Deutsche Geschichte*, Bd. 4 (1975), S. 111-145.

Batscha, Zwi/Saage, Richard (Hg.): *Friedensutopien. Kant, Fichte, Schlegel, Görres.* Frankfurt/M.: Suhrkamp 1979.

Bauch, Bruno: "Das Rechtsproblem in der Kantischen Philosophie". *Zeitschrift für Rechtsphilosophie in Lehre und Praxis*, Bd. 3 (1921), S. 1-26.

Baum, G./Bayerer, W.G./Malter, R.: "Ein neu aufgefundenes Reinschriftfragment Kants mit den Angangstexten seines Entwurfs 'Zum ewigen Frieden'". *Kant-Studien*, 77. Jg. (1986), S. 316-337.

Baumann, Hans: *Kants Stellung zu dem Problem von Krieg und Frieden.* Diss. München 1950.

Baumann, Lutz: "Zum Verhältnis von Regenten und Philosophen im Denken der Neuzeit". In: Hoke Robinson (ed.), *Proceedings of the Eighth International Kant Congress* (Milwaukee: Marquette University Press 1995), Vol. II.2, pp. 805-812.

Baumann, Peter: "Zwei Seiten der Kantschen Begründung von Eigentum und Staat". *Kant-Studien*, 85. Jg. (1994), S. 147-159.

Bayerer, Wolfgang G.: "Das Königsberger Schlußblatt des Entwurfs 'Zum ewigen Frieden'". *Kant-Studien*, 79. Jg. (1988), S. 293-317.

Baynes, Kenneth: *The Normative Grounds of Social Criticism: Kant, Rawls, and Habermas.* Albany: State University of New York Press 1992.

Beck, Gunnar: *Fichte and Kant on Freedom, Rights, and Law.* Lanham: Lexington Books 2008.

Beck, Lewis White: "Kant and the Right of Revolution". *Journal of the History of Ideas*, Vol. 32 (1971), pp. 411-422; also in: Ruth F. Chadwick (ed.), *Immanuel Kant: Critical Assessments* (London: Routledge 1992), pp. 399-411; Heiner F. Klemme/Manfred Kuehn (eds.), *Immanuel Kant* (Dartmouth: Ashgate 1999), Vol. II: "Practical Philosophy", pp. 327-338.

Beiner, Ronald/William James Booth (eds.): *Kant and Political Philosophy: The Contemporary Legacy.* New Haven: Yale University Press 1993.

————: *Kant and Political Philosophy.* New Haven: Yale University Press 1993.

Benson, Peter: "External Freedom According to Kant". *Columbia Law Review*, Vol. 87 (1987), pp. 559-579.

Berghahn, Klaus L.: "Utopie und Verantwortung in Kants Schrift 'Zum ewigen Frieden'". In: Wolfgang Wittkowski (Hg.), *Verantwortung und Utopie. Zur*

Literatur der Goethezeit (Tübingen: Max Niemeyer 1988), S. 164-189.

Berlin, Isaiah: *Four Essays on Liberty*. Oxford: Oxford University Press 1969.

Beyerhaus, Gisbert: "Kants 'Programm' der Aufklärung aus dem Jahre 1784". *Kant-Studien*, Bd. 26 (1921), S. 1-16.

Bialas, Volker/Hans-Jürgen Häßler (Hg.): *200 Jahre Kants Entwurf "Zum ewigen Frieden". Idee einer globalen Friedensordnung*. Würzburg: Königshausen & Neumann 1996.

Bird, Graham: "Tradition and Revolution in Kant". In: Hoke Robinson (ed.), *Proceedings of the Eighth International Kant Congress* (Milwaukee: Marquette University Press 1995), Vol. I.3, pp. 1119-1136.

Blühdorn, Jürgen: "'Kantianer' und Kant. Die Wende von der Rechtsmetaphysik zur 'Wissenschaft' vom positiven Recht". *Kant-Studien*, 64. Jg. (1973), S. 363-394.

Bobbio, Norberto: "Kant and the French Revolution". In: idem, *The Age of Rights*, translated by Allan Cameron (Cambridge: Polity Press 1996), pp. 115-123.

Bobko, Aleksander: "The Problem of Evil and the Idea of Eternal Peace in the Philosophy of Immanuel Kant". In: Hoke Robinson (ed.), *Proceedings of the Eighth International Kant Congress* (Milwaukee: Marquette University Press 1995), Vol. II.2, pp. 857-863.

Bösch, Michael: "Globale Vernunft. Zur Kosmopolitismus der Kantischen Vernunftkritik". *Kant-Studien*, 98. Jg. (2007), S. 473-486.

Bötte, Werner: *Kant und der Krieg*. Marburg: N.G. Elwertsche Verlagsbuchhandlung 1918.

Bohman, James: "The Public Spheres of the World Citizen". In: Hoke Robinson (ed.), *Proceedings of the Eighth International Kant Congress* (Milwaukee: Marquette University Press 1995), Vol. I.3, pp. 1065-1082.

Bohman, James/Lutz-Bachmann, Matthias (eds.): *Perpetual Peace: Essays on Kant's Cosmopolitan Ideal*. Cambridge/Mass.: The MIT Press 1997.

Booth, Williams James: *Interpreting the World: Kant's Philosophy of History and Politics*. Toronto: University of Toronto Press 1986.

Borries, Kurt: *Kant als Politiker. Zur Staats- und Gesellschaftslehre des Kritizismus*. Leipzig: Felix Meiner 1928.

Bourgeois, Bernard: "Kunst der Natur und List der Vernunft". In: Christel Fricke u. a.

(Hg.), *Das Recht der Vernunft. Kant und Hegel über Denken, Erkennen und Handeln* (Stuutgart-Bad Cannstatt: Frommann-Holzboog 1995), S. 381-403.

Bourke, John: "Kant's Doctrine of 'Perpetual Peace'". *Philosophy*, Vol. 17 (1942), pp. 324-333.

Brakemeier, Heinz: *Die sittliche Aufhebung des Staates in Kants Philosophie*. Frankfurt/M.: Campus 1985.

Brandt, Reinhard: "Das Erlaubnisgesetz, oder Vernunft und Geschichte in Kants Rechtslehre". In: idem (Hg.), *Rechtsphilosophie der Aufklärung. Symposium Wolfenbüttel 1981* (Berlin: de Gruyter 1982), S. 233-285.

————: "Radikaldemokratie in Königsberg". *Rechtshistorisches Journal*, Nr. 12 (1993), S. 202-209.

————: "Gerechtigkeit bei Kant". *Jahrbuch für Recht und Ethik*, Bd. 1 (1993), S. 25-44.

————: "Zu Kants politischer Philosophie". In: Hoke Robinson (ed.), *Proceedings of the Eighth International Kant Congress* (Milwaukee: Marquette University Press 1995), Vol. I.1, pp. 323-342.

Breazeale, Daniel: "'More than a Pious Wish': Fichte on Kant on Perpetual Peace". In: Hoke Robinson (ed.), *Proceedings of the Eighth International Kant Congress* (Milwaukee: Marquette University Press 1995), Vol. I.3, pp. 943-962.

Brehmer, Karl: *Rawls' "Original Position" oder Kants "Ursprünglicher Kontrakt"*. Meisenheim: Anton Hain 1980.

Brincat, C.A.: "Kant's Highest Good: Individuality, Society and Perpetual Peace". In: Hoke Robinson (ed.), *Proceedings of the Eighth International Kant Congress* (Milwaukee: Marquette University Press 1995), Vol. II.2, pp. 849-856.

Brotherus, K. R.: *Immanuel Kants Philosophie der Geschichte*. Helsingfors: Aktiebolaget Handelstryckeriet 1905.

Brunner, Otto/Conze, Werner/Kosellek, Reinhart (Hg.): *Geschichtliche Grundbegriffe*. Stuttgart: Ernst Klett 1972.

Buhr, Manfred/Lehrke, Wilfried: "Beziehungen der Philosophie Immanuel Kants zur Französischen Revolution". *Deutsche Zeitschrift für Philosophie*, 37. Jg.

(1989), S. 628-636.

Burg, Peter: *Kant und die Französischen Revolution*. Berlin: Duncker & Humblot 1974.

Byrd, Sharon: "Perpetual Peace: A 20th Century Project". In: Hoke Robinson (ed.), *Proceedings of the Eighth International Kant Congress* (Milwaukee: Marquette University Press 1995), Vol. I.1, pp.343-362.

————: "The State as a 'Moral Person'". In: Hoke Robinson (ed.), *Proceedings of the Eighth International Kant Congress* (Milwaukee: Marquette University Press 1995), Vol. I.1, pp. 171-190.

————: "Kan's Theory of Contract". *Southern Journal of Philosophy*, Vol. 36 (1998), Supplement: "Kant's Metaphysics of Morals", pp. 131-153.

Calhoun, Cheshire: "Kant und Compliance with Conventionalized Injustice". *The Southern Journal of Philosophy*, Vol. 32 (1994), pp. 135-159.

Carson, T.: "Perpetual Peace: What Kant Should Have Said". *Social Theory and Practice*, Vol. 14 (1988), pp. 173-214.

Cavallar, Georg: "Immanuel Kants 'Zum ewigen Frieden'. Unter besonderer Berücksichtigung der geschichts- und religionsphilosophischen Aspekte". *Das achtzehnte Jahrhundert und Österreich*, Bd. 4 (1987), S. 55-80.

————: "Neuere nordamerikanische Arbeiten über Kants Rechts- und politische Philosophie". *Zeitschrift für philosophische Forschung*, Bd. 46 (1992), S. 266-277.

————: *Pax Kantiana. Systematisch-historische Untersuchung des Entwurfs "Zum ewigen Frieden" (1795) von Immanuel Kant*. Wien: Böhlau 1992.

————: "Kant's Judgment on Friedrick's Enlightened Absolutism". *History of Political Thought*, Vol. 14, (1993), pp. 103-132.

————: "Kant's Society of Nations: Free Federation or World Republic?" *Journal of the History of Philosophy*, Vol. 32 (1994), pp. 461-482.

————: "Kants Urteilen über den Krieg". In: Hoke Robinson (ed.), *Proceedings of the Eighth International Kant Congress* (Milwaukee: Marquette University Press 1995), Vol. II.1, pp. 81-90.

————: *Kant and the Theory and Practice of International Right*. Cardiff: University of Wales Press 1999.

Christopher, Norris: "'What is Enlightenment?': Kant According to Foucault ". In:

Gary Gutting (ed.), *The Cambridge Companion to Foucault* (Cambridge: Cambridge University Press 1994), pp.159-196.

Chwaszcza, Christine/Kersting, Wolfgang (Hg.): *Politische Philosophie der internationalen Beziehungen*. Frankfurt/M.: Suhrkamp 1999.

Clohesy, William: "A Constitution for a Race of Devils". In: Hoke Robinson (ed.), *Proceedings of the Eighth International Kant Congress* (Milwaukee: Marquette University Press 1995), Vol. II.2, pp. 733-741.

Cohen, Hermann: *Kants Begründung der Ethik. Nebst ihren Anwendungen auf Recht, Religion und Geschichte*. Berlin: Bruno Cassirer 1910.

Collingwood, R.G.: *The Idea of History*. Oxford: Clarendon 1949.

Covell, Charles: *Kant, Liberalism, and Persuit of Justice in the International Order*. Münster: Lit 1994.

————: *Kant and the Law of Peace: A Study in the Philosophy of International Law and International Relations*. Houndmills: Macmillan 1998.

Datschew, Georgi: *Das Problem Krieg-Frieden in der deutschen Philosophie - S. Franck, I. Kant*. Diss. Berlin 1968.

Deggau, Hans-Georg: "Die Architektonik der praktischen Philosophie Kants. Moral – Religion – Recht – Geschichte". *Archiv für Rechts- und Sozialphilosophie*, Bd. 71 (1985), S. 319-342.

De Vos, Lu: "Kants 'Zum ewigen Frieden' und Fichtes Rezension". In: Hoke Robinson (ed.), *Proceedings of the Eighth International Kant Congress* (Milwaukee: Marquette University Press 1995), Vol. II.2, pp. 883-892.

Denis, Lara (ed.): *Kant's Metaphysics of Morals: A Critical Guide*. Cambridge: Cambridge University Press 2010.

Despland, Michel: *Kant on History and Religion*. Montreal: McGill-Queen's University Press 1973.

Dicke, Klaus/Kodalle, Klaus-Michael (Hg.): *Republik und Weltbürgerrecht. Kantische Anregungen zur Theorie politischer Ordnung nach dem Ende des Ost-West-Konflikts*. Weimar: Böhlau 1998.

Diesselhorst, Malte: *Naturzustand und Sozialvertrag bei Hobbes und Kant: Zugleich ein Beitrag zu den Ursprüngen des modernen Systemdenkens*. Göttingen: Schwartz 1988.

Dietze, A. u. W. (Hg.): *Ewiger Friede? Dokumente einer deutschen Diskussion um*

1800. München: C.H. Beck 1989.

Dietzsch, Steffen: "Zu einigen Aspekten der geschichtsphilosophischen Dimension der transzendentalphilosophischen Denkungsart. Motive ihres Wandels von Kant zu Hegel". In: *Kant oder Hegel?*, hrsg. von Dieter Henrich (Stuttgart: Klett-Cotta 1983), S. 129-139.

————: "Geschichte und Politik beim späten Kant: der Frieden in der Gesellschaft und die Souveränität der kritischen Vernunft". In: idem, *Dimensionen der Transzendentalphilosophie 1780-1810* (Berlin: Akademie-Verlag 1990), S. 59-83.

Dörpinghaus, Wilhelm: *Der Begriff der Gesellschaft bei Kant. Eine Untersuchung über das Verhältnis von Rechts- und Geschichtsphilosophie zur Ethik.* Diss. Köln 1959.

Doyle, Michael: "Kant, Liberal Legacies, and Foreign Affairs". *Philosophy and Public Affairs*, Vol. 12 (1983), pp. 205- 235 & 323-353.

————: "Liberalism and World Politics". *American Political Science Review*, Vol. 80 (1986), pp. 1151-1163.

Dodson, Kevin E.: "Kant's Idea of the Social Contract". In: Hoke Robinson (ed.), *Proceedings of the Eighth International Kant Congress* (Milwaukee: Marquette University Press 1995), Vol. II.2, pp.753-760.

Dünnhaupt, Rudolf: *Sittlichkeit, Staat und Recht bei Kant. Autonomie und Heteronomie in der Kantischen Ethik.* Diss. Greifswald 1926.

Dustdar Farah: "Die leitenden Prinzipien der Weltpolitik. Kants Auseinandersetzung mit den drei grundlegenden Friedensentwürfen". *Kant-Studien*, 98. Jg. (2007), S. 464-472.

Easley, Eric S.: *The War over Perpetual Peace: A Exporation into the History of a Foundational International Relations Text.* New York: Palgrave Macmillan 2004.

Ebbinghaus, Julius: "Positivismus – Recht der Menschheit – Naturrecht – Staatsbürgerrecht". *Archiv für Philosophie*, Bd. 4 (1952), S. 225-242; auch in: ders., *Gesammelte Schriften*, Band 1: "Sittlichkeit und Recht" (Bonn: Bouvier 1986), S. 349-366.

————: "Das Kantische System der Rechte des Menschen und Bürgers in seiner geschichtlichen und aktuellen Bedeutung". *Archiv für Rechts- und*

Sozialphilosophie, Bd. 50 (1964), S. 23-55; auch in: ders., *Gesammelte Schriften*, Bd.2, *Philosophie der Freiheit: Praktische Philosophie 1955-1972* (Bonn: Bouvier 1988), S. 249-281.

————: "Kants Lehre vom ewigen Frieden und die Kriegsschuldfrage". In: idem, *Gesammelte Schriften*, Band 1: "Sittlichkeit und Recht". (Bonn: Bouvier 1986), S. 1-34.

Fackenheim, Emil L.: "Kant's Concept of History". *Kant-Studien*, Bd. 48 (1956/57), S. 381-398; also in: idem, *The God Within: Kant, Schelling, and Historicity* (Toronto: University of Toronto Press 1996), pp. 34-49; Heiner F. Klemme/ Manfred Kuehn (eds.), *Immanuel Kant* (Dartmouth: Ashgate 1999), Vol. II : "Practical Philosophy", pp. 295-312.

Fendt, Gene: "Sublimity and Human Works: Kant on Tragedy and War". In: Hoke Robinson (ed.), *Proceedings of the Eighth International Kant Congress* (Milwaukee: Marquette University Press 1995), Vol. II.2, pp. 509-517.

Fenves, Peter D.: *A Peculiar Fate: Metaphysics and World-history in Kant*. Ithaca: Cornell University Press 1991.

Ferdinand, Hans-Michael: *"Einheiligkeit von Moral und Politik". Zu Kants kritischer Bestimmung des Friedens*. Diss. Tübingen 1987.

Ferry, Luc: *Political Philosophy 2: The System of Philosophies of History*. Translated by Franklin Philip, Chicago: University Press of Chicago 1992.

Ferry, Luc/Renaut, Alain: *Political Philosophy 3: From the Rights of Man to the Republican Idea*. Translated by Franklin Philip, Chicago: University Press of Chicago 1992.

Finnis, J.M.: "Legal Enforcement of 'Duty to Oneself': Kant v. Neo-Kantians". *Columbia Law Review*, Vol. 87 (1987), pp. 433-456.

Fleischhacker, Samuel: "Kant's Theory of Punishment". In: Howard Williams (ed.), *Essays on Kant's Political Philosophy* (Chicago: The University of Chicago Press 1992), pp. 191-212.

Fletcher, George P.: "Law and Morality: A Kantian Perspective". *Columbia Law Review*, Vol. 87 (1987), pp. 533-558.

Flikschuh, Katrin: *Kant and Modern Political Philosophy*. Cambridge: Cambridge University Press 2000.

Franz, Dietrich E.: "Von der Aufgabe des Friedens - Zur Geschichtsdialektik und

Friedenskonzeption bei Immanuel Kant". *Wissenschaftliche Zeitschrift der Friedrich-SchillerUniversität Jena*, Jg. 33 (1984), S. 29-36.

Franz, Dietrich E./Stahl, Jürgen: "Der ewige Friede ist keine leere Idee, sondern eine Aufgabe. Bemerkungen zu den Friedenskonzeptionen Kants und Fichtes". *Deutsche Zeitschrift für Philosophie*, 31. Jg. (1983), S. 18-30.

Freudenberg, Günter: "Kants Schrift 'Zum ewigen Frieden'". *Zeitschrift für evangelische Ethik*, Bd. 11 (1967), S. 65- 79.

————: "Kants Lehre vom ewigen Frieden und ihre Bedeutung für die Friedensforschung". In: *Studien zur Friedensforschung*, Bd. 1, hrsg. von Georg Picht/Heinz Eduard Tödt (Stuttgart: Ernst Klett 1969), S. 178-208.

Friedrich, Carl Joachim: *Inevitable Peace*. Cambridge/Mass: Harvard University Press 1948.

————: "Die Ideen der Charta der Vereinten Nationen und die Friedensphilosophie von Immanuel Kant". In: idem, *Zur Theorie und Politik der Verfassungsordnung* (Heidelberg: Quelle & Meyer 1963), S. 69-83.

Fröhlich, Manuel: "Mit Kant, gegen ihn und über ihn hinaus: Die Diskussion 200 Jahre nach Erscheinen des Entwurfs 'Zum ewigen Frieden'". *Zeitschrift für Politikwissenschaft*, 7. Jg. (1997), S. 483-517.

Gablentz, Otto-Heinrich von der: *Kants politische Philosophie und die Weltpolitik unserer Tage*. Berlin: Colloquium 1956.

Gallie, Walter Bryce: *Philosophers of Peace and War: Kant, Clausewitz, Marx, Engels and Tolstoy*. Cambridge: Cambridge University Press 1978.

————: "Wanted: A Philosophy of International Relations". *Political Studies*, Vol. 27 (1979), pp. 484-492.

————: "Kant's View of Reason in Politics". *Philosophy*, Vol. 54 (1979), pp. 19-33.

Gallinger, August: "Kants Geschichts- und Staatsphilosophie". *Zeitschrift für philosophische Forschung*, Bd. 9 (1955), S. 163-169.

Galston, William A.: *Kant and the Problem of History*. Chicago: The University of Chicago Press 1975.

Ganowski, Sawa: "Kants Idee vom ewigen Frieden und unsere Gegenwart". *Wissenschft und Weltbild*, 27. Jg. (1974), S. 89-92.

García-Marzá, Domingo: "Kant's Principle of Publicity: The Intrinsic Relationship between the Two Formulations". *Kant-Studien*, 103. Jg. (2012), S. 96-113.

Garve, Christian: *Philosophische Anmerkungen und Abhandlungen zu Ciceros Büchern von den Pflichten*. In: *Christian Garve: Gesammelte Werke* (Hildesheim: Georg Olms 1985), 3. Abteilung, Bd. 10.

————: *Versuche über verschiedene Gegenstände aus der Moral, der Litteratur und dem gesellschaftlichen Leben*. In: *Christian Garve: Gesammelte Werke* (Hildesheim: Georg Olms 1985), 1. Abteilung, Bde. 1/2.

Geismann, Georg: "Kant als Vollender von Hobbes und Rousseau". *Der Staat*, Bd. 21 (1982), S. 161-189.

————: "Kants Rechtslehre vom Weltfrieden". *Zeitschrift für philosophische Forschung*, Bd. 37 (1983), S. 363-388.

————: "Versuch über Kants rechtliches Verbot der Lüge". In: Hariolf Oberer/Gerhard Seel (Hg.), *Kant. Analysen - Probleme - Kritik* (Würzburg: Königshausen & Neumann 1988), S. 293-316.

————: "On the Philosophically Unique Realism of Kant's Doctrine of Eternal Peace". In: Hoke Robinson (ed.), *Proceedings of the Eighth International Kant Congress* (Milwaukee: Marquette University Press 1995), Vol. I.1, pp. 273-292.

————: "World Peace: Rational Idea and Reality. On the Principles of Kant's Political Philosophy". In: Hariolf Oberer (Hg.), *Kant. Analysen - Probleme - Kritik*, Bd. 2 (Würzburg: Königshausen & Neumann 1996), S. 265-319.

————: "Nachlese zum Jahr des 'ewigen Frieden'. Ein Versuch, Kant vor seinen Freunden zu schützen". *Logos*, Bd. 3 (1996), S. 317-345.

————: "Kants Weg zum Frieden. Spätlese von Seels 'Neulesung' des Definitivartikels zum Völkerrecht". In: Hariolf Oberer (Hg.), *Kant. Analysen - Problem - Kritik*, Bd. 3 (Würzburg: Königshausen & Neumann 1997), S. 333-362.

Genest, Hartmut: "Kants Philosophie des Friedens". In: Udo Kern (Hg.), *Was ist und was sein soll: Natur und Freiheit bei Immanuel Kant* (Berlin: de Gruyter 2007), S. 321-341.

Gerhardt, Volker: "Eine Theorie der Politik: Zu Kants Entwurf 'Zum Ewigen Frieden'". In: Hoke Robinson (ed.), *Proceedings of the Eighth International Kant Congress* (Milwaukee: Marquette University Press 1995), Vol. I.1, pp. 157-170.

————: *Immanuel Kants Entwurf "Zum ewigen Frieden". Eine Theorie der Politik*.

Darmstadt: Wissenschaftliche Buchgesellschaft 1995.

Gerlach, H. M.: "Die Kantische Geschichtsphilosophie und ihre dialektische Elemente". *Wissenschaftliche Hefte der Pädagogischen Hochschule "Wolfgang Ratke" Köthen*, 2. (10.) Jg. (1995), Heft 1, S. 21-30.

Gerresheim, Eduard (Hg.): *Immanuel Kant 1724/1974. Kant als politischer Denker.* Bonn-Bad Godesberg 1974.

Gerwin, Edgar: "Kant and the Idea of the Society of Nations". In: P. Laberge, F. Duchesneau/B.E. Morrisey (eds.): *Proceedings of the Ottawa Congress on Kant in the Anglo-American and Continental Traditions* (Ottawa: The University of Ottawa Press 1976), pp. 525-541.

Giovanni, George di: "The Morally Responsible Individual: Kant's Reply to Rehberg and Reinhold". In: Hoke Robinson (ed.), *Proceedings of the Eighth International Kant Congress* (Milwaukee: Marquette University Press 1995), Vol. II.1, pp. 49-59.

Görland, Albert: *Kant als Friedensfreund.* Leipzig 1924.

Goetschel, Willi: "Kritik und Frieden: Zur literarischen Strategie der Schrift *Zum Ewigen Frieden*". In: Hoke Robinson (ed.), *Proceedings of the Eighth International Kant Congress* (Milwaukee: Marquette University Press 1995), Vol. II.2, pp. 821-827.

Gregor, Mary J.: "Kant's Theory of Property". *Review of Metaphysics*, Vol. 41 (1987/1988), pp. 757-787; also in: Heiner F. Klemme/Manfred Kuehn (eds.), *Immanuel Kant* (Dartmouth: Ashgate 1999), Vol. II: "Practical Philosophy", pp. 241-271.

Grey, Thomas C.: "Serpents and Doves: A Note on Kantian Legal Theory". *Columbia Law Review*, Vol. 87 (1987), pp. 580-591.

Guyer, Paul: "Nature, Morlity and the Possibility of Peace". In: Hoke Robinson (ed.), *Proceedings of the Eighth International Kant Congress* (Milwaukee: Marquette University Press 1995), Vol. I.1, pp. 51-70.

———: "Life, Liberty and Property: Rawls and the Reconstruction of Kant's Political Philosophy". In: Dieter Hüning/Burkhard Tuschling (Hg.), *Recht, Staat und Völkerrecht bei Immanuel Kant* (Berlin: Duncker & Humblot 1998), S. 273-291.

———: *Kant on Freedom, Law, and Happiness.* Cambridge: Cambridge University

Press 2000.

Haensel, Werner: *Kants Lehre vom Widerstandsrecht. Ein Beitrag zur Systematik der Kantischen Rechtsphilosophie*. Berlin: Rolf Heise 1926.

Hancock, Roger: "Ethics and History in Kant and Mill". *Ethics*, Vol. 68 (1957/ 58), pp. 56-60.

————: "Kant and the Natural Right Theory". *Kant-Studien*, Bd. 52 (1960/1961), S. 440-447.

————: "Kant on War and Peace". In: Gerhard Funke (Hg.), *Akten des 4. Internationalen Kant-Kongresses, Mainz 1974* (Berlin: de Gruyter 1974), Teil II.2, S. 668-674.

Hansson, Sven Ode: "Kant and the Revolutionary Slogan 'Liberté, Égalité, Fraternité'". *Archiv für Geschichte der Philosophie*, Bd. 76 (1994), S. 333-339.

Hauser, Linus: *Religion als Prinzip und Faktum. Das Verhältnis von konkreter Subjektivität und Prinzipientheorie in Kants Religions- und Geschichtsphilosophie*. Frankfurt/M.: Peter Lang 1983.

Hendel, Charles W.: *Freedom, Democracy, and Peace*. In: idem (ed.), *The Philosophy of Kant and Our Modern World* (New York: Liberal Arts 1957), pp. 93-126.

Henkel, Michael: "Normen und politisches Handeln: Zur moralischen Verurteilung der Politik bei Kant und Hayek". *Archiv für Rechts- und Sozialphilosophie*, Bd. 82 (1996), S. 208-221.

Hennigfeld, Jochem: "Der Friede als philosophisches Problem. Kants Schrift 'Zum ewigen Frieden'". *Allgemeine Zeitschrift für Philosophie*, 8. Jg. (1983), 2. Heft, S. 23-37.

Henrich, Dieter (Hg.): *Kant. Gentz. Rehberg. Über Theorie und Praxis* (Frankfurt/M.: Suhrkamp 1967)

Herder, Johann Gottfried: *Ideen zur Philosophie der Geschichte der Menschheit*. Wiesbaden: Fourier 1985.

Herman, Barbara: "A Cosmopolitan Kingdom of Ends". In: Andrews Reath et al. (eds.), *Reclaiming the History of Ethics: Essays for John Rawls* (Cambridge: Cambridge University Press 1997), pp. 187-212.

Hespe, Franz: "Recht, rechtliche Verbindlichkeit und ursprünglicher Kontrakt bei Kant". In: Hoke Robinson (ed.), *Proceedings of the Eighth International*

Kant Congress (Milwaukee: Marquette University Press 1995), Vol. II.2, pp. 773-784.

———: "Der Gesellschaftsvertrag: Rechtliches Gebot oder Rational Wahl". In: Dieter Hüning/Burkhard Tuschling (Hg.), *Recht, Staat und Völkerrecht bei Immanuel Kant* (Berlin: Duncker & Humblot 1998), S. 293-320.

Hesse, Reinhard: "Über Kants vermeintlichen Wandel vom Friedensutopisten zum Kriegsapologeten". *Kant-Studien*, 98. Jg. (2007), S. 218-222.

Hill, Jr., Thomas E.: "Making Exceptions Without Abandoning the Principle: or How a Kantian Might Think about Terrorism". In: R. G. Frey/C. W. Morris (eds.), *Violence, Terrorism, and Justice* (Cambridge: Cambridge University Press 1991), pp. 196-229.

———: *Respect, Pluralism, and Justice: Kantian Perspectives*. Oxford: Oxford University Press 2000.

Hippocrates: *Hippocratic Writings*. London: Penguin Books 1983.

Hinsley, Francis H.: "Immanuel Kant and the Patern of War and Peace since His Time". In: Helmut Berding u. a. (Hg.), *Vom Staat des Ancien regime zum modernen Parteienstaat. Festschrift für Theodore Schieder* (München: Oldenbourg 1978), S. 91-101.

Hirsch, Eike Christian: "Der Frieden kommt nicht durch die Kirche - Thesen zu Kants Friedensschrift". In: Wolfgang Huber (Hg.), *Historische Beiträge zur Friedensforschung* (Stuttgart: Ernst Klett/München: Kösel 1970), S.70-94.

Hoeres, Peter: "Kants Friedensidee in der deutschen Kriegsphilosophie des Ersten Weltkrieges". *Kant-Studien*, 93. Jg. (2002), S. 84-112.

Höffe, Otfried (Hg.): *Immanuel Kant: Zum ewigen Frieden*. Berlin: Akademie Verlag 1995.

———: "Kant als Theoretiker der internationalen Rechtsgemeinschaft". In: Ger- hard Schönrich/Yasushi Kato (Hg.), *Kant in der Diskussion der Moderne* (Frankfurt/M.: Suhrkamp 1996), S. 489-505; auch in: Dieter Hüning & Burkhard Tuschling (Hg.), *Recht, Staat und Völkerrecht bei Immanuel Kant* (Berlin: Duncker & Humblot 1998), S. 233-246.

———: *"Königliche Völker". Zu Kants kosmopolitischer Rechts- und Friedenstheorie*. Frankfurt/M.: Suhrkamp 2001.

———: *Demokratie im Zeitalter der Globalisierung*. München: C.H. Beck 2002.

———— (Hg.): *Immanuel Kant: Schriften zur Geschichtsphilosophie*. Berlin: Akademie Verlag 2011.

Hoesch, Matthias: "Lässt Kants Völkerbund als Mitgliedsstaaten nur Republiken zu?". *Kant-Studien*, 103. Jg. (2012), S. 114-125.

Hoffmeister, Johannes: *Die Problematik des Völkerbundes bei Kant und Hegel*. Tübingen: J. C. B. Mohr 1934.

Horn, Christoph: "Philosophische Argumente für einen Weltstaat". *Allgemeine Zeitschrift für Philosophie*, 21. Jg. (1996), S. 229-251.

Hruschka, Joachim: "Co-subjectivity, the Right to Freedom and Perpetual Peace". In: Hoke Robinson (ed.), *Proceedings of the Eighth International Kant Congress* (Milwaukee: Marquette University Press 1995), Vol. I.1, pp. 215-230.

Hüning, Dieter: "Kant auf den Spuren von Thomas Hobbes?". In: Hoke Robinson (ed.), *Proceedings of the Eighth International Kant Congress* (Milwaukee: Marquette University Press 1995), Vol. II.2, pp. 761-771.

————: "Von der Tugend der Gerechtigkeit zum Begriff der Rechtsordnung: Zur rechtsphilosophischen Bedeutung des suum cuique tribuere bei Hobbes und Kant". In: Dieter Hüning/Burkhard Tuschling (Hg.), *Recht, Staat und Völkerrecht bei Immanuel Kant* (Berlin: Duncker & Humblot 1998), S. 53-84.

Hüning, Dieter/Tuschling, Burkhard (Hg.): *Recht, Staat und Völkerrecht bei Immanuel Kant*. Berlin: Duncker & Humblot 1998.

Hume, David: *Essays Moral, Political, and Literary*. Edited by T. H. Green/T. H. Grose, London: Longmans, Green, and Co., 1882.

Huntley, Wade L.: "Kant's Third Image: Systemic Sources of the Liberal Peace". *International Studies Quarterly*, Vol. 40 (1996), pp. 45-76.

Hurrell, Andrew: "Kant and the Kantian Paradigm in International Relations". *Review of International Relations*, Vol. 16 (1990), pp. 183-205.

Hutchings, Kimberly: *Kant, Critique and Politics*. London: Routledge 1996.

Jaspers, Karl: "'Einleitung' zu Kants *Zum ewigen Frieden*". *Forschung und Wirtschaft* (Essen: Stifterverband für die deutsche Wissenschaft), 7. Jg. (1958); später auch in: idem, *Aneignung und Polemik* (München: Piper 1968), S. 233-241.

————: "Kants 'Zum ewigen Frieden'". In: idem, *Aneignung und Polemik* (München: Piper 1968), S. 205-232.

Joerden, Jan: "From Anarchy to Republic: Kant's History of State Constitutions". In: Hoke Robinson (ed.), *Proceedings of the Eighth International Kant Congress* (Milwaukee: Marquette University Press 1995), Vol. I.1, pp. 139-156.

Kalinnikov, Leonid: "The Categorical Imperative of Law and International Law". In: Hoke Robinson (ed.), *Proceedings of the Eighth International Kant Congress* (Milwaukee: Marquette University Press 1995), Vol. I.1, pp. 293-300.

Kater, Thomas: *Politik, Recht, Geschichte. Zur Einheit der politischen Philosophie Immanuel Kants*. Würzburg: Königshausen & Neumann 1999.

Kaufmann, Walter: *Goethe, Kant, and Hegel*. New Brunswick: Transaction 1991.

Kaulbach, Friedrich: "Der Zusammenhang zwischen Naturphilosophie und Geschichtsphilosophie bei Kant". *Kant-Studien*, 56. Jg. (1965), S. 430-451.

————: "Theorie und Praxis in der Philosophie Kants". *Philosophische Perspektiven*, Bd. 2 (1970), S. 168-185.

————: "Welchen Nutzen gibt Kant der Geschichtsphilosophie?" *Kant-Studien*, 66. Jg. (1975), S. 65-84.

Keienburg, Johannes: *Immanuel Kant und die Öffentlichkeit der Vernunft*. Berlin: de Gruyter 2011.

Kemp, Peter: "Kant the Cosmopolitan".In: Lenk, Hans/Wiel, Reiner (eds.): *Kant Today/ Kant aujourd'hui/Kant heute* (Berlin: Lit 2006), pp. 142-162.

Kersting, Wolfgang: *Wohlgeordnete Freiheit. Immanuel Kants Rechts- und Staatsphilosophie*. Berlin: de Gruyter 1984.

————: "Ist Kants Rechtsphilosophie aporetisch? Zu Hans-Georg Deggaus Darstellung der Rechtslehre Kants". *Kant-Studien*, 77 Jg. (1986), S. 241-251.

————: "Die verbindlichkeitstheoretischen Argumente der Kantischen Rechtsphilosophie". In: Ralf Dreier (Hg.), *Rechtspositivismus und Wertbezug des Rechts* (Stuttgart: Franz Steiner 1990), S. 62-74.

————: "Politics, Freedom, and Order: Kant's Political Philosophy". In: Paul Guyer (ed.): *The Cambridge Companion to Kant* (Cambridge: Cambridge University Press 1992), pp. 342-366.

————: "Pax Kantiana: Towards a Political Philosophy of International Relations". *Prima Philosophia*, Vol. 6 (1993), pp. 153-168.

Kingston, Rebecca E.: "Kant and the Foundations of Modern Cosmopolitan Theory". In: Patrick O'Donovan/Laura Rascaroli (eds.), *The Cause of Cosmopolianism: Dispositions, Models, Transformations* (Oxford: Peter Lang 2011), pp. 55-70.

Kleingeld, Pauline: "Moral und Verwirklichung. Zu einigen Themen in Kants Kritik der praktischen Vernunft und deren Zusammenhang mit seiner Geschichtsphilosophie". *Zeitschrift für philosophische Forschung*, Bd. 44 (1990), S. 425-441.

————: *Fortschritt und Vernunft. Zur Geschichtsphilosophie Kants*. Würzburg: Königshausen & Neumann 1995.

————: "Kant's Cosmopolitan Patriotism". *Kant-Studien*, 94. Jg. (2003), S. 299-316.

————: "Kant's Theory of Peace". In: Paul Guyer (ed.): *The Cambridge Companion to Kant and Modern Philosophy* (Cambridge: Cambridge University Press 2006), pp. 477-504.

Klemme, Heiner: "Beobachtungen zur Kantischen Vermittlung von Theorie und Praxis in der praktischen Philosophie". In: Hoke Robinson (ed.), *Proceedings of the Eighth International Kant Congress* (Milwaukee: Marquette University Press 1995), Vol. II.2, pp. 521-531.

————: "Notiz zum 200. Jahrestag des Erscheinens von Kants Friedensschrift am 4. Oktober 1795". *Kant-Studien*, 86. Jg. (1995), S. 459-460.

Klenner, Hermann: "Kants Entwurf 'Zum ewigen Frieden' - Illusion oder Utopie?" *Archiv für Rechts- und Sozialphilosophie*, Bd. 82 (1996), S. 151-160.

Kluback, William: "Hermann Cohen and Kant: A Philosophy of History from Jewish Sources". *Idealistic Studies*, Vol. 14 (1984), pp. 161-176.

Kneller, Jane/Axinn, Sidney (eds.), *Autonomy and Community: Reading in Contemporary Kantian Social Philosophy*. Albany: State University of New York Press 1998.

Knippenberg, Joseph M.: "Moving Beyond Fear: Rousseau and Kant on Cosmopolitan Education". *Journal of Politics*, Vol. 51 (1989), pp. 809-827.

Kodalle, Klaus-Michael (Hg.): *Der Vernunftfrieden. Kants Entwurf im Widerstreit*. Würzburg: Königshausen & Neumann 1996.

König, Siegfried: *Zur Begründung der Menschenrechte: Hobbes – Locke – Kant.* Freiburg i. Br.: Alber 1994.

Köster, Adolph: *Der junge Kant im Kamf um die Geschichte.* Berlin: Leonhard Simion Nf. 1914.

Korsgaard, Christine M.: "Taking the Law into Our Hands: Kant on the Right to Revolution". In: Andrews Reath et al. (eds.), *Reclaiming the History of Ethics: Essays for John Rawls* (Cambridge: Cambridge University Press 1997), pp. 297-328.

Koslowski, Peter: *Staat und Gesellschaft bei Kant.* Tübingen: J.C.B. Mohr 1985.

Krasnoff, Larry: "Formal Liberalism and the Justice of Publicity". In: Hoke Robinson (ed.), *Proceedings of the Eighth International Kant Congress* (Milwaukee: Marquette University Press 1995), Vol. II.1, pp. 61-69.

Kraus, Herbert: *Das Problem internationaler Ordnung bei Immanuel Kant.* Berlin: Carl Heymanns 1931.

————: *Von ehrlicher Kriegführung und gerechtem Friedensschluss. Eine Studie über Immanuel Kant.* Tübingen: J. C.B. Mohr 1950.

Krieger, Leonard: "Kant and the Crisis of Natural Law". *Journal of the History of Ideas,* Vol. 26 (1965), pp. 191-210.

Krumpel, Heinz: "Kategorischer Imperativ und Friedensidee". In: Hermann Ley u.a. (Hg.), *Zum Kantverständnis unserer Zeit* (Berlin: WEB Deutscher Verlag der Wissenschaften 1975), S. 417-432.

Kühl, Kristian: "Naturrecht und positives Recht in Kants Rechtsphilosophie". In: Ralf Dreier (Hg.), *Rechtspositivismus und Wertbezug des Rechts* (Stuttgart: Franz Steiner 1990), S. 75-93.

————: "Rehabilitierung und Aktualisierung des kantischen Vernunftrechts. Die westdeutsche Debatte um die Rechtsphilosophie Kants in den letzten Jahrzehnten". In: Robert Alexy u.a. (Hg.): *Rechts- und Sozialphilosophie in Deutschland heute: Beiträge zur Standortbestimmung* (Stuttgart: Franz Steiner Verlag 1991), S. 212-221.

Küsters, Gerd-Walter: *Kants Rechtsphilosophie.* Darmstadt: Wissenschaftliche Buchgesellschaft 1988.

Laberge, Pierre: "Das radikale Böse und der Völkerzustand". In: F. Ricken/F. Marty (Hg.), *Kant über Relogion* (Stuttgart: Kohlhammer 1992), S. 112-123.

Landgrebe, Ludwig: "Die Geschichte im Denken Kants". *Studium Generale*, 7. Jg. (1954), S. 533-544; auch in: idem, *Phänomenologie und Geschichte* (Gütersloh: Gerd Mohn 1968), S. 46-64.

————: "Das philosophische Problem des Endes der Geschichte". In: idem, *Phänomenologie und Geschichte* (Gütersloh: Gerd Mohn 1968), S. 182-201.

Landwehr, Götz (Hg.): *Freiheit, Gleichheit, Selbständigkeit. Zur Aktualität der Rechtsphilosophie Kants für die Gerechtigkeit in der modernen Gesellschaft*. Göttingen: Vandenhoeck & Ruprecht 1999.

Langer, Claudia: *Reform nach Prinzipien. Untersuchungen zur politischen Theorie Immanuel Kants*. Stuttgart: Kletta-Cotta 1986.

Laursen, John Christian: "The Subversive Kant: The Vocabulary of 'Public' and 'Publicity'". *Political Theory*, Vol. 14 (1986), pp. 584-603.

Layne, Christopher: "Kant or Cant: the Myth of Democratic Peace". *International Security*, Vol. 19 (1994), pp. 5-49; also in: Michael E. Brown et al. (eds.): *Theories of War and Peace* (Cambridge/Mass.: The MIT Press 1998), pp. 176-220.

Lehmann, Gerhard: "Ein Reinschriftfragment zu Kants Abhandlung vom ewigen Frieden". In: idem, *Beiträge zur Geschichte und Interpretation der Philosophie Kants* (Berlin: de Gruyter 1969), S. 51-66.

————: "System und Geschichte in Kants Philosophie". In: idem, *Beiträge zur Geschichte und Interpretation der Philosophie Kants* (Berlin: de Gruyter 1969), S. 152-170.

Liebsch, Burkhard: "Kritische Kulturphilosophie als restauriete Geschichtsphilosophie? Anmerkungen zur aktuellen kultur- und geschichtsphilosophischen Diskussion mit Blick auf Kant und Derrida". *Kant-Studien*, 98. Jg. (2007), S. 183-217.

Löwe, Bernd P.: "Immanuel Kants Entwurf 'Zum ewigen Frieden' und das Dilemma bürgerlicher Friedensforschung". In: M. Buhr/T. I. Oiserman (Hg.), *Revolution der Denkart oder Denkart der Revolution. Beiträge zur Philosophie Immanuel Kants* (Berlin: Akademie Verlag 1976), S. 329-348.

Lorenzen, Max-Otto: *Metaphzsik als Grenzgang. Die Idee der Aufklärung unter dem Primat der praktischen Vernunft in der Philosophie Immanuel Kants*. Hamburg: Meiner 1991.

Losurdo, Domenico: *Immanuel Kant. Freiheit, Recht und Revolution*. Köln: Pahl-Rugenstein 1987.

Louden, Robert B.: *Kant's Impure Ethics: From Rational Beings to Human Beings*. New York: Oxford University Press 2000.

Lucas, Hans-Christian: " 〔 ... 〕 eine Aufgabe, die nach und nach aufgelöst, ihrem Ziele beständig näher kommt". In: Dieter Hüning/Burkhard Tuschling (Hg.), *Recht, Staat und Völkerrecht bei Immanuel Kant* (Berlin: Duncker & Humblot 1998), S. 247-269.

Ludwig, Bernd: Kants Rechtslehre. Mit einer Untersuchung zur Drucklegung Kantischer Schriften von Werner Stark. Hamburg: Meiner 1988.

———: "'The Right of a State' in Immanuel Kant's Doctrine of Right". Journal of the History of Philosophy, Vol. 28 (1990), pp. pp. 403-415.

———: "Kants Verabschiedung der Vertragstheorie - Konsequenzen für eine Theorie sozialer Gerechtigkeit". *Jahrbuch für Recht und Ethik*, Bd. 1 (1993), S. 221-254.

———: "Moralische Politiker und Teuflische Bürger: Korreferat zu den Vorträgen von Henry Allison und Paul Guyer". In: Hoke Robinson (ed.), *Proceedings of the Eighth International Kant Congress* (Milwaukee: Marquette University Press 1995), Vol. I.1, pp. 71-88.

———: "Will die Natur unwiderstehlich die Republik?" Einige Reflexionen anläßlich einer rätselhaften Textpassage in Kants Friedensschrift". *Kant-Studien*, 88. Jg. (1997), S. 218-228.

Luf, Gerhard: *Freiheit und Gleichheit. Die Aktualität im politischen Denken Kants*. Wien: Springer 1978.

Lübbe-Wolf, Gertrude: "Begründungsmethoden in Kants Rechtslehre, untersucht am Beispiel des Vertragsrechts". In: Reinhard Brandt (Hg.), *Rechtsphilosophie der Aufklärung. Symposium Wolfenbüttel 1981* (Berlin: de Gruyter 1982), S. 286-310.

Lutz-Bachmann, Matthias: *Geschichte und Subjekt. Zum Begriff der Geschichtsphilosophie bei Immanuel Kant und Karl Marx*. Freiburg i. Br.: Alber 1988.

Lutz-Bachmann, Mathias/Bohman, James (Hg.): *Frieden durch Recht. Kants Friedensidee und das Problem einer neuen Weltordnung*. Frankfurt/M.: Suhrkamp 1996.

Lynch, Cecelia: "Kant, the Republican Peace, and Moral Guidance in International Law". *Ethics and International Affairs*, Vol. 8 (1994), pp. 39-58.

Makkreel, Rudolf A.: "Differentiating Dogmatic, Regulative, and Reflective Approaches to History". In: Hoke Robinson (ed.), *Proceedings of the Eighth International Kant Congress* (Milwaukee: Marquette University Press 1995), Vol. I.1, pp. 123-138.

Marini, Giuliano: "Kants Idee einer Weltrepublik". In: Paul van Tongeren et al. (eds.), *Eros and Eris: Liber Amocorum for Adriaan Peperzak* (Boston: Kluwer Akademic Publishers 1992), pp.133-146.

Maus, Ingeborg: *Zur Aufklärung der Demokratietheorie. Rechts- und demokratietheoretische Überlegungen im Anschluß an Kant*. Frankfurt/M.: Suhrkamp 1994.

————: "Staatssouveränität als Volkssouveränität: Überlegungen zum Friedensprojekt Immanuel Kants". *Jahrbuch des Kulturwissenschaftlichen Instituts im Wissenschaftszentrum NRW 1996* (1997), S. 167-194.

McCarthy, Thomas M.: "Kant's Enlightenment Project Reconsidered". In: Hoke Robinson (ed.), *Proceedings of the Eighth International Kant Congress* (Milwaukee: Marquette University Press 1995), Vol. I.3, pp. 1049-1064.

Medicus, Fritz: *Kants Philosophie der Geschichte*. Halle: Kaemmerer 1901.

Melzer, Ernst: "Herder als Geschichtsphilosoph mit Rücksicht auf Kant's Recension von Herder's 'Ideen zur Geschichte der Menschheit'". In: *Programm der Realschule erster Ordnung in Neisse*, 1872, S. 1-16.

Menselssohn, Moses: *Jerusalem, oder Über religiöse Macht und Judentum*. In: *Moses Mendelssohn: Gesammelte Schriften* (Stuttgart-Bad Cannstatt: Frommann-Holzboog 1983), Bd. 8.

Menzer, Paul: *Kants Lehre von der Entwicklung in Natur und Geschichte*. Berlin: Georg Reimer 1911.

————: *Natur und Geschichte im Weltbild Kants*. Halle: Max Niemeyer 1924.

Merkel, Reinhard: "'Lauter leidige Tröster'? - Kants Entwurf 'Zum ewigen Frieden' und die Idee eines Völkerstrafgerichtshofs". *Archiv für Rechts- und Sozialphilosophie*, Bd. 82 (1996), S. 161-186.

Merkel, Reinhard/Wittmann, Roland (Hg.): *Zum ewigen Frieden. Grundlagen, Aktualität und Aussichten einer Idee von Immanuel Kant*. Frankfurt/M.:

Suhrkamp 1996.

Merrill, Bruce: "Kant's Importation of Historical Materialism". In: Hoke Robinson (ed.), *Proceedings of the Eighth International Kant Congress* (Milwaukee: Marquette University Press 1995), Vol. II. 2, pp.713-720.

Mertens, Thomas: "War and International Order in Kant's Legal Thought". *Ratio Juris*, Vol. 8 (1995), pp. 296-314.

——: "Zweckmäßigkeit der Natur und politische Philosophie bei Kant". *Zeitschrift für philosophische Forschung*, Bd. 49 (1995), S. 220-240.

Mestmäcker, Ernst-Joachim: "Aufklärung durch Recht". In: Hans Friedrich Fulda/ Rolf-Peter Horstmann (Hg.), *Vernunftbegriffe in der Moderne* (Stuttgart: Klett-Cotta 1994), S. 55-72.

Meyers, Diana T.: "Kant's Liberal Alliance: A Permanent Peace?". In: K. Kipnis/D. T. Meyers (eds.), *Political Realism and International Morality: Ethics in the Nuclear Age* (Boulder: Westview 1987), pp. 212-219.

Moog, Willy: *Kants Ansichten über Krieg und Frieden*. Leipzig: Felix Meiner 1917.

Müller, Wilhelm: *Kant und der Friede*. Düsseldorf: Monitor 1962.

Mulholland, Leslie A.: "Kant on War and International Justice". *Kant-Studien*, 78. Jg. (1987), S. 25-41.

——: *Kant's System of Rights*. New York: Columbia University Press 1990.

Murphy, Jeffrie G.: *Kant: The Philosophy of Right*. Macon: Mercer University Press 1994.

——: "Kant on Theory and Practice". In: Ian Shapiro/Judith Wagner DeCew (eds.), *Theory and Practice* (New York: New York University Press 1995), pp. 47-78.

Nagl-Docekal, Herta: "Immanuel Kants Philosophie des Friedens und was die Friedens- bewegung der Gegenwart daraus gewinnen könnte" In: Gernot Heiss/Heinrich Lutz (Hg.), *Friedensbewegungen: Bedingungen und Wirkungen* (München: R. Oldenbourg 1984), S. 55-74.

Natorp, Paul: *Kant über Krieg und Frieden. Ein geschichtsphilosophischer Essay*. Erlangen: Verlag der philosophischen Akademie 1924.

Nauen, Franz: "Garve - ein Philosoph in der echten Bedeutung des Wortes". *Kant-Studien*, 87. Jg. (1996), S. 184-197.

Nieschmidt, Gerd-Peter.: *Praktische Vernunft und ewiger Friede. Eine Untersuchung zum Freiheitsbegriff in der Philosophie Kants*. Diss. München 1965.

Oberer, Hariof/Gerhard Seel (Hg.): *Kant. Analysen - Probleme - Kritik*. Würzburg: Königshausen & Neumann 1988.

O'Neill, Onora S.: "The Public Use of Reason". *Political Theory*, Vol. 14 (1986), pp. 523-551.

———: "Kant's Justice and Kantian Justice". In: idem, *Bounds of Justice*. Cambridge: Cambridge University Press 2000.

Orend, Brian: *War and International Justice: A Kantian Perspective*. Waterloo/Ont.: Wilfrid Laurier University Press 2000.

Ostseee-Akademie (Hg.): *Kant und der Frieden in Europa*. Baden-Baden: Nomos Verlagsgesellschaft 1992.

Pfleiderer, Otto: "Die Idee des ewigen Friedens". *Deutsche Rundschau*, Bd. 85 (1895), S. 77-86.

Pfordten, Dietmar von der: *Menschenwürde, Recht und Staat bei Kant. Fünf Untersuchungen*. Paderborn: Mentis, 2009.

Pippin, Robert B.: "On the Moral Foundations of Kant's Rechtlehre". In: Richard Kennington (ed.), *The Philosophy of Immanuel Kant* (Washington, DC.: Catholic University of America Press 1985), pp. 107-142.

Pirler, Philipp: *Friedrich von Gentzens Auseinandersetzung mit Immanuel Kant*. Frankfurt/M.: Haag + Herchen 1980.

Plessner, Helmuth: "Ungesellige Geselligkeit. Anmerkungen zu einem Kantischen Begriff". In: idem, *Gesammelte Schriften*, Bd. 8 (Frankfurt/M.1983), S. 294-306.

Plesse, W.: "Zur Schrift Immanuel Kants 'Zum ewigen Frieden'". *Wissenschaftliche Hefte der Pädagogischen Hochschule "Wolfgang Ratke" Köthen*, 2. (10.) Jg. (1995), Heft 1, S. 31-40.

Pogge, Thomas W.: "Moral Progress". In: Steven Luper-Foy (ed.), *Problems of International Justice* (Boulder: Westview 1988), pp. 283-304.

———: "Kant's Theory of Justice". *Kant-Studien*, 79. Jg., Heft 4 (1988), S. 407-433.

Popper, Karl R.: *The Poverty of Historicism*. London: Routledge & Kegan Paul 1960.

Prauss, Gerold: "Theorie as Praxis in Kant". In: Yirmiyahu Yovel (ed.), *Kant's Practical Philosophy Reconsidered* (Dordrecht: Kluwer 1989), pp. 93-105.

Primoratz, Igor: "On 'Partial Retributivism'". *Archiv für Rechts- und Sozialphilosophie*, Bd. 71 (1985), S. 373-377.

Psychopedis, Kosmas: *Untersuchungen zur politischen Theorie von Immanuel Kant.* Göttingen: Otto Schwartz 1980.

Raumer, Kurt von: *Ewiger Friede. Friedensrufe und Friedenspläne seit der Renaissance.* Freiburg i. Br.: Karl Alber 1953.

Reiss, H.S.: "Kant and the Right of Rebellion". *Journal of the History of Ideas*, Vol. 17 (1956), pp. 179-189; also in: Heiner F. Klemme/Manfred Kuehn (eds.), *Immanuel Kant* (Dartmouth: Ashgate 1999), Vol. II : "Practical Philosophy", pp. 313-326.

Reuvers, Hans-Bert: "Friedensidee und Friedenswirklichkeit bei Kant, Fichte und Hegel als Repräsentanten des Anspruchs vorrevolutionärer, revolutionärer und nachrevolutionärer Vernunft". *Hegel-Jahrbuch*, 1976, S. 247-256.

Riedel, Manfred: "Geschichte als Aufklärung. Kants Geschichtsphilosophie und die Grundlagenkrise der Historiographie". *Neue Rundschau*, 84. Jg. (1973), S. 289-308.

————: "Geschichtstheologie, Geschichtsideologie, Geschichtsphilosophie. Untersuchungen zum Ursprung und zur Systematik einer kritischen Theorie der Geschichte bei Kant". *Philosophische Perspektiven*, Bd. 5 (1973), S. 200-226.

————: "Historie oder Geschichte? Sprachkritik und Begriffsbildung in Kants Theorie der historischen Erkenntnis". In: Jürgen Mittelstraß/Manfred Riedel (Hg.), *Vernünftiges Denken* (Berlin: de Gruyter 1978), S. 251-268.

————: "Historizismus und Kritizismus. Kants Streit mit Forster und J.G. Herder". *Kant-Studien*, 72. Jg. (1981), S. 41-57.

————: "Menschenrechtsuniversalismus und Patriotismus. Kants politisches Vermächtnis an unsere Zeit". *Allgemeine Zeitschrift für Philosophie*, 18. Jg. (1993), S. 1-22.

Riha, Rado: "Zur Möglichkeit einer moralischen Politik heute". In: Hoke Robinson (ed.), *Proceedings of the Eighth International Kant Congress* (Milwaukee: Marquette University Press 1995), Vol. I.2, pp. 743-756.

Riley, Patrick: "On Kant as the Most Adequate of the Social Contract Theorist". *Political Theory*, Vol. 1 (1973), pp. 450-471; also in: Heiner F. Klemme/ Manfred Kuehn (eds.), *Immanuel Kant* (Dartmouth: Ashgate 1999), Vol. II : "Practical Philosophy", pp. 273-294.

————: *Kant's Political Philosophy*. Totowa/New Jersey: Rowman Littlefield 1983.

————: "The 'Place' of Politics in Kant's Practical Philosophy". In: Gerhard Funke/Thomas M. Seebohm (eds.): *Proceedings of the Sixth International Kant Congress* (Washington, D. C.: University Press of America 1991), Vol. Ⅱ/2, pp. 267-278.

————: "Politics Homage to Morality: Kant's *Toward Eternal Peace* after 200 Years". In: Hoke Robinson (ed.), *Proceedings of the Eighth International Kant Congress* (Milwaukee: Marquette University Press 1995), Vol.I.1, pp. 231-242.

Ritter, Joachim/Gründer, Karlfried (Hg.): *Historisches Wörterbuch der Philosophie*, Bd. 3, Darmstadt: Wissenschaftliche Buchgesellschaft 1974.

Robbins, Susan: "From Duty to Enlightenment: The Place of the Spectator". In: Hoke Robinson (ed.), *Proceedings of the Eighth International Kant Congress* (Milwaukee: Marquette University Press 1995), Vol. II.2, pp. 831-837.

Rogge, Heinrich: "Kants 'Entwurf zum Ewigen Frieden' und die Völkerrechtstheorie". *Archiv für Rechts- und Sozialphilosophie*, Bd. 34 (1940/41), S. 83-136.

Rohatyn, Dennis A.: "Hans Saner, *Kant's Political Thought*". *International Philosophical Quarterly*, Vol. 41 (1976), S. 109-114.

Rohden, Valério (ed.), *Kant e a Instituicao da Paz: Kant und die Stiftung des Friedens*. Porto Alegre, Universidade/UFRGS, Goethe-Institut/ICBA, 1997.

Rorty, Amélie Oksenberg/Schmidt, James (eds.): *Kant's Idea for a Universal History with a Cosmopolitan Aim: A Critical Guide*. Cambridge: Cambridge University Press 2009.

Rosen, Allen D.: *Kant's Theory of Justice*. Ithaca: Cornell University Press 1993.

Rossi, Philip J.: "Critical Persuasion: Argument and Coercion in Kant's Account of Politics". In: Dieter Hüning/Burkhard Tuschling (Hg.), *Recht, Staat und Völkerrecht bei Immanuel Kant* (Berlin: Duncker & Humblot 1998), S. 13-33.

Rühl, Franz: "Über Kants Idee zu einer allgemeinen Geschichte in weltbürgerlicher Absicht". *Altpreussische Monatsschrift*, Bd. 17 (1880), S. 333-342.

————: "Kant über den ewigen Frieden". *Altpreussische Monatsschrift*, Bd. 29 (1892), S. 213-227.

Ruf, Peter: *Entwicklung und Fortschritt. Geschichte als Begründungsproblem*. Frankfurt/M.: Campus 1984.

Saage, Richard: "Besitzindividualistische Perspektiven der politischen Theorie Kants". In: idem, *Vertragsdenken und Utopie: Studien zur politischen Theorie und zur Sozialphilosophie der frühen Neuzeit* (Frankfurt/M.: Suhrkamp 1989), S. 192-234.

———: *Eigentum, Staat und Gesellschaft bei Immanuel Kant*. Baden-Baden: Nomos 1994.

Sacksteder, William: "Kant's Analysis of of International Relations". *The Journal of Philosophy*, Vol. 51 (1954), pp. 848-855.

Salmony, H.A.: *Kants Schrift "Das Ende aller Dinge"*. Zürich: EVZ-Verlag 1962.

Sandermann, Edmund: *Die Moral der Vernunft. Transzendentale Handlungs- und Legitimationstheorie in der Philosophie Kants*. Freiburg i. Br.: Alber 1989.

Saner, Hans: *Kants Weg vom Krieg zum Frieden*. München: Piper 1967.

Sassenbach, Ulrich: *Der Begriff des Politischen bei Immanuel Kant*. Würzburg: Königshausen & Neumann 1992.

Scheffel, Dieter: "Kants kritische Verwerfung des Revolutionsrechts". In: Reinhard Brandt (Hg.), *Rechtsphilosophie der Aufklärung. Symposium Wolfenbüttel 1981* (Berlin: de Gruyter 1982), S. 178-217.

———: "Thesen zu Kants transzendentaler Deduktion des Begriffs der Erwerbung durch Vertrag". In: Reinhard Brandt (Hg.), *Rechtsphilosophie der Aufklärung. Symposium Wolfenbüttel 1981* (Berlin: de Gruyter 1982), S. 311-320.

Scheffler, Samuel: "Conceptions of Cosmopolitanism". *Utilitas*, Vol.11, No. 3 (Nov. 1999), pp. 255-276.

Scherer, Irmgard: "Kant's Eschatology in *Zum ewigen Frieden*: The Concept of Purposiveness to Guarantee Perpetual Peace". In: Hoke Robinson (ed.), *Proceedings of the Eighth International Kant Congress* (Milwaukee: Marquette University Press 1995), Vol. II.1, pp. 437-444.

Schilpp, Paul Arthur: "Kant and the Problem of World Peace". In: John William Davis (ed.), *Value and Valuation: Axiological Studies in Honor of Robert S. Hartmann* (Knoxville: University of Tennessee Press 1972), pp. 167-181.

Schluchter, Wolfgang: "Zweihundert Jahre Immanuel Kants Schrift *Zum ewigen*

Frieden". In: idem, *Individualismus, Verantwortungsethik und Vielfalt* (Göttingen:Velbrück Wissenschaft 2000), S. 50-58.

Schmidt, Conrad: "Über die geschichtsphilosophischen Ansichten Kants". *Sozialistische Monats-Hefte*, Bd. 2 (1903), S. 683-692.

Schmidt, Gerhart: "Kausalität oder Substantialität? Zu Hegels Ontologie der Geschichte". In: Hans-Christian Lucas/Guy Planty-Bonjour (Hg.), *Logik und Geschichte in Hegels System* (Stuttgart-Bad Cannstatt: Frommann-Holzboog 1989), S. 147-171.

Schmidt, Hajo: "Durch Reform zu Republik und Frieden? Zur Politischen Philosophie Immanuel Kants". *Archiv für Rechts- und Sozialphilosophie*, Bd. 71 (1985), S. 297-318.

Schmidt, James (ed.): *What is Enlightenment?* Berkeley: University of California Press 1996.

Schmidt-Klügmann, S.: "Überlegungen zum modernen Sozialrecht auf der Grundlage der praktischen Philosophie Kants". *Archiv für Rechts- und Sozialphilosophie*, Bd. 71 (1985), S. 378-403.

Schmitz, Reiner: *Kant und das Problem der Geschichte*. Diss. Freiburg i. Br. 1972.

─────: "Reasonable Hope: Kant as Critical Theorist". In: Hoke Robinson (ed.), *Proceedings of the Eighth International Kant Congress* (Milwaukee: Marquette University Press 1995), Vol. II.2, pp. 901-907.

Schulz, Eberhard Günter: "Die Idee des Friedens bei Friedrich Gentz und Immanuel Kant". *Jahrbuch der Schlesischen Friedrich-Wilhelms-Universität zu Breslau*, Bd. 7 (1962), S. 60-74.

Schüssler, Rudolf: "Kant und Kasuistik: Fragen zur Tugendlehre". *Kant-Studien*, 103. Jg. (2012), S. 70-95.

Schwarz, Wolfgang: "Kant's Philosophy of Law and International Peace". *Philosophy and Phenomenological Research*, Vol. 23 (1962/63), pp. 71-80.

─────: *Principles of Lawful Politics: Immanuel Kant's Philosophic Draft "Toward Eternal Peace"*. Aelen: Scientia 1988.

Schwarzschild, Steven: "Kantianism on the Death Penalty (and Related Social Problems)". *Archiv für Rechts- und Sozialphilosophie*, Bd. 71 (1985), S. 343-372.

Seel, Gerhard: "'Darin aber wäre ein Widerspruch'. Der zweite Definitivartikel zum ewigen Frieden neu gelesen". In: Hariolf Oberer (Hg.), *Kant. Analysen - Probleme - Kritik*, Bd. 3 (Würzburg: Königshausen & Neumann 1997), S. 293-331.

Selbach, Ralf: "Eine bisher unbeachtete Quelle des 'Streits der Fakultäten'". *Kant-Studien*, 82. Jg. (1991), S. 96-101.

Seubert, Sandra: *Gerechtigkeit und Wohlwollen. Bürgerliches Tugendverständnis nach Kant*. Frankfurt/M.: Campus 1999.

Shell, Susan Meld: *The Rights of Reason: A Study of Kant's Philosophy and Politics*. Toronto: University of Toronto Press 1980.

————: "What Kant and Fichte Can Teach Us about Human Rights?". In: Richard Kennington (ed.), *The Philosophy of Immanuel Kant* (Washington, D.C.: Catholic University of America Press 1985), pp. 143-160.

————: "Kant's Idea of History". In: Arthur M. Melzer et al. (eds.): *History and the Idea of Progress* (Ithaca: Cornell University Press 1995), pp. 75-96.

————: "Bowling Alone: On the Saving Power of Kant's Perpetual Peace". *Idealistic Studies*, Vol 26 (1996), pp. 153-173.

Siep, Ludwig: "Kant and Hegel on Peace and International Law". In: Hoke Robinson (ed.), *Proceedings of the Eighth International Kant Congress* (Milwaukee: Marquette University Press 1995), Vol. I.1, pp. 259-272.

————: "Das Recht als Ziel der Geschichte. Überlegungen im Anschluß an Kant und Hegel". In: Christel Fricke u.a.(Hg.), *Das Recht der Vernunft. Kant und Hegel über Denken, Erkennen und Handeln* (Stuutgart-Bad Cannstatt: Frommann-Holzboog 1995), S. 355-379.

Siitonen, Arto: "Transcendental Reasoning in Kant's Treatise on Perpetual Peace". In: Hoke Robinson (ed.), *Proceedings of the Eighth International Kant Congress* (Milwaukee: Marquette University Press 1995), Vol. II.2, pp. 865-871.

Simon, Josef: "Herder und Kant. Sprache und 'historischer Sinn'". In: Gerhard Sauder (Hg.), *Johann Gottfried Herder 1744-1803* (Hamburg: Felix Meiner 1987), S. 3-13.

Smid, Stefan: "Freiheit und Rationalität. Bemerkungen zur Auseinandersetzung mit der Philosophie Kants in Stellungnahmen der neueren Literatur". *Archiv für Rechts- und Sozialphilosophie*, Bd. 71 (1985), S. 404-417.

Sommer, Andreas Urs: "Felix Peccator? Kants geschichtsphilosophische Genesis-Exgese im Mutmaßlichen Anfang der Menschengeschichte und die Theologie der Aufklärungszeit". *Kant- Studien*, 88. Jg. (1997), S. 190-217.

————: "Kants hypothetische Geschichtsphilosophie in rationaltheologischer Absicht". In: Udo Kern (Hg.), *Was ist und was sein soll: Natur und Freiheit bei Immanuel Kant* (Berlin: de Gruyter 2007), S. 343-371.

Stammen, Theo (Hg.): *Kant als politischer Schriftsteller*. Würzburg: Ergon 1999.

Staudiger, Franz: "Kants Traktat: Zum ewigen Frieden. Ein Jubiläums-Epilog". *Kant-Studien*, Bd. 1 (1897), S. 301-314.

Stegmeyer, Franz: "Zum Problem des historischen Utopismus". In: I. Kant, *Zum ewigen Frieden* (Frankfurt/M.: Siegel-Verlag 1946), S. 5-46.

Stein, Ludwig: *Das Ideal des "ewigen Friedens" und die soiziale Frage*. Berlin 1896.

Stern, Paul: "The Problem of History and Temporality in Kantian Ethics". *Review of Metaphysics*, Vol. 39 (1985/1986), pp. 505-545.

Struck, Peter: "Ist Kants Rechtspostulat der praktischen Vernunft aporetisch? Ein Beitrag zur neuerlich ausgebrochenen Kontroverse um Kants Rechtsphilosophie". *Kant-Studien*, 78. Jg. (1987), S. 471-476.

Sullivan, Roger J.: "Kant Confronts Machiavelli: A Pedagogy for a Contemporary Course in Moral Theories". In: Hoke Robinson (ed.), *Proceedings of the Eighth International Kant Congress* (Milwaukee: Marquette University Press 1995), Vol. I.2, pp. 713-722.

Suzuki, Shinichi: "Kants Schrift 'Zum ewigen Frieden'". *Riso*, Bd. 369 (1964), S. 68-78.

Swift, Jonathan: *Prose Works of Jonathan Swift*. London: Bohn Liberty edition 1900.

————: *Gulliver's Travels*. Edited by Paul Turner, Oxford: Oxford University Press 1998.

Terada, Toshiro: "'The Universal Principle of Right' as the Supreme Principle of Kant's Practical Philosophy". In: Hoke Robinson (ed.), *Proceedings of the Eighth International Kant Congress* (Milwaukee: Marquette University Press 1995), Vol. II.2, pp. 541-547.

Tesón, Fernando R.: "The Kantian Theory of International Law". *Columbia Law Review*, Vol. 92 (1992), pp. 53-102.

Timm, Hermann: "'Wer garantiert den Frieden? Über Kants Schrift 'Zum ewigen

Frieden'". In: *Studien zur Friedensforschung*, Bd. 1, hrsg. von Georg Picht/ Heinz Eduard Tödt (Stuttgart: Ernst Klett 1969), S. 209-239.

Torrevejano, Mercedes: "Der Skeptizismus der philosophischen Vernunft und der ewige Frienden in der Philosophie". In: Hoke Robinson (ed.), *Proceedings of the Eighth International Kant Congress* (Milwaukee: Marquette University Press 1995), Vol. II.1, pp. 235-244.

Toyama, Yoshitaka: *Kants praktische Philosophie mit Rücksicht auf eine Theorie des Friedens*. Hamburg: Helmut Buske 1973.

Troeltsch, E.: "Das Historische in Kants Religionsphilosophie". *Kant-Studien*, Bd. 9 (1904), S. 23-154.

Tuschling, Burkhard: "Die Idee des Rechts: Hobbes und Kant". In: Dieter Hüning/ Burkhard Tuschling (Hg.), *Recht, Staat und Völkerrecht bei Immanuel Kant* (Berlin: Duncker & Humblot 1998), S. 85-117.

Unruh, Peter: *Die Herrschaft der Vernunft. Zur Staatsphilosophie Immanuel Kants*. Baden-Baden: Nomos 1993.

———: "Anmerkungen zum Begriff der politischen Vernunft bei Kant". *Archiv für Rechts- und Sozialphilosophie*, Bd. 82 (1996), S. 196-207.

van der Kuijlen, Willem: "The Politics of Reason: The Theoretical Background of Perpetual Peace and Secrecy". In: Hoke Robinson (ed.), *Proceedings of the Eighth International Kant Congress* (Milwaukee: Marquette University Press 1995), Vol. II.2, pp. 839-848.

van der Linden, Harry: "Kant: the Duty to Promote International Peace and Political Intervention". In: Hoke Robinson (ed.), *Proceedings of the Eighth International Kant Congress* (Milwaukee: Marquette University Press 1995), Vol. II.1, pp. 71-79.

Van Erp, Herman: "Das Problem der politischen Repräsentation bei Kant, Hegel und Marx". *Philosophisches Jahrbuch der Görres-Gesellschaft*, 101. Jg. (1994), S. 165-176.

Verosta, Stephan: "Krieg und Angriffskrieg im Denken Kants". *Österreichische Zeitschrift für öffentliches Recht und Völkerrecht*, Vol. 31(1980), S. 247-264.

von Scheliha, Arnulf: "Kontingenz und Vorsehung im Werk Immanuel Kants". In: Udo Kern (Hg.), *Was ist und was sein soll: Natur und Freiheit bei Imma-

nuel Kant (Berlin: de Gruyter 2007), S. 373-439.

Vorländer, Karl: *Kant und der Gedanke des Völkerbundes*. Leipzig: Felix Meiner 1919.

Vuillemin, Jules: "On Perpetual Peace, and On Hope as Duty". In: Hoke Robinson (ed.), *Proceedings of the Eighth International Kant Congress* (Milwaukee: Marquette University Press 1995), Vol. I.1, pp.19-32.

Waldron, J.: "Kant's Legal Positivism". *Harvard Law Review*, Vol. 109 (1995/ 1996), pp. 1535-1566.

Waltz, Kenneth N.: "Kant, Liberalism, and War". *American Political Science Review*, Vol 56 (1962), pp. 331-340.

Ward, Ian: "The Sorceror and His Apprentices: Kant and the Critical Legal Project". *Archiv für Rechts- und Sozialphilosophie*, Bd. 80 (1994), S. 508-533.

————: "Kant and the Transnational Order: Towards an European Community Jurisprudence". *Ratio Juris,* Vol. 8 (1995), pp. 315-329.

Weidenfeld, Werner: "Frieden im Spannungsfeld. Übelegungen zu Kants Theorie der Politik". *Beiträge zur Konflichtforschung*, 3. Jg. (1973), Heft 3, S. 57- 69.

Weinrib, Ernest J.: "Law as a Kantian Idea of Reason". *Columbia Law Review*, Vol. 87 (1987), pp. 472-508.

————: "Publicness and Private Law". In: Hoke Robinson (ed.), *Proceedings of the Eighth International Kant Congress* (Milwaukee: Marquette University Press 1995), Vol. I.1, pp. 191-202.

Weiper, Suanne: "Eine Idee zwischen Politik und Moral: Der Friedensgedanke bei Kant und Scheler". In: Hoke Robinson (ed.), *Proceedings of the Eighth International Kant Congress* (Milwaukee: Marquette University Press 1995), Vol. II.2, pp. 909-918.

Weiß, Johannes: "Ist eine 'Kantische' Begründung der Soziologie möglich?". In: Dieter Henrich (Hg.), *Kant oder Hegel?* (Stuttgart: Klett-Cotta 1983), S. 531-546.

Westphal, Kenneth R.: "Metaphysische und pragmatische Prinzipien in Kants Lehre von der Gehorsamspflicht gegen den Staat". In: Dieter Hüning/Burkhard Tuschling (Hg.), *Recht, Staat und Völkerrecht bei Immanuel Kant* (Berlin: Duncker & Humblot 1998), S. 171-202.

Weyand, Klaus: *Kant Geschichtsphilosophie. Ihre Entwicklung und ihr Verhältnis zur*

Aufklärung (Kantstudien-Ergänzungshefte 85). Köln: Kölner Universitäts-Verlag 1963.

Wichmann, Heinz: "Zum Problem des ewigen Friedens bei Kant". In: Hoke Robinson (ed.), *Proceedings of the Eighth International Kant Congress* (Milwaukee: Marquette University Press 1995), Vol. II.2, pp. 873-879.

Wicke, Joseph: *Kants Rechts- und Staatsphilosophie*. Diss. Breslau 1913.

Wild, Christoph: "Die Funktion des Geschichtsbegriffs im politischen Denken Kants". *Philosophisches Jahrbuch*, 77. Jg. (1970), S. 260-275.

Williams, Howard: "Political Philosophy and World History: The Examples of Hegel and Kant". *Bulletin of the Hegel Society of Great Britain*, Vol. 23/24 (1991), pp. 51-60.

————(ed.): *Essays on Kant's Political Philosophy*. Chicago: The University of Chicago Press 1992.

Williams, Howard/Booth, Ken: "Kant: Theorist Beyond Limits". In: Ian Clark/Iver B. Neumann (eds.), *Classical Theories of International Relations* (Houndmills: Macmillan 1996), pp. 71-98.

Wimmer, Reiner: "Kants philosophischer Entwurf *Zum ewigen Frieden* und die Religion". In: Hoke Robinson (ed.), *Proceedings of the Eighth International Kant Congress* (Milwaukee: Marquette University Press 1995), Vol. I.1, pp. 113-122.

Wit, Ernst-Jan C.: "Kant and the Limits of Civil Obedience". *Kant-Studien*, 90. Jg. (1999), S. 285-305.

Wittichen, Paul: "Kant und Burke". *Historische Zeitschrift*, Bd. 93 (1904), S. 253-255.

Wolt, Ernst: "Legitime und unlautere Berufungen auf Kant in der Friedensfrage". In: Hans-Martin Gerlach/Sabine Mocek (Hg.), *Kants "Kritik der reinen Vernunft"* (Universität Halle-Wittenberg 1982), S. 328-334.

Wood, Allen: "Kant's Project for Perpetual Peace". In: Hoke Robinson (ed.), *Proceedings of the Eighth International Kant Congress* (Milwaukee: Marquette University Press 1995), Vol. I.1, pp. 3-18.

————: "Kant's Historical Meterialism". In: Jane Kneller/Sidney Axinn (eds.), *Autonomy and Community: Reading in Contemporary Kantian Social Philosophy*

(Albany: State University of New York Press 1998), pp.15-37.

————: "Ungesellige Geselligkeit: Die anthropologischen Grundlagen der Kantischen Ethik". In: Dieter Hüning/Burkhard Tuschling (Hg.), *Recht, Staat und Völkerrecht bei Immanuel Kant* (Berlin: Duncker & Humblot 1998), S. 35-52.

Yovel, Yirmiyahu: "The Highest Good and History in Kant's Thought". *Archiv für Geschichte der Philosophie*, Bd. 54 (1972), S. 239-283.

————: *Kant and the Philosophy of History*. Princeton: Princeton University Press 1980.

Zaczyk, Rainer: "Untersuchungen zum rechtlichen Postulat der praktischen Vernunft in Kants Metaphysik der Sitten". In: Christel Fricke u. a. (Hg.), *Das Recht der Vernunft. Kant und Hegel über Denken, Erkennen und Handeln* (Stuttgart - Bad Cannstatt: Frommann-Holzboog 1995), S. 311-331.

Zahn, Lothar: "Kant und die Problematik des neuesten Friedensbegriffs". *Scheidewege*, Jg. 2 (1972), Heft 1, S. 351-372.

Zahn, Manfred: "Kants Theorie des Friedens und die Schwerpunkte der jüngeren Diskussion über sie". *Deutsche Zeitschrift für Philosophie*, 38. Jg. (1990), S. 508-520.

Zammito, John H.: *The Genesis of Kant's Critique of Judgment*. Chicago: University of Chicago Press 1992.

Zenkert, Georg: *Konturen praktischer Rationalität. Die Konstruktion praktischer Vernunft bei Kant und Hegels Begriff vernünftiger Praxis*. Würzburg: Königshausen & Neumann 1989.

————: "Die Macht der Geschichte". *Philosophischer Rundschau*, 40. Jg. (1993), S. 86-98.

Zenz-Kaplan, Jochen: *Das Naturrecht und die Idee des ewigen Frieden im 18. Jahrhundert* (Dortmunder historische Studien, Bd. 9). Bochum: Brockmeyer 1995.

Zickendraht, Karl: *Kants Gedanken über Krieg und Frieden*. Tübingen: J.C.B. Mohr 1922.

人名索引

中文人名

西文人名

概念索引

九　畫

十一畫

十二畫